本成果受到重庆工商大学商科学术研究国际促进计划、重庆工商大学专著出版基金资助。重庆市自然科学基金项目（cstc2019jcyj – msxmX0779，cstc2020jcyj – msxmX0026）、重庆工商大学高层次人才项目（1955046）的成果。

集群企业合作困境的形成机理及治理机制

龙剑军　邢文婷　著

中国财经出版传媒集团
中国财政经济出版社

图书在版编目（CIP）数据

集群企业合作困境的形成机理及治理机制／龙剑军，邢文婷著 . —北京：中国财政经济出版社，2022.3
ISBN 978-7-5223-1115-9

Ⅰ.①集… Ⅱ.①龙…②邢… Ⅲ.①企业集群－经济合作－研究 Ⅳ.①F276.4

中国版本图书馆 CIP 数据核字（2022）第 021023 号

责任编辑：彭　波　　　　　责任印制：史大鹏
封面设计：卜建辰　　　　　责任校对：张　凡

中国财政经济出版社 出版

URL：http://www.cfeph.cn
E-mail：cfeph@cfeph.cn

（版权所有　翻印必究）

社址：北京市海淀区阜成路甲 28 号　邮政编码：100142
营销中心电话：010-88191522
天猫网店：中国财政经济出版社旗舰店
网址：https://zgczjjcbs.tmall.com
北京财经印刷厂印刷　各地新华书店经销
成品尺寸：170mm×240mm　16 开　14.25 印张　234 000 字
2022 年 3 月第 1 版　2022 年 3 月北京第 1 次印刷
定价：68.00 元
ISBN 978-7-5223-1115-9
（图书出现印装问题，本社负责调换，电话：010-88190548）
本社质量投诉电话：010-88190744
打击盗版举报热线：010-88191661　QQ：2242791300

前　言

由于地理邻近性、分工发达性以及高度社会信任性等特性，企业集群已成为区域经济发展和产业布局的重要模式，是促进区域经济增长的重要载体。党的十九大报告提出要"促进我国产业迈向全球价值链中高端，培育若干世界级先进制造业集群"，提出"支持传统产业优化升级""加强对中小企业创新的支持"。中央系列重要讲话精神为产业集群发展注入强心剂的同时，也为集群管理者推动企业集群的转型升级和长远发展提出了重大思考。

国内企业集群虽依靠劳动力成本、土地租金、能源价格低廉以及税收优惠等政策取得了突飞猛进的发展，但集群企业及相关机构仍然存在着"集"而不"聚"、产业层次和产品附加值偏低、分工协作水平不高、企业创新能力不强、专业性外部服务水平较弱等困境。集群企业合作能够实现资源信息共享、风险共担，但受管理体制、法规政策、利益冲突、信息渠道等合作障碍影响，合作过程中往往会因信息不对称、社会网络根植性过弱或过强、政府或行业协会的不作为等形成困境。本书基于集群企业合作困境实际，探索其成因机理、治理机制及解决路径，是新形势下我国企业集群发展的需要，具有一定的实践意义，可为集群（园区）管委会、集群企业、行业协会等有关部门及企业集群实践者提供借鉴和参考。

本书主要基于龙剑军博士学位论文完善而成。部分章节已以论文形式《理性产量调整机制下集群溢出对双寡头企业产量均衡的影响分析》《集群溢出对双寡头 Bertrand 竞争价格均衡的影响分析》《Stability of Equilibrium Prices in A Dynamic Duopoly Bertrand game with Asymmetric Information and Cluster Spillovers》《A Dynamic Stackelberg – Cournot Duopoly Model with Heterogeneous Strategies through One – Way Spillovers》发表在《科研管理》《International Journal of Bifurcation and Chaos》《Discrete Dynamics in Nature and Society》等期刊，再次感谢相关杂志社的大力支持！

本书得到了众多老师和朋友的倾情帮助。首先要感谢重庆大学经济与工商管理学院赵骅教授，赵教授对本书的框架、内容提出了许多建设性意见。同时感谢安徽工程大学管理工程学院王凤莲副教授，王副教授为本书写作给予了诸多启发。

本书得到了以下基金和项目的支持：重庆工商大学专著出版基金、重庆市自然科学基金项目（cstc2019jcyj – msxmX0779；cstc2020jcyj – msxmX0026）、重庆工商大学高层次人才项目（1955046）。

虽然编者在本书写作过程中力求叙述准确、完善、但由于水平有限，书中欠妥之处在所难免，对于本书出现的错漏和不当之处，敬请批评指正！

内容简介

经济全球化和经济地方化是当今世界经济发展的两大趋势，两者看似矛盾，实则不然。经济全球化促进了资源和生产要素在全球的优化配置，具备吸引力的地区在聚集优势资源和引入关联企业后形成新的增长极，导致地区或国内市场不能满足产品供应，促生了集聚企业进入全球市场的动力，正是这种良性循环发展形成了当今世界经济的两大特征。相关企业及相关的支撑机构（如金融、保险、科研院）聚集在一定区域形成了企业集群，进而形成了世界经济版图上色彩斑斓的块状"经济马赛克"，绝大多数世界财富都是在这些区域内被创造出来，它已成为当代经济发展中的普遍现象，发达国家和发展中国家都随处可见，如美国硅谷电子产业、德国慕尼黑汽车业、法国巴黎的时装业、中国北京中关村的信息产业、台湾新竹的半导体、浙江柳市的低压电器、浙江嵊州的领带业等。企业集群有利于促进企业的创新，提高产业的整体竞争能力，提升区域经济的竞争力。

合作是人类文明的基石，对人类社会至关重要，地理邻近、共享的基础设施、发达的分工以及专业化的劳动力市场等集群特质减少了集群内企业合作的成本，企业合作中能够实现资源和信息共享，风险共担。然而由于信息不对称、个体利益与整体利益冲突、产业链不完善、根植性过强、开放程度不高等障碍可能导致集群企业合作过程中道德风险、搭便车、规模不经济、技术锁定等合作困境的出现。本书主要研究的便是分析集群企业合作困境的成因并探寻其内在机理，针对合作困境，提出增强集群企业合作的方式与途径，着重从集群企业、政府、行业协会等主体层面提供相应的措施与建议，主要研究内容如下：

（1）在梳理企业集群理论及集群企业合作相关理论的基础上，阐述了集群企业合作特性及合作演化机制；分析了集群企业的合作困境的成因，通过构建具溢出效应的双寡头企业产量竞争博弈模型，运用系统动力学方法及博弈理论，探寻了合作中过度的知识技术溢出、信息不对称、政府或行业协会的不作为以及社会网络根植性之于合作困境形成的内在机理。

（2）面对合作困境，从行业协会治理、基于间接互惠的声誉传递、政府规制以及多元经济补给四个方面给出了集群企业合作困境的解决途径，突出了有成本的惩罚治理、无成本的声誉机制以及多元经济在治理集群企业合作困境的重要性。

（3）从推进专业化分工结构、调整差异化产品结构、构建低成本服务体系、重构多赢格局的价值链、优化一体化资源配置及扩张规模经济的价值网络六个方面增强集群企业合作，提升合作深度。

（4）结合贸易摩擦和新冠肺炎疫情双重冲击背景，分析了新形势下企业集群竞合困境产生的原因，运用博弈论探究了税收、产品可替代性等影响因素对集群企业竞合博弈的影响，并从政府、企业、行业协会角度提供了新形势下的解决措施。

目　录

第1章　绪论 ··· 1
　1.1　研究背景 ·· 1
　1.2　研究目的和意义 ·· 4
　1.3　研究内容、方法及框架 ··· 5
　1.4　创新之处 ·· 8

第2章　集群企业合作相关理论及研究综述 ··················· 10
　2.1　企业集群概念及理论 ··· 10
　2.2　集群企业合作分类、合作动因及相关理论 ············ 17
　2.3　有限理性、混沌理论在集群寡头博弈中的应用 ···· 22
　2.4　集群企业合作研究综述 ··· 26

第3章　集群企业合作特性及合作演化机制 ··················· 33
　3.1　企业集群特征 ·· 33
　3.2　集群企业合作特性 ·· 36
　3.3　企业合作演化机制 ·· 40

第4章　集群企业合作困境成因及机理 ··························· 48
　4.1　集群企业合作障碍 ·· 48
　4.2　集群企业合作困境成因 ··· 49
　4.3　基于集群溢出的企业竞合困境的形成机理 ············ 53
　4.4　基于信息不对称的集群企业合作困境的形成机理 ···· 92
　4.5　基于政府或行业协会不作为的集群企业合作困境的形成机理 ······ 113
　4.6　基于社会网络根植性的集群企业合作困境的形成机理 ············ 115

第5章 集群企业合作困境治理机制 … 118
- 5.1 集群企业的协会性治理 … 118
- 5.2 基于声誉的间接互惠型合作 … 132
- 5.3 机会主义的政府性规制 … 141
- 5.4 知识外溢性的多元经济补给 … 143

第6章 集群企业合作困境解决路径 … 146
- 6.1 基于效率提升的分工结构推进 … 146
- 6.2 基于溢出效应的产品差异化调整 … 148
- 6.3 基于低成本的服务体系构建 … 161
- 6.4 基于多赢格局的价值链重构 … 163
- 6.5 基于合作创新的一体化资源配置 … 164
- 6.6 基于规模经济的价值网络扩张 … 167

第7章 贸易摩擦背景下集群企业合作困境分析及应对措施 … 169
- 7.1 背景 … 169
- 7.2 贸易摩擦背景下企业合作困境原因 … 172
- 7.3 贸易摩擦背景下传统集群企业参与国际贸易的价格博弈 … 176
- 7.4 贸易摩擦背景下高新技术集群企业参与国际贸易的价格博弈 … 178
- 7.5 贸易摩擦背景下企业集群发展困境的应对措施 … 181

第8章 结论及展望 … 184
- 8.1 结论 … 184
- 8.2 展望 … 185

附录1 … 187

附录2 … 190

参考文献 … 194

第1章

绪　论

1.1
研究背景

当今世界经济发展有两大趋势：经济全球化和经济地方化。经济全球化是指世界各国经济在生产、分配、交换和消费环节的全球化趋势，通过资本流动、对外贸易、技术转移、提供服务而在全球范围形成相互联系、相互依存的有机经济整体。商品、人员、技术、服务、信息、货币等生产要素跨国跨地区流动，世界经济日益成为一个紧密联系的整体。经济全球化是当代世界经济的重要特征之一，也是世界经济发展的重要趋势。经济地方化所形成的地方化经济是指同一行业或一组密切相关的企业，由于集聚在一个特定的地区所形成的经济，在这一区域中可以通过产业功能联系获得外部经济。两者看似矛盾，实则不然，前者是指经济交往已跨越了国界，不再局限于国家内部地方与地方之间或邻国之间；后者则是说几乎在每个国家中，总有一些相关企业比较趋向于聚集在某一区域，形成集聚化经济。经济全球化有利于资源和生产要素在全球的优化配置，而吸引资源和要素的地区必须具备相当的吸引力，集聚程度高、企业关联性强的地方化经济正好成为吸引外部资源和生产要素涌入的增长极；地方化的经济在聚集了优势资源和关联企业后，地方市场已不能满足区域具备竞争优势的产品供应，促生了集聚企业进入全球化市场的动力；正是两者的良性循环发展形成了当今世界的两大经济特征：经济全球化和企业集聚化。

企业集群的存在形成了世界经济版图上色彩斑斓、块状明显的"经济马赛克"，世界财富的绝大多数都是在这些块状区域内被创造出来的，它已成为当代经济发展中的一个普遍现象，在发达国家中十分明显，在发展中国家也到处可见，如美国硅谷电子产业、德国慕尼黑汽车业、法国巴黎的时装业、印度班加罗尔地区的软件业、中国北京中关村的信息产业、中国台湾新竹的半导体、浙江柳市的低压电器、浙江嵊州的领带业、江西景德镇的陶瓷等。企业集群是指在一定区域内，大量企业及相关支撑机构（金融、保险等）在地理空间上的集聚的一种经济现象（王缉慈，2001），作为一个专业化的生产基地，企业集群汇聚了大量有价值的信息和知识（陈鹏，2007）。企业集群对区域经济增长起着重要的促进作用（周兵、蒲勇健，2003）。国外学者马歇尔（1920）认为，企业集群提供了专业化的人力市场，有助于劳动力共享和非正式信息的扩散；波特（1997）从竞争优势的角度分析认为，企业集群能降低外部企业的进入风险，提高集群内企业的持续创新能力，从而促进企业的发展和集群规模的扩大；克鲁格曼（2000）研究认为，专业化的劳动力市场或地方知识溢出使集群内企业的收益递增。国内学者陈柳钦（2008）论述了企业集群有利于促进企业的创新、提高产业的整体竞争能力和形成"区域品牌"；范剑勇（2006）通过实证分析验证了产业集聚可以提高区域劳动生产率，进而对地区之间的差距产生持久影响；朱涛（2007）认为，企业集群有利于降低合作创新的交易成本，获得合作伙伴的隐性知识。

合作是人类文明的基石，对人类社会至关重要（Axelrod，1984）。无论是远古人类社会中氏族部落的共同捕猎、劳作和抵御外侵，还是现代社会中复杂的经济组织和有序的社会秩序，无不依赖于大量社会成员之间的彼此合作（Kaplan et al.，2000；Hill，2002；Fehr & Fischbacher，2003）。地理邻近、共享的基础设施和专业化劳动力市场等因素形成了企业集群的竞争优势，然而要使集群能够持续发展，企业间的合作是必不可少的，尤其对于一些高新技术企业集群，信息技术的更新换代加剧了企业的竞争，实力有限的单个企业必须通过合作才能在产品市场占有一席。萨克森宁（1999）在对硅谷科技企业集群深入调研后，将硅谷成功的重要原因之一归功于区域内各行为主体之间的合作文化和精神。Tomokazu等（2004）通过对日本三个主要企业集群进行实证检验得出，区域合作与企业增长率和研发支出之间存在正相关。Henry 和 Farrell（2000）对意大利波洛尼亚的包装机械企业集群和德国斯图加特的机械工具企业集群进行了比较分析，并对集群内的信任与合作问题进行了探讨，发现基于潜在利益的信任比基于身份和文化的信任能对集群企业合作提供更合适的解释。随着技术的日益复杂和社会分工的深化，单个企业无法高效地完成技术创新的整个环节，集群内的技术合作可以使企业在不需要投入大量资金的情况下快速掌握外部技术发展的动态（骆建栋，2009）。李君华等（2003）认为，专业化条件、竞争性的治理机制以及基于信任与合作的网络文化是集群优势的源泉。

提及企业集群，不得不谈到美国128公路和硅谷的高科技信息企业集群，它们引领着全球信息产业的发展。美国128公路始建于1915年，第二次世界大战期间战备军用制品的需求对该地科技的兴起发挥了重要作用，然而128公路真正以高科技企业集群形式存在却是在20世纪50年代后，为了满足"冷战"及空间军事竞赛的需要，人才、院所、资金、企业等大量涌入资源128公路，128公路地区成了东海岸的新硅谷，被称为"美国的科技高速公路"。政府的投资与采购是美国128公路兴起的主要因素，却也是其衰退的缘由。80年代后，随着政府采购的减少以及个人电脑小型化的冲击，128公路地区出现了严重衰退，尤其是在90年代以后，"冷战"的结束使得政府订单和研发投资锐减，依赖政府推动的128公路受制于企业组织结构、区域社会文化环境等因素，陷入了衰退困境。相比较而言，建于20世纪50年代初期的硅谷的发展却蒸蒸日上，尤其是在50~70年代的集成电路研发、70~90年代的个人电脑（PC）的研发、90年代后因特网的开发应用三个重要阶段。究其原因，安纳利·萨克森尼安在著作《地区优势——硅谷和128公路地区的文化与竞争》认为，不能单纯从人力和技术资源角度区别两个地区发展的优劣，其根本差异在于硅谷具有一种有利于高新技术发展的文化制度和发展机制。从企业合作角度来看，128公路企业集群是以独立的公司为基础的，具有科层组织结构的垂直一体化大企业集群，集群企业自成体系，配件互不相通，是一种封闭的生产方式，企业间的交流很少，人员思维保守；而硅谷企业集群是以小企业为主的扁平式、专业化的网络集群，企业间合作紧密，知识共享氛围浓厚，形成完善的产业链和合作研发机制，同时频繁的非正式交流为工作人员的积极进取的冒险精神提供了保障。

我国沿海地区相当一部分企业集群属于外资嵌入型企业集群，其面临的企业合作困境也不少见。以东莞台资企业集群为例，20世纪90年代以来，在国际IT产业转移的背景下，东莞大力引进台湾地区IT企业，短时间内迅速复制台湾集群模式，然而引进的企业并未根植于当地集群环境，仅仅是产业链上下游企业"一窝蜂"地聚集，并没有将当地企业纳入其产业链或商业链中，这种模式能够在一段时间内得以存在，一旦地区优惠政策以及低廉劳动力等最初的相对优势丧失，将会对东莞的劳动密集型企业集群造成很大的冲击，企业集群很可能会转移到其他地区。究其缘由,新引进企业与当地社会关系、制度结构和文化的不融合是导致合作困境产生的主要原因。

集群内企业间的合作能够实现资源和信息共享,风险共担,达到降低成本、提高收益的目的。然而集群内企业在合作过程中,往往会因信息不对称、个体利益与整体利益冲突、产业链不完善、根植性过强、开放程度不高等障碍导致道德风险、搭便车、规模不经济、技术锁定等合作困境的出现,甚至导致合作失败。面对合作困境,参与合作的企业、行业协会或政府没有及时制定相应的措施来惩处机会主义行为、完善产业结构,进而引致恶性循环,损害集群的整体利益,不利于企业集群的健康持续发展。

1.2 研究目的和意义

1.2.1 研究目的

本书主要目的是分析集群企业合作困境产生的原因,挖掘其内在机理,探寻合作困境的治理机制和治理途径,并从集群企业、政府、行业协会等视角提供相应的措施与建议。全书在梳理企业集群、集群企业合作、有限理性及混沌等相关理论,回顾集群企业合作相关文献的基础上,分析集群内企业间的合作困境成因;运用系统动力学,探寻集群企业合作困境形成的内在机理;针对合作困境,提出相应的治理机制及解决路径,为集群或园区的管理者提升集群竞争力提供了实践路径;并运用博弈论阐述行业协会以及政府惩罚对企业合作策略选择的影响,为政府及行业协会的困境治理行动提供理论参考;进一步结合合作演化理论,探究不完全信息下声誉对企业合作行动的影响,防止企业合作中机会主义行为的出现,并提出增强企业合作的措施,为企业、政府及集群工作者的政策制定提供思路。

1.2.2 研究意义

(1) 理论意义。

①集群企业合作理论发展的需要,丰富了集群企业合作理论的内涵。目前

国内外关于集群企业合作困境的机理分析的文献较少，本书采用系统动力学理论从技术溢出角度对其进行了阐述；②多角度为集群企业合作困境提供了治理机制和治理途径，在集群中探讨企业合作拓展了企业合作内容，为企业合作提供了新的研究视角；③针对集群企业的合作困境，运用博弈论、非线性系统动力学理论、混沌理论以及合作演化理论提出了解决措施，丰富了企业集群企业合作的研究方法，同时也扩展了系统动力学、合作演化理论的研究对象和应用领域。

（2）现实意义。

①企业合作对集群的发展至关重要，探析集群企业合作困境的成因及机理，有助于集群企业、集群管理者及政府意识到各自在合作中不足；②从分工结构、产业产品结构、服务体系等方面增强集群企业合作，为集群企业及集群管理者提供了多种实践方案，运用惩罚、声誉传递等途径治理合作困境为政府及企业的政策制定提供了理论参考。

1.3 研究内容、方法及框架

1.3.1 研究内容

本书在梳理企业集群理论、企业合作相关理论的基础上，阐述了集群内企业间合作的研究现状、企业集群性质及集群企业合作特性，分析了集群内企业合作困境的成因及其内在机理，针对合作困境给出了解决方式和途径，具体内容如下。

第1章：绪论。讲述了研究背景、研究的目的和意义、研究方法、研究框架及主要创新点。

第2章：集群企业合作相关理论。阐述了企业集群理论、集群企业合作相关理论、有限理性理论、混沌理论以及集群企业合作的研究现状。

第3章：集群企业合作特性及合作演化机制。重点讲述了企业集群特征、集群内企业合作特性以及自然选择、亲缘选择、直接互惠、间接互惠等几种促进企业合作的演化机制。

第4章：集群企业合作困境成因及机理。分析了集群企业合作的困境及成因，并运用系统动力学、博弈论等方法探究了过度技术溢出、信息不对称、政府或行业协会的不作为以及企业集群社会网络根植性之于集群企业合作困境形成的内在机理。

第5章：集群企业合作困境治理机制。运用博弈论、系统动力学等方法和理论，从行业协会治理、政府规制、不完全信息下的声誉传递、多元经济补给等方面对合作困境提供了治理途径。

第6章：集群企业合作困境的解决路径。从推进分工结构、调整产品结构、构建服务体系、重构价值链、配置一体化资源、扩张价值网络六个方面促进集群内企业间的合作。

第7章：贸易摩擦背景下集群企业的合作困境分析。基于贸易摩擦背景，从集群企业合作困境的成因、合作困境的影响因素、集群发展困境的应对措施三个方面进行了阐述。

第8章：结论与展望。总结了本书的主要工作及研究成果，提出了研究展望。

1.3.2 研究方法

本书研究内容是企业集群、博弈论、非线性动力学理论、以差分方程为背景的混沌理论等多门学科交叉研究和多种理论的综合应用。

（1）博弈论方法。博弈论方法是产业组织理论主要研究方法之一，研究利益交往中局中人如何选择策略使自身收益最大化的均衡问题。本书在研究集群企业合作困境成因的内在机理、合作困境的治理机制及解决路径时，均在模型构建中采用博弈论方法实现利益最大化，以获取完全信息下的纳什均衡和不完全信息下的贝叶斯纳什均衡。

（2）非线性混沌动力学理论。非线性混沌博弈模型是研究复杂动态演化经济系统的有效方法之一。本书最大特点就是将目前飞速发展的非线性动力学理论、以差分方程为背景的混沌理论及博弈理论应用于集群寡头的产量、价格等决策变量博弈中。以混沌吸引子、Lyapunov指数及分维数、初值敏感依赖性等特性来作为分析的切入点，研究了相关系数对于差分系统均衡的影响，并运用混沌控制方法对系统进入混沌的道路进行有效的控制。

(3) 数学建模与仿真模拟。全书在研究集群企业竞合博弈及影响因素时均采取了数学建模方法，并在理论分析和数学建模基础上，运用 MATLAB 软件进行仿真模拟，进一步验证模型分析结论。

1.3.3 研究框架

本书的研究框架如图 1-1 所示。

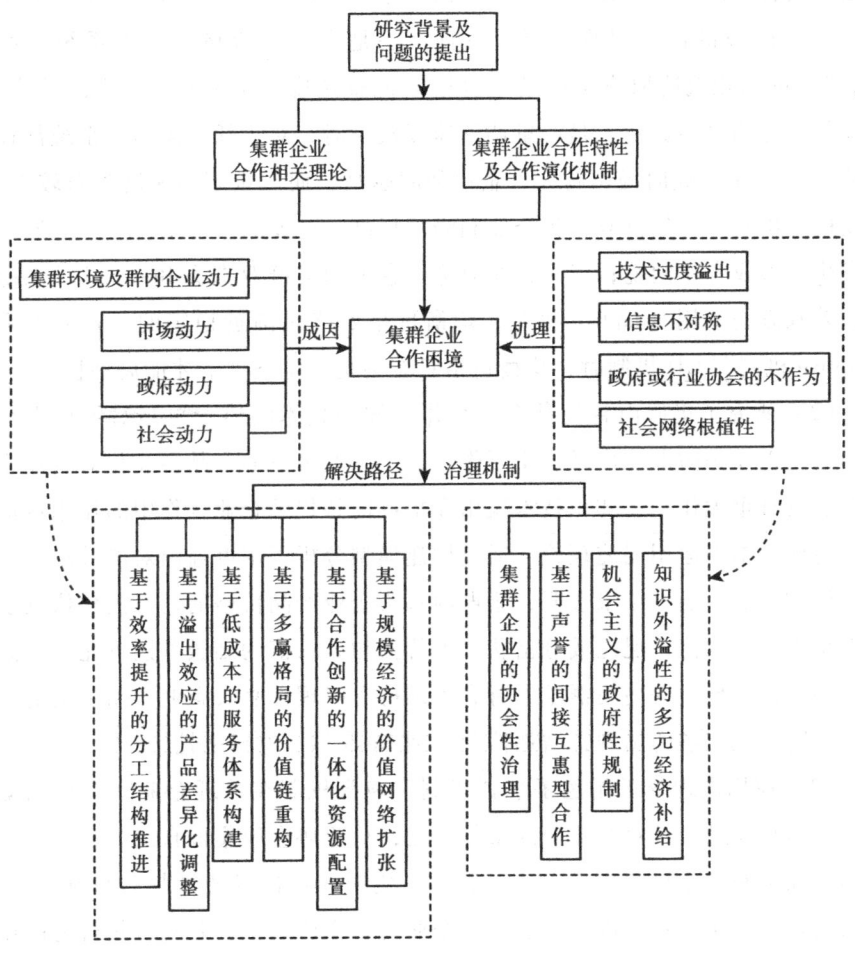

图 1-1 研究框架

1.4 创新之处

创新之处主要体现在三个方面：

（1）应用数理模型研究了集群溢出、信息不对称之于企业合作困境的内在机理。运用系统动力学理论，通过数理模型构建和数值模拟分析了企业间技术创新或合作研发中的知识、技术溢出对企业产量及利润的影响，刻画了集群企业竞合困境的内在机理。研究发现：一是产量（价格）动态系统中产量（价格）的演化轨迹取决于产量（价格）调整速度、溢出效应、产品替代性、创新投入等诸多参数；二是产量调整速度较小时，对于任意溢出，系统都存在Nash均衡产量，此时溢出越大，企业利润越高，而产量调整速度相对较大时，适度的溢出有利于集群双寡头企业利润的提高，过度的溢出则会导致混沌市场的发生，形成合作困境；三是在非对称信息下的集群双寡头Bertrand动态博弈中，若双方均采用Adaptive机制，均衡价格始终是渐近稳定的。若分别采用Adaptive机制和GD机制时，均衡价格只有满足一定条件下才能局部稳定。

（2）研究了集群内替代品企业合作中知识技术溢出的提高对维持产品价格的稳定以及预防混沌出现的重要作用。范围经济下的产品多元化对企业集群的发展具有重大作用，知识技术溢出在集群内替代品企业合作中的作用更加显著。对此，本书运用混沌理论，通过构建模型分析了集群溢出对离散动态系统下价格均衡的影响。结果表明，集群内寡头企业产品价格的动态演化依赖于离散系统参数的取值，混沌或分岔状态下价格初始取值的细微差别可能导致演化结果的较大差异；提高集群溢出有利于维持有限理性寡头企业产品价格的稳定以及预防混沌市场的出现，增加博弈达到Nash均衡的可能性。

（3）应用数理分析阐述了惩罚机制、声誉机制在治理企业间合作困境过程中的运行途径。针对企业间的重复交往，行业协会等集群自组织通过制定一定的惩罚金额防止机会主义行为，利用演化博弈理论以及复制动态模型构建。本书发现，在企业集群内实力非对称企业的合作研究中，若对背叛行为的惩罚金额低于溢出收益与实力较强企业超额收益的差值时，单方研发将成为一种合理的研发组织形式；当惩罚金额达到溢出收益与实力较强企业超额收益的差值后，实力较强企业将选择合作，实力较弱企业选择背叛；当惩罚金额提高到溢出收益与实力较弱企业超额收益的差值时，双方合作研发成为演化稳定策略。针对公共品或准公共品的项目建设，政府可以通过制定不低于某一临界值的惩罚金额对搭便车等机会主义行为进行规制。针对外生型企业集群中的企业间合作，基于声誉的间接互惠机制更有利于合作困境的解决，通过采用宽容评定准则（tolerant scoring）计算出动态声誉下辨别型企业的均衡合作概率 p，并基于参与企业的有限理性，运用最优反应动态方法求出三种策略 ALLC、ALLD 及 Disc 的最优反应区域，为外生型集群内企业间合作策略的选择提供了理论依据。

第 2 章

集群企业合作相关理论及研究综述

2.1 企业集群概念及理论

2.1.1 企业集群概念

"集群"一词是从英文"cluster"翻译而来的,属于生态学中的种群概念,在牛津词典里,cluster 是指一组在一起发育的相似的事物(Brussels & Powler, 1979)。生物学上的集群代表一个群落,反映了群体内在的有机关联与共生关系,体现了群体和环境之间的物质交换,同时还表征了个体及整体新陈代谢的生命活力特征。经济学上的集群,是指在某一特定产业中,大量产业联系密切的企业以及相关支撑机构在空间上集聚,并形成强劲、持续竞争优势的现象(杨洵,2006)。

最早正式提出企业集群概念的是美国学者迈克尔·波特,他于 1990 年在《国家竞争优势》一书给出了企业集群的定义,并于 1998 年发表的文章《集群于新经济竞争》重新阐述了企业集群的含义,而在此之前,学者们主要以产业区、企业集聚、新产业区等来定义这种经济现象。表 2-1 给出了经常引用的国内外企业集群概念。

表 2-1 国内外学者对企业集群的定义

代表人物	学者的定义
马歇尔（1890）	产业区：一种由历史与自然共同限定的区域，其中的中小企业积极地相互作用，企业群与社会趋向融合（马歇尔，1997）。
韦伯（1909）	企业集聚是企业的一种空间组织形式，是企业出于运输费用、劳动费以及凝聚力三个因素考虑而在某一地域范围内相互联系的集聚体（韦伯，1997）。
威廉姆森（1985）	集群是基于专业化分工和协作的众多中小企业集合体，是介于纯市场组织和层级组织之间的中间性组织，它比市场更稳定，比层级组织更灵活（Williamson，1985）。
Becattini（1991）	新产业区：因自然或历史的原因，在一个特定的地理区域由活跃的社区和大量的企业所组成一个社会区域系统（Becattini et al.，1991）。
波特（1998）	企业集群是指在以某一主导产业为核心的行业内，大量产业密切关联的企业及其支撑机构的空间集聚所形成的强劲的持续竞争优势现象（迈克尔·波特，1997）。
Uzor（2004）	企业集群是提供相近产品或服务，在同一地方经营的企业集合体，它们相互合作与竞争，相互学习，制定共同的战略应付外界挑战，通过发展网络拓展市场（Uzor，2004）。
经济合作与发展组织 DECD（1998）	企业集群是众多相互依赖的企业（包括专业化的供应商）、知识生产机构（比如大学、研究院所及技术支撑机构）和一些中介服务机构（比如经纪商、金融机构、外包机构、智囊团）以及客户所组成的一种生产网络。
联合国工业发展组织 UNIDO（2001）	企业集群是生产和销售一系列类似或相关的产品且面临共同的挑战和机遇的企业在区域上的聚集，这些聚集能够有效提高外部经济。
吴思华（1992）	企业集群是一批具有独立又依赖关系的企业的集合，企业之间具备专业化的分工、互补的资源，且长期保持非正式的合作关系（吴思华，1992）。
仇保兴（1999）	企业集群是企业克服市场失效和内部组织失灵的一种中间性制度办法，是一群自主独立又相互关联的小企业依据专业化分工和协作建立起来的组织，它比市场稳定比层级灵活（仇保兴，1999）。
王缉慈（2002）	企业集群是指在一定区域内，大量企业及相关支撑机构（金融、保险等）在地理空间上的集聚的一种经济现象，它们共同处在一个特定的产业领域，因为具有共性或互补性而联结在一起，且根植于当地不断创新的社会文化氛围之中（王缉慈，2002）。
魏江（2003）	企业集群是产业发展深化过程中的一种地缘现象，是从事某一特定产业领域的企业以及服务机构在同一地区集中投资所形成的集群，它是提升区域经济特别是中小企业市场竞争力的一种重要产业组织形式（魏江，2003）。
芮明杰（2006）	企业集群是一种由知识共享与人员的互动作用而形成的新型企业组织形式，群内企业联系比较松散，但企业间分工关系明确（芮明杰，2006）。

结合学者们之前对企业集群的定义和本书的研究内容，本书将企业集群定义为：在某一特定产业领域中，由大量既独立又相互联系的企业及相关支撑机构（金融、保险、研究院等）在一定区域内集聚而形成的生产网络，集群中充溢了正式合作和非正式合作。

2.1.2 企业集群相关理论

现代的企业集群理论是古典经济学中分工思想的进一步发展和延续，而企业集群实质上是纵向专业化分工的深化，从分工理论中可以观察到企业集群理论的雏形和渊源。亚当·斯密是最早阐述分工理论的经济学家。

（1）亚当·斯密分工理论。

在1776年的《国富论》中亚当·斯密系统地研究了分工与市场的关系，并解释了分工如何促进工作效率的提高。他认为，分工并非由人的天赋才能差异所决定的，而是以市场中的商品交换为前提的，分工的程度由市场范围的大小和运输效率的高低决定的。并将分工提高生产率归于三方面：一是劳动者专一于某一项工作，熟练程度的增进必然会导致劳动产出的提高；二是一个人从事几项工作时，工作转换将会损失一些时间，并且转换到新工作时需要适应时间；三是注意力集中于单一事务时，更易发现工作中有待改良之处。著名的"看不见的手"这一主张也是亚当·斯密提出的，他认为分工能够通过市场来协调，主张自由放任的经济，反对政府干预经济。

分工思想最早可以追溯到公元前380年，当时柏拉图就论述了专业化分工对增进社会福利的重要作用。亚当·斯密之前，威廉·佩蒂也曾分析过专业化对生产力进步的意义，而亚当·斯密是第一个比较系统研究分工重要性的经济学家，通过绝对成本优势分工提高整体资源配置效率。之后李嘉图用比较优势对分工促进地区经济发展进行了阐述。

亚当·斯密在分工理论上的重要贡献是手工业时期特别强调了分工的重要性，并且还广泛地论证了分工的社会意义，力图证明分工的发展状态对社会进步和国家贫富的决定作用。然而他忽略了资本主义社会中资本家唯利是图的本性以及商品生产者之间的尖锐矛盾，错误地认为分工的高度发达能使下层人民"普遍富裕"，并且没有解释不具备绝对成本优势的地区如何参与市场分工。

(2) 马歇尔产业区理论。

作为最早关注工业集聚现象的经济学家,马歇尔在考察英国工业生产地理集聚现象后创新性地提出了"产业区"的概念,认为"产业区"是一种由历史与自然共同限定的区域,其中的中小企业积极地相互作用、影响,相关的中小企业集聚所形成的企业群趋向于与社会融合,而获取外部规模经济是这些企业在产业区聚集的最根本原因。

马歇尔认为集聚在一起的厂商比单个孤立的厂商更有效率的原因主要有三:一是有利于劳动力市场共享、有利于促进专业化供应商队伍的形成以及有助于知识外溢。地理集中的工业企业能够提供足够大的市场使形态各异的专业供应商得以生存;二是工业企业在地理上的集中能为提供拥有高度专业化技术的工人形成一个较为完善的劳动力市场;三是同行业的企业集中使得知识技能溢出,秘密不再成为秘密,知识溢出带来的新思想为制造方法、工艺的改良和更新带来了潜力,有助于行业的创新发展。

马歇尔的研究无疑是具有开创性的,然其部分思想因缺乏严格的数理表达方法,而长期被主流的新古典经济学所遗弃。马歇尔用外部经济的概念虽然在一定程度上解释了产业集聚的原因,却忽视了区位、运输成本等其他因素的影响,而集聚的程度和持续性会因产业和区位的不同有所差别。

(3) 韦伯工业区位理论。

阿尔弗雷德·韦伯是工业区位理论的创立者,在1909年《工业区位论》一书中,他从企业区位选择的微观角度,阐明了企业是否靠近取决于收益成本比,而工资及运输成本则是决定工业区位的主要因素。韦伯工业区位理论的中心思想是区位因子决定生产场所,即将企业吸引到节约费用最大、生产费用最小的生产场地。韦伯将区位因子分成只适用于某些特定工业的特殊区位因子和适用于所有工业部门的一般区位因子,特殊因子好比丰富的矿藏之于企业集中于矿藏周边、便利的交通之于企业集中于交通枢纽,而一般区位因子韦伯最终确定为3个:运费、劳动费、集聚和分散。企业集聚的过程可以分为3个阶段:第1阶段,工业企业生产最初趋向集中于最有利的运费地点,因而各地区基础工业的基本格局(区位网络)由"运费"区位因子决定;第2阶段,各地区人力费用的差异影响了工业企业的区位选择,工业有可能由运费最低点引向劳动费最低点,即劳动费区位因子对区位网络进行了修改;第3阶段,企业集聚的竞争优势或非相关企业分散布局所产生的凝聚力或分散力可能使工业企业由趋向运费最低点转向集中或者分散于其他区位,即集聚或分散因子对区位网络进行了修改。

韦伯为工业区位理论建立了完整的理论体系,并提出了严密的研究方法。然而,其工业区位论是抽象的、孤立因素分析的静态区位论,在实际应用中有很大局限性。

(4) 佩鲁的增长极理论。

1950年,法国经济学家佩鲁首次提出了增长极理论,它被认为是经济区域观念的基石,阐述了世界各国各地区经济发展差异的内在机理,是不平衡发展论的依据之一。佩鲁认为经济增长应该是不同部门、不同行业或者地区按照不同速度不平衡的增长,增长并非同时出现在所有地方,它首先出现在某些具有特殊优势的地区,形成增长点或增长极,随后通过渠道向外扩散,最终对整个经济产生影响。佩鲁认为创新和技术进步是经济发展的主要动力,而创新往往倾向于集中在一些特殊企业内,称之为领头产业,一般它的增长速度高于其他产业的增长速度,也高于工业产值和国民生产总值的增长速度,是主要的创新源。这种产业增加其产出时,能够带动其他产业的产出的增长,对其他产业具有很强的推动效应和连锁效应,称之为推进型产业,后来佩鲁又将其称为增长极,受增长极影响的其他产业则对应称为被推进型产业。这两种产业通过经济联系建立起非竞争性联合体,而区域的均衡发展正是通过联合体的向前、向后连锁效应实现的。

从增长极理论中可以看出,一个地区经济增长的关键是在其区域内建立起一系列推动性产业,而推动性产业的建立,则完全依赖于政府的力量。增长极理论认为推动性产业的建立,完全依赖于政府的力量,倡导通过政府干预,形成集聚,促进地区经济发展。它将政府在企业集群的形成和发展过程中的作用放大,然而政府不是万能的,同样会面临"市场失灵"的问题。另外,增长极战略有一定的区域限制,它的实施必须以发达的城市经济为依托,而这往往是不发达地区所不具备的。

(5) 交易费用理论(新制度经济学理论)。

交易费用理论的主要代表人物有科斯、威廉姆森、诺斯、张五常、杨小凯等。科斯在1937年发表的《企业的性质》一文中认为,企业是作为市场的替代物而产生的,作为一种参与市场交易的单位,企业的经济作用在于把若干要素所有者组织成一个单位参加市场交易,从而减少了交易单位数,也减少信息不对称的程度,有利于降低交易费用。威廉姆森认为,在介于纯市场组织和科层制组织之间,存在大量的中间性组织,这种有效的组织形式能够克服"市场失灵"和"科层组织失灵",集群就可以看作是介于市场和科层组织之间的中间组织,它的存在能大大降低交易费用,而集群内企业地理位置的邻近有利于提高信息的对称性,抑制交易中的机会主义行为,节省企业市场信息搜寻的时间和成本,大大降低了交易费用。杨小凯等学者将分工、交易费用、交易效率的概念和一般均衡的分析工具以及制度分析引入经济聚集的研究中,从劳动交易和中间产品交易角度区分企业和市场,实现了方法和实际运用价值上的突破。

交易费用理论很好地解释了企业集聚的原因,然而张五常认为交易费用的定义和范围不够清晰。此外,交易费用在经济活动中的作用被片面夸大,在更多的经济活动中,交易费用并不是主要或主导因素,交易费用含义及其范围的界定尚无统一口径,对交易费用的量化未实现实质性的突破。

(6) 新经济地理学理论。

20世纪90年代,以克鲁格曼为代表的主流经济学家发现,经济学上的一些重要理论如国际贸易理论、新增长理论等只有落实到空间才能得到实证,于是他们试图将经济地理学引入到经济学领域,作为主流经济学的分支。基于不完全竞争的市场结构以及规模报酬递增的假设前提,通过运用国际贸易理论,克鲁格曼将经济地理理论纳入了主流经济学范畴。他认为运输成本、规模报酬递增以及生产要素转移等因素通过市场传导的相互作用是企业集聚的产生根源,而中心—边缘模型更加证明了高制造业比例和规模、低运输成本有利于工业活动的空间集聚。克鲁格曼认为集聚的产业及区位都具有"历史依赖"性,他将最初的产业集聚归于历史偶然,而"路径依赖"将这种偶然优势放大,导致"锁定"效应的产生。

克鲁格曼的新经济地理学理论弥补了以往马歇尔产业区理论和韦伯工业区位理论的不足,最大贡献在于其将区位理论和贸易理论结合,使经济地理理论成为主流经济学的重要分支,并通过严密的数学论证阐述了产业空间集聚的形成机理。然而,他忽视了组织交往中难以量化的非正式联系(如信任)及非物质联系(如技术),也未能深入探讨影响产业集群现象的微观要素。此外,克鲁格曼并没有提出政府选择扶持重点产业的观点,然而要使产业集聚与分散适度,必须加强政府的干预。

(7) 新产业区理论和新产业空间理论。

新产业区理论的代表人物是意大利学者别卡提尼,他在对"第三意大利"的研究中发现,基于中小企业合作联系网络的弹性专业化可成功地与大宗生产竞争,这些企业间的合作不仅包括正式的经济合同、投入产出联系、战略联盟,还包括非正式的沟通与交流等。有别于马歇尔的古典"产业区",学者们将这些小企业集聚的区域称为"新产业区"。新产业区理论认为产业集聚主要动因有:供需双方空间上的临近以及基础设施的共享可以降低空间成本和生产成本;物质交换、社会联系、技术溢出、信息共享可以节约交易成本;柔性专业化生产和区域创新环境及网络能给企业带来巨大利益,这一点是新产业区理论尤为关注和重视的。新产业区理论虽然考虑了产业区的历史文化,但过于强调产业区本地化特点,没有足够重视学习创新的因素。

新产业空间理论代表人物是斯哥特和斯托波,新空间理论以交易成本思想为基础,其主要内容为:交易费用是和地理距离有关的各种生产成本中最重要的费用,企业集聚可使交易费用最小化;本地化的生产协作网络有利于提高企业的灵活适应性和创新能力,降低交易费用;集群企业间的信息共享与交流、专业化劳动力以及相关支撑机构等是外部规模经济的重要来源。但该理论局限于以交易成本为出发点,忽视了知识创造与空间扩散等要素,且片面强调投入产出关系和贸易相互依赖的本地化。

(8) 新竞争经济理论。

在对丹麦、德国、意大利、日本、英国和美国等10个发达国家进行考察的基础上,波特于1990年出版了《国家的竞争优势》一书,他从战略管理的竞争优势角度研究产业聚集现象,并提出了"企业集群"概念,代替长久以来的"产业区"。他认为一国的竞争力取决于产业创新与升级的能力,竞争优势是在高度本地化过程产生和持续发展的,各国只能在本国有特色的产业中获得国家竞争优势,企业集群能提高企业的生产率及其持续创新能力,降低企业进入风险,进而有利于提高国家竞争力,并提出了提升国家竞争力的四个因素:生产要素、需求条件、支撑产业、企业的战略与结构,即"钻石模型"。基于"钻石模型",通过增加对市场要素和环境要素的分析帕德莫和吉布森提出了GEM模型(Padmore & Gibson, 1998)。较之于"钻石模型",GEM模型对企业集群的经济创新绩效评价更为全面。波特的竞争优势理论从产业竞争优势的角度研究产业,对企业集群的研究和应用做出了很大贡献,引发了不少管理学家对企业集群以及合作竞争战略的关注，然其过分强调政府在产业竞争中的作用，忽视了跨国的贸易活动对"钻石模型"的影响，且缺乏对集群内部结构、集群内各个企业间的产业联系的研究。

2.2 集群企业合作分类、合作动因及相关理论

2.2.1 集群企业合作概念及分类

集群企业合作是指集群中不同企业间通过协议或其他联合方式共同完成某一特定目标的经营活动。它已成为集群竞争优势的重要来源，集群企业的合作类型依不同标准有不同的表现形式，根据已有的文献，分类标准有合作的价值链特征、合作设计的主体数量与形式、合作的产业特征与空间特征等。根据企业在价值链上的关系，企业合作分为横向合作与纵向合作，横向合作是指处在价值链同一环节上的企业之间的合作，纵向合作是指在价值链中的上下游企业之间的合作。从产业联系和企业数量这两个维度，Schmitz（2000）将企业间合作类型划分为四种类型：水平双边合作、水平多边合作、垂直双边合作、垂直多边合作。见表2-2。水平合作是指同一产业相同或相似企业间的合作，即：竞争者之间的合作，垂直合作则是指企业产业链上下游供应商、服务商之间的合作；多边与双边的划分的依据是参与合作的企业的数量。

表2-2　　　　　　　　　　企业间合作类型

合作类型	双边	多边
水平	如供应机器设备	如行业协会
垂直	如生产者和客户改进产品	如本地价值链的联盟

资料来源：Schmitz（2000）

根据企业合作的空间特征，合作类型可分为本地合作和本地与外部企业合作，企业集群是一个需要与周边环境密切联系的动态经济组织，群外市场、技术信息的及时反馈是集群企业制定战略目标的重要参考依据，因此除企业的集体学习外，集群的开放性同样是企业持续创新的动力。除此之外，还有其他分

类方式。例如，按合作双方或多方的讨价还价能力可以分为对称性合作和非对称性合作，而根据合作方之间的关系是否具有正式组织形式或契约则可分为正式合作和非正式合作（Mccormick，1998），依照合作伙伴合作时指向的内容合作又可以分为交易性合作和非交易性合作（Storper，1995），进一步地，按照合作发生的阶段，还可以将交易性合作分为交易过程合作（transacting cooperation）和生产过程合作（transformation cooperation）（Visser，1999）。

本书研究的集群企业合作主要是指竞争企业间的水平合作以及供应链上下游企业间的垂直合作。而后文中提到的集群协作也涉及多边水平合作的行业协会以及产学研合作，也是为促进集群内企业间的合作作铺垫。

2.2.2 集群内企业间合作动因分析

从企业集群视角，企业集群为了能在区域中建立较强的竞争优势，形成区域品牌，就需要集群内的企业进行合作，合理分配资源，对外统一整合销售，在集群内建立起较强的信任关系，而这种信任关系的建立会因区域优势比集群外企业作更容易、更牢固。这样整个企业集群会形成强大的竞争优势，产生规模经济和范围经济，从而提升整个企业集群的经济效益。从集群内企业视角，群内企业自身在人力资源、财力、社会网络关系等方面存在着差异，进而导致了竞争能力的差异，企业为了提升自己的竞争优势会与其他企业进行合作，实现优势互补、资源共享，激烈的市场竞争则加速了企业间合作的开展，传统的恶性竞争模式已被企业间的良性合竞关系所取代。

（1）资源共享和优势互补需要合作。

从企业集群视角，集群内的整体资源具有稀缺性，对资源的开发具有重叠部分，即集群内的企业的生态位都具有不同程度的重叠现象，集群为了更好地利用重叠资源以获取更大利润，必然会采取让企业合作的措施来对资源进行有序开发利用，达到双赢或者多赢，而避免恶性竞争造成的鱼死网破局面。从集群企业视角，任何企业所拥有的资源禀赋是有限的，因此企业必须将主要精力集中在具有竞争优势的核心业务上。集群内专业化分工为企业聚焦核心业务提供了基础，集群内企业间的特殊信任关系有利于企业间建立长期的合作关系，通过集群企业间的积极合作，将本企业的资源、能力与合作企业的资源、能力有机联系起来，充分整合资源，寻求资源的互补性，以创造协同效应，从而提升集群的整体效益及其竞争力。同时，可以使得企业生态位之间的重叠部分能有序分配，和谐发展，不至于出现生态位排斥现象。

（2）对外市场竞争需要合作。

在全球经济一体化的今天，网络信息、科学技术迅猛发展，市场需求更加多样化、个性化，及时掌握市场需求动向才能保证企业获取市场参与的资质。企业的竞争不仅仅局限于集群内的临近企业，更具挑战的是集群外大型集团企业带来的威胁。所以，集群企业必须打破单兵作战思路，采取合作，形成一个"命运共同体"，创建具有特色的、具有竞争优势的集群品牌，只有这样，才能和大型集团企业进行竞争。在一些龙头企业主导的集群中，龙头企业可能自恃品牌优势及较强的技术创新能力，认为不需要与行业内企业进行合作互动，然而这种优势只是暂时的，要想获得持续的竞争优势，企业间需要合作，毕竟单个企业具备完全竞争优势的时代已然逝去。

（3）规模经济的形成需要合作。

马歇尔提出产业区理论时指出，工业聚集在产业区内的最根本原因在于获取外部规模经济。资源的有限性使企业只能专注于产品生产链中的一个或几个环节，无法形成产品的规模经济，而集群内发达的专业化分工以及丰富的专业人力资源保障了企业产品上游环节的供应以及下游环节的需求，通过企业联合实行统一的合作生产与推广，从而实现产品的规模经济效应，使产品整体的生产成本降低，而集群内知识信息的共享以及集体学习氛围加速了规模经济效应的形成。

（4）社会成本节约需要协调合作。

集群企业间由于地理上的邻近以及业务上的需要，会通过正式或非正式的组织和人员沟通建立起特殊的信任关系，而这些是集群外部企业无法模仿的。这些社会关系以及社会网络会因企业间合作的频繁而加强，较大程度降低企业成本，节约资本。集群内专业化的细致分工使企业可以集中精力于某一方面，从而大大减少了在技术创新与新产品开发方面的投资；同时，一个核心企业可以有多个供应商，而一个企业可以为不同的核心企业配套生产，这种规模经济性降低了企业生产成本。集群内企业与企业之间的合作，企业以及与政府、大学、研究机构、行业协会之间形成的产学研合作，能使企业集群具有区域竞争优势，各个机构亦能从中获利，因此相互必然会选择信任，采取长期合作，长期的信任合作关系降低了合作成本，进而节约了社会成本。

(5) 创新需要合作。

集群内企业间的垂直合作能整合企业资源，实现产品的统一生产与推广，实现规模经济；然而要提升产品在整个市场上的竞争力，技术耦合程度较高的竞争企业间的水平合作尤为重要。完全损人利己的经济时代已经过去，企业为了竞争必须合作，而创新是企业立于不败之地的源泉。集群内特殊的信任关系有利于企业间的联合创新，企业通过合作实现资源共享及优势互补，合作过程中人员的频繁交往、知识信息的共享有助于知识积累和知识创新，进而可能实现产品的创新，重新获取企业的市场竞争优势。

2.2.3 集群企业合作相关理论

知识经济时代的到来加剧了产品的市场竞争，为了满足顾客的多样化和个性化需求，增强产品竞争力，竞争企业纷纷采取合作以获得协同效益，同时也能降低产品创新成本。在企业集群中，企业因地理邻近、知识共享、集体学习等集群特性获得了群外企业所不具备的竞争优势，企业间的合作也具有其特殊性，本节拟运用水桶原理、经济合作理论和博弈理论对集群内的企业合作进行探讨。

(1) 新水桶理论。

木桶理论是由劳伦斯·彼得（Laurence J. Peter）提出的，是说一只木桶能盛多少水，并不取决于最长的那块木板，而是取决于最短的那块木板，也可称为短板效应。新水桶理论引入了木板之间的缝隙，认为一只木桶能够装多少水取决于三个因素：一是每一块木板的长度，最短的木板决定盛水量；二是木板与木板之间的结合是否紧密；三是有一个很好的桶底。企业也是同样的道理，能使企业被市场淘汰的最大原因不在于其最大的优势是什么，往往是其在接受市场检验的过程中体现出来的最薄弱的环节，企业要想保持市场竞争力，加强自己的薄弱环节，努力加高"最短的那块木板"。企业的竞争力体现在人力、物力、财力等多方面资源，较强的竞争优势表示企业具备优良的资源，即有个好的桶底，企业各部门的配合协作是否紧密同样是企业能否成功的关键，部门之间"各自为政"，遇到问题互相推脱则会导致企业运行失灵，"木板间结合不紧密"自然会影响盛水量，影响企业绩效甚至威胁到企业的生存。

集群内企业间的合作就是为了加强自身价值链薄弱的环节，优势互补，企业合作越紧密则合作效益越明显，实现双赢。集群内产品生产是多个企业的协作配合，一个企业一般只承担产品生产的一个或几个环节，企业为获得最大效益，会摒弃自身薄弱环节，加强优势环节。企业间的配合是否紧密则会影响产品的生产周期，进而影响企业的绩效和集群的竞争优势，完善的产业配套体系是吸引企业入驻集群的重要因素，尤其是一些生产环节复杂、零部件较多的企业集群，比如电子信息企业集群。

（2）共生理论。

共生理论是从生态学中物种之间相互依赖、共同生存的自然现象衍生而来的，自然界中，有着共同利害关系的相同或不同种群的个体之间都存在着理性的合作，如海洋之中海葵和小丑鱼共生、犀牛和犀牛鸟共生、人和肚子里的大肠杆菌共生等。生态经济学认为从无意识到有意识的合作是经济作为一个巨大的生态系统的内在要求，共生理论认为合作是共生现象重要的基本特征。共生并非排除竞争，而是企业间的相互合作和吸引（荣增，2006）。共生现象中各共生单元间的相互补充和促进，是群内企业间的继承和保留，是关联企业间的合作意愿增强和竞争实力提升，而非相互替代及自身竞争优势的丧失。共生企业在竞争的过程中会考虑到其他企业的利益，会从长远的角度看待双方关系，共同激励、共同适应、共同发展。大卫·范高德等（2002）从仿生学角度提出企业集群是一个企业生态群落，并认为集群的形成和演进必须具备催化剂、源源不断的燃料和营养供应机制、适宜环境和高度相互依赖关系，龚敏和张婵（2003）认为，集群企业间的相互依存与协作表现出层级式群落结构中的共生关系，从生态群层上来看，企业群体具有整体意识和行动。因此，为了改善"企业群落"所依托的"生态环境"，作为集群的主观能动性主体，企业通过合作来优化相互之间的共生关系，而集群的根植性及企业间的信任氛围为企业间的共生提供了"润滑剂"。合作中企业可以利用各自的比较优势，实现资源共享、协同互利，大大节约合作性竞争的成本，促进企业的加速发展。

（3）合作的交易成本理论。

交易成本理论最早由美国学者科斯提出，作为一种基本方法用于比较企业与市场两种组织的效率和成本结构。该理论认为，要消除外部性必须通过企业购并所有权关系，将共同利益行为内部化，因而企业是作为市场的替代物而产生的，然而它忽视了企业间转移成本的影响，拥有所有权虽然使企业对信息的控制更为全面，但这种以内部交易成本置换外部交易成本的方式加剧了企业的刚性一体化，企业无法灵活应对可能出现的复杂局面。威廉姆森认为纯市场组织和科层制组织之间存在大量的能有效克服市场失灵和科层组织失灵的中间性组织，企业集群就可以看作是介于市场和科层组织之间的中间组织，它的存在能大大降低交易费用，而集群内企业地理位置的邻近有利于提高信息的对称性，抑制交易中的机会主义行为，节省企业市场信息搜寻的时间和成本，大大降低了交易费用。

（4）劳动分工理论和互补性活动理论。

劳动分工理论是亚当·斯密提出的，该理论认为，劳动分工可以提高劳动熟练程度，减少因变换工作损失的时间，有利于因注意力集中于某一特定对象而创造新工具和改进设备；该理论还认为分工既是经济发展的原因也是结果。劳动分工创造了企业间相互依赖的网络关系，然而相互依赖的生产活动需要协调管理，因此激发了企业合作的需求。Richardson（1972）提出的互补性活动理论为分工活动的整合提供了解决思路，他认为企业的能力决定了所从事活动的范围，企业不可能拥有产品生产所需的全部能力，它只是从生产和服务过程中截取某些阶段从事分工活动，因此需要企业间的组织协调来弥补企业的能力缺口。企业集群内企业间的合作是弥补集群企业能力和资源缺口的重要路径，专业化分工源于企业各自的竞争优势，企业集中财力物力人力于自身的优势环节，然而产业链的垂直整合需要企业间的相互协作，这种相互依赖的网络约束着企业间的相互作用，企业间协作关系的好坏制约着企业整体的经济效率和集群的持续发展。

2.3 有限理性、混沌理论在集群寡头博弈中的应用

2.3.1 有限理性

作为传统经济学的重要假设和基石，完全理性需要在理性意识、分析推理能力、识别判断能力、记忆能力和准确行为能力等多方面满足完美要求，而经济社会存在着决策目标的非唯一性、决策者认知的局限性、环境的不确定性等现实因素，完全理性因其过于超越现实被诟病，有限理性越来越受到关注。有

限理性是指介于完全理性和非完全理性之间的在一定限制下的理性。"有限理性"主要提倡者赫伯特·亚历山大·西蒙指出了传统经济理论中"经济人"的不足之处：一是具备所处环境的知识即使不是绝对完备，至少也相当丰富和透彻；二是假定全部可供选择的"备选方案"和"策略"的可能结果都是已知的，并拥有很强的计算能力选择备选行动方案。西蒙认为人们在决定过程中寻找的是"满意"的标准，并非是"最大"或"最优"的标准，并提议将不完全信息，处理信息的费用和一些非传统的决策者目标函数引入经济分析。杨小凯（2002）等学者认为，有限理性的根基来源于"根本的不确定性"，即人类决策交互作用内生地产生的社会不确定性，并将其与不完全信息进行了区分。

认知能力的局限使得有限理性受到重视，在此基础上衍生的演化博弈成为经济学分析主要工具。演化博弈的重要模型——Replicator Dynamics 模型（Taylor & Jonker，1978）描述了系统演化至稳定状态，最终达到演化稳定策略（evolutionarily stable strategy，ESS）（Smith，1973）的动态过程。演化博弈最早运用在生物学领域，利用动态分析的方法研究群体行为动态演化趋势，由于经济主体的群体行为相似性，研究学者逐渐将其应用至经济与管理领域。Tian 等人（2014）采用演化博弈分析了政府、企业、消费者等利益相关者之间的关系；部分学者采用演化博弈模型研究了企业治理、技术创新模式选择的问题（曾江洪、崔晓云，2015；戴园园、梅强，2013）。

经济系统本身就是由多种因素相互作用的非线性系统，经济社会中一个微小的变化就可能会带来市场的重大变革。采用非线性动力学理论可以规避线性假设的缺陷，能更加贴近实际。演化博弈主要采用连续动态系统，而有限理性更多应用在模拟现实经济现象的离散动态系统。在非线性离散系统中，基于有限理性的调整机制在经济建模十分重要，每个寡头可以利用不同的策略来调整自己的产出。查阅现有文献可知，Naïve（Bischi，2002；Elabbasy et al.，2009；Elsadany et al.，2013；Ding et al.，2015；Elsadany & Awad，2016）、GD（Gradient Dynamics）（Askar & Simos，2018；Elabbasy et al.，2009；Elsadany et al.，2013；Ding et al.，2015；Agiza & Elsadany，2004；Naimzada & Sbragia，2006；Du et al.，2009；Ding et al.，2012；Peng et al.，2016）、Adaptive（Elabbasy et al.，2009；Elsadany et al.，2013；Elsadany & Awad，2016；Agiza & Elsadany，2004；Ding et al.，2012；Bai & Gao，2016）、LMA

(Local Monopolistic Approximation)(Peng et al., 2016; Bischi et al., 2007; Elsadany, 2015; Askar & Alnowibet, 2016) 等策略被广泛应用于分析 Cournot 产量博弈、Bertrand 价格博弈、Stackelberg 产量博弈以及 Cournot - Bertrand 混合博弈中。

2.3.2 混沌理论

混沌系统是指在一个确定性系统中,存在着貌似随机的不规则运动,其行为表现为不确定性、不可重复、不可预测。混沌现象最早是由法国数学家庞加莱(Poincare)1903 年发现的,在研究三体问题时,他发现系统在某类平衡点的一个小范围内不能得出精确解。而最早提出混沌理论的是美国数学家洛伦兹(Lorenz),他在研究气象预报动力系统(洛伦兹系统)时,发现该系统中出现了混沌现象。随着计算机仿真技术的进步,混沌现象能够被学者进一步清晰发现并研究。关于混沌目前尚无广泛接受的统一定义,Li - Yorke 混沌和 Devaney 混沌较为主流。混沌主要表现出内在随机性、遍历性、有界性、初始值敏感性、分数维性等特性。

内在随机性:混沌系统的解的运动貌似随机无序,在混沌区的行为表现出随机不确定性,然而这种不确定性不是来源于外部环境的随机因素对系统运动的影响,而是系统自发产生的。

有界性和遍历性:混沌系统的解运动看似随即无序,但其运动轨迹会保持在一个确定的区域内(吸引子),因此具有有界性。遍历性则是指混沌运动会经历区域内的每一个点,跑遍整个吸引子。

初始值敏感性:无论是连续混沌系统还是离散混沌系统,均表现出对初始条件的敏感性,即在混沌系统中,初始条件的细微变化在迭代次数不断增加的作用可能导致结果出现很大的差异。初始值敏感是由内在随机性决定的,这也使得混沌行为只能短期预测,混沌运动的长期结果是不可预测的。

分维性:是指混沌的运动轨线在相空间中的行为特征。混沌系统的轨迹在相空间内发生了无限次的伸长和折叠,而分数维正好可以表示这种无限次折叠。分维性表示混沌运动状态具有多叶、多层结构,且叶层越分越细,表现为无限层次的自相似结构。分数维越高,混沌吸引子越复杂。

以混沌理论为核心的非线性科学得以迅猛发展，混沌系统所表现出的无周期的有序性揭示了自然界以及人类社会中普遍存在的复杂性，混沌学理论也被广泛应用在货币指数、粮食产量、农产品价格、股票价格等趋势预测（Barnett & Chen, 1988；姜会飞, 2006；胡荣、夏洪山, 2013；李哲敏, 2015）。

2.3.3 有限理性、混沌理论在集群寡头博弈的应用文献回顾

自 1990 年 Porter 将产业集群概念首次引入经济管理领域以来，对其进行的拓展研究未曾间断。在集群寡头企业的竞合博弈领域，学者们主要聚焦完全理性假设，探讨寡头企业的贡献水平、企业距离、知识共享、技术溢出、研发投入等因素对竞合博弈均衡的影响（赵骅等, 2015；王丽丽、陈国宏, 2016；马永红等, 2020）。例如，王丽丽和陈国宏（2016）运用动态博弈方法分析了技术溢出系数、研发资金等变量对集群供应链企业技术创新效益的影响，发现由于技术溢出的存在，供应链内某一企业的创新将使其上下游企业均获益。认知能力的局限使得有限理性受到重视，在此基础上衍生的演化博弈和复杂网络也成为经济学分析主要工具，大量文献运用演化博弈和复杂网络理论分析了集群寡头间的竞合博弈（项后军等, 2015；韩莹、陈国宏, 2019；孔庆山等, 2020）。例如，韩莹和陈国宏（2019）通过构建政府、非正式组织与集群企业的非对称博弈模型，运用演化博弈方法分析了三方参与主体的演化稳定策略，研究了政府监管下的正式契约与非正式组织监管下的隐形契约对集群企业间创新合作的约束作用。20 世纪 80 年代以后，混沌理论开始逐步被应用至经济与管理领域，Bischi、Agiza、易余胤等学者基于有限理性假设，通过构建非线性离散系统研究了寡头复杂博弈的动态均衡（Agiza & Elsadany, 2004；易余胤等, 2004；Bischi et al., 2007），有限理性和混沌理论应用在产业集群的文献也不断增加，探讨了企业距离、技术创新、技术溢出等参数对集群寡头博弈均衡稳定性的影响（龙剑军、赵骅, 2015；王凤莲等, 2018；Long & Huang, 2020）。

2.4 集群企业合作研究综述

2.4.1 研究现状

已有的关于集群内企业间合作的文献按照企业合作类型的不同，其所关注的侧重点也各异，本书从集群企业间的横向合作和纵向合作两个维度对已有文献进行概括。

（1）集群企业横向合作。

集群企业横向合作主要体现在合作创新、知识共享、技术知识溢出及治理等方面。对于集群企业的合作创新研究，侧重于合作创新的动因、模式、机制、影响因素以及增强企业合作创新能力的途径等方面。Freeman（1991）提出从成本、交易类型、专用性、战略行为、资产互补的特性、知识吸收的能力以及社会因素等多个角度考察企业合作创新的动机。Maolla（1995）认为，企业间合作动机有三个导向：共担成本与风险的效率导向，组织强化市场地位的竞争导向以及掌握稀有资源、扩大已有资源及资源互补的资源导向。朱涛（2007）认为，企业进行合作创新的动机主要有以下几点：分担研发成本和创新风险、获得隐性知识、解决技术溢出以及获得市场份额等。姚先国、朱海（2002）指出，企业集群合作创新是一个由制造商、供应商、销售商，甚至包括竞争对手共同参与与协调合作的非线性过程，而集群专业化分工的组织模式对企业集群的企业合作研发产生重要影响。Hiroyuki等（2011）通过2008年日本创业企业的数据样本调查发现，创业企业的教育背景、之前的创新产出以及其与学术机构的关系是科研机构决定是否与之合作研发的决定因素，并证实了企业创始者之前的创新产出以及工作经历对合作研发有着重要的正面效应。魏江、申军（2003）以温州柳市低压电器业集群为例，对传统企业集群的创新系统结构和动态运行模式进行了探讨。夏若江等（2007）提出，企业集群对共性技术的跟踪和创新能力决定了其对技术路径的控制能力，而共性技术的创新能力则取决于企业集群合作创新机制的形成和配套服务网络的完善，并通过佛山企业集群加以验证。易经章等（2010）在结合集群相关数据的基础上，运用结构方程模型探讨了创新优势形成的微观机制,明确了企业间竞合互动在创新优势中发挥的作用。陈旭、李仕明(2007)在 AJ 模型的基础上对集群双寡头进行了两阶段博弈分析,并探究了企业间的距离对技术创新水平和产品市场的影响。Bell(2005)研究发现,落户企业集群和集中社会关系网络能够提升企业创新能力,而制度关系网络的集中则不能。李敏等(2007)认为,通过策略性地联结企业间横向合作与技术创新活动所形成的制度能够有效解决企业创新的激励不足。邹艳等(2009)认为,企业通过合作创新不仅可以降低创新风险,有效弥补能力有限的缺陷和资源的缺乏,还可以通过有效获取外部知识及能力来增强知识存量,从而提升企业的技术创新能力。王娟茹(2009)提出,有效的知识交流与共享能够使合作创新企业对自身以及创新合作伙伴的优劣势更为了解,促使双方以彼此的知识和能力作为杠杆来增强合作创新的生命力和竞争力。企业集群的发展是一个有序的动态过程,具备自组织特征(胡红安、马千里,2007),基于浙江若干集群风险案例,蔡宁等(2011)构建了集群风险自组织理论模型;黄纯(2012)进一步对焦点企业的网络能力和风险鲁棒性的相关性进行验证;孙振雷等(2014)认为,地方政府通过扶持主导企业和网络中心度较高的企业,可以在一定程度上缓解企业集群所遭受的外生风险。

知识经济背景下,知识是经济社会发展的重要因素,也是技术创新和产业发展的关键性要素。知识外溢是知识积累的一个中心部分,它可以促使知识和想法在企业间的加速转移,企业合作中知识交流和共享有助于隐性知识的获取,增强创新能力,知识溢出效应是高新技术企业区域集中的主要推动力量(Tsai,2005)。祁红梅等(2004)指出,知识本身的稀缺性、流动性和扩散性导致了知识外溢的客观存在,知识溢出是知识自身的本质特征之一。Hoffmann 等(2014)通过对巴西 198 家家具集群企业问卷调查发现,集群内知识的转移是多维的,知识转移可以从企业间合作、劳动力流动、社会关系交往等不同渠道进行,甚至在企业间不存在合作时也可以发生。Narayanan(2002)提出,由企业间有效的知识交流和共享是企业合作研发的前提保障,企业间合作创新的一个重要作用便是促进企业间的知识转移和流动。Dyer 和 Ross(2003)通过实证研究表明,集群内企业的相互学习与突破性的产品创新之间存在显著的正相关关系,集群内信息共享有助于提升企业的创新能力。Atallah(2003)通过研究发现技术创新中的信息共享有利于合作的稳定性的。徐倩倩、綦振法

(2009)基于企业集群视角提出了知识共享模型，研究发现集群内企业的知识共享度越大，收益也越大，企业共享知识的意愿增强，而知识的流动整合形成了集群的竞争力。闫华飞、胡蓓（2014）探究了企业集群创业活动中的知识溢出效应，以求构建起溢出方、溢出内容、溢出媒介及溢入方四者之间的逻辑演进关系。黄志启（2013）通过模型与实证分析发现，知识溢出的短期效应导致企业集群创新能力存在显著的区域差异性和时滞性，但其长期效应即企业集群中知识存量增加，将使每个企业都有机会获得和利用更多的外部知识，形成企业集群技术升级的良性循环。

知识的适度溢出能够提升集群整体竞争力，而机会主义行为导致的过度溢出则会损害企业合作的积极性。企业合作需要在一定范围内共享企业间的互补性知识并进行有效的技术知识交流，尤其是企业的隐性知识，它无法通过市场交易来获得，必须通过企业合作的方式，然而这很可能会使企业面临核心知识或技术泄露等知识产权风险（汪忠、黄瑞华，2005）。某些企业在获得搭档企业的专有技术知识或合作研发中溢出的技术知识后，可能会选择中途退出，导致合作研发失败（Katsoulacos，1998；Atallah，2003；Atallah，2006）。在集群内企业间合作中，面对知识共享、知识溢出中出现的机会主义行为，学者们提出了不同的对策。刘满凤、唐厚兴（2009）将知识的共享行为看作是公共物品的供给，建立了不完全信息下的共享知识供给博弈模型，研究表明提高知识产出弹性是解决知识共享困境的根本途径之一。学者田中伟（2003）和李新安（2005）研究发现，集群内企业间的长期合作可形成一种不需要第三方干预的自增强创新机制，可以消除搭便车现象。唐晓华、王丹（2005）指出，基于集群企业间合作的隐性契约能够有效防止集群企业机会主义行为，并阐释了隐性契约运行的内在机理。罗剑锋（2012）通过建立违约惩罚机制模型探讨了违约成本对企业合作进化稳定性的影响；易余胤等（2005）研究发现，企业能否彼此识别对于防范合作研发中的机会主义行为具有重要作用；张洪潮、何任（2010）运用演化博弈理论分析了超额收益分配系数及违约成本等因素对非对称企业合作创新进化稳定策略的影响。张生太等（2008）通过构建集群企业间隐性知识共享与转移的微分动力学模型，对影响隐性知识共享的主要因素进行了分析，并据此提出了提高隐性知识扩散效率的路径；程艳霞（2009）在构建缄默知识扩散模型的基础上分析了隐性知识扩散的关键影响因素及存在障碍，并基于知识链的视角对隐性知识共享与转移体系框架进行搭建；王发明等（2013）进一步运用小世界网络建构了以集群成员为网络节点的隐性知识共享和转移模型，发现集群成员交流对象的数量与缄默知识共享和转移周期长短成反比，速度与集群成员的接受能力相关。魏兴民（2014）从阐述了纺织业全球价值链中知识产权的核心地位，并对中国纺织业集群中知识产权的缺乏原因进行了分析，为了实现价值链的良好治理和产业集群的顺利升级，提倡中国的纺织业集群应该利用市场规模与产业链等优势，通过产业规制等经济手段积累与控制知识产权，从而取得对全球分工的主动权。Casanueva等（2013）则从社会资本方面论证了关系网络对于集群内显性和隐性知识的传播和扩散的重要作用，显性和隐性知识网络的核心节点对于产品创新意义重大，而结构洞的影响较弱。

（2）集群企业纵向合作。

Purwaningrum等（2012）对印度尼西亚的Jababeka集群进行了半结构化访谈以及实地调研，发现知识流动非常频繁，既存在于第二层或第三层供应商企业间的水平合作中，也存在于第一层供应商与汽车制造厂商的垂直合作之间。Tewari（1999）对印度卢迪亚纳（Ludhiana）毛纺织集群调研发现，集群内毛纺织企业与当地供应商、经销商的良好合作关系是其成功应对20世纪90年代经济危机的重要原因。Ottati（1996）通过对意大利托斯卡纳区的企业集群研究发现，集群与本地供应商和经销商的紧密合作关系保证了集群供应链的完善，是集群持续竞争力的有力保障，更是集群企业实施产品升级战略差异化战略及的重要支撑。Knorringa（1999）Rabellotti等（1999）学者通过对墨西哥瓜达拉哈拉、印度阿格拉鞋业集群和巴西西诺斯谷三个地区的鞋业集群进行调研发现，市场对产品质量要求越严格，集群内鞋企间的纵向合作关系就越紧密。Schmitz（2000）在比较印度、巴基斯坦、巴西和墨西哥四个国家的地区集群企业合作状况后发现，之于横向合作关系，集群内企业间的纵向合作关系表现得更为紧密和普遍，并且市场竞争越激烈，纵向合作强度越高。

也有学者从微观的实证研究角度对企业集群纵向合作关系进行了探讨，发现企业与供应商、顾客、中介机构的关系对集群企业创新绩效、企业绩效具有很强的驱动作用（Bengtsson & Sölvell，2004；谢洪明等，2008）。全球化趋势不仅促进了资本、技术、人才的流动，而且为发展中国家的产业提供快速发展的机会，Jan等（2012）运用系统动力方法构建了一个动态发展模型，用来解释中国软件产业聚集在大连的经济现象。研究发现，人才、技术、资本以及相互之间的增强所带来的增长效应是导致大连软件行业迅速发展的最主要原因，研究还进一步讨论了有限的资源是其继续发展的瓶颈。随着市场竞争加剧、需求的个性化和多样化以及不确定性的增大，新产品、新技术推出速度的加快和产品生命周期的缩短，以及各种高新信息技术的快速发展致使单个企业无法高效地完成技术创新的整个环节，市场竞争也已从传统的企业与企业之间的竞争转变成供应链与供应链之间的竞争，供应链上下游企业不仅在生产和营销环节加强了合作，而且在研发领域也展开了全面合作，供应链纵向合作研发已成为企业主要的合作研发模式（Tsai，2006；Olausson et al.，2009）。集群企业纵向合作方面的研究侧重于集群供应链，自 Humphrey 和 Schmitz（2002）最先提出"集群供应链"以来，国内外就有不少学者对其进行了拓展研究。黎继子（2006）界定了集群式供应链概念，并从经济学角度分析了集群式供应链构建整合问题以及集群式供应链系统内的竞合对象和竞合方式。地理集中的集群供应链上下游企业，不仅可以避免因远距离产生的交易费用和物流成本过高问题，还能够保证集群内各企业和各供应链之间实现紧密连接（伍琴等，2005），实现专业化分工和功能集聚，避免无序竞争。Propris（2000）研究了合作创新对企业创新绩效的影响，供应链企业间的技术合作将会带来更多的创新型机会，创新合作是企业创新的重要驱动力。曹丽莉（2008）认为，以核心企业作为创新动力源的供应链创新使得企业集群内的市场形成"单链企业合作，多开竞争"的模式，供应链"板块"的网络创新优势可以推动集群创新升级。王璇等（2009）运用博弈论方法简要分析了集群式供应链中两种维度的竞合关系，并据此给出了增强集群供应链合作的一些决策建议。刘春玲等（2009）通过实证分析证明了鲁棒效应和跨链协调能有效抑制牛鞭效、降低库存水平以及提高对集群市场的响应速度。集群供应链上下游企业的有序生产与合作，为现代企业实施技术创新奠定了良好的基础。

然而集群供应链仍然存在着管理界面低效、风险分担不均、机会主义涌现等协调困境（朱燕君，2004）。Luthra 等（2011）对印度汽车制造企业集群进行了调研，标出了 11 个阻碍集群供应链管理的因素，通过实证发现市场竞争激烈性和不确定性、管理经验缺乏、管理成本过高、忽视消费者需求以及政府支持制度缺乏是导致供应链管理困境的五个主要因素，并从政府政策、高层管理支持等方米提供了解决措施（Chien & Shih，2007）。通过减少不必要的摩擦与矛盾、谈判与协商以及由此引起的时间耗费，可以提高整个供应链及集群的反应能力（康世瀛，2005）。为改善供应链之间的竞争关系，使供应链经济总边际成本最低，Zhang（2006）建立了模型描述供应链经济中供应链操作和操作之间的协调职能。Banerjee、Lin（2001，2003）通过构建企业纵向合作研发模型，探讨上游企业创新成本分担方式对分担比例和 RJV 规模的影响，并进一步研究了中间产品价格合同对下游企业研发活动的影响。Ishii（2004）对 Banerjee 和 Lin 的模型进行了拓展，探讨了在有两个上游企业和两个下游企业的产业体系中，技术溢出程度对企业间研发合作模式和社会福利的影响。国内学者肖条军等通过构建模型考察了企业纵向合作博弈及对策（肖条军等，2002）。牛海鹏等对上下游企业共同投资而下游研发的合作模式提出了成本分担机制和收益分配机制和（牛海鹏、艾凤义，2004）。刘伟等（2009）分析了供应商加入制造商研发投资后对创新利润所带来的影响。陈宇科等（2010）基于 Banerjee 和 Lin 的模型，研究了上游创新企业与下游成员企业的联盟策略及其对企业利润的影响。葛泽慧和胡奇英（2010）探讨了纵向研发协作与产销竞争共存中的企业选择与技术共享水平等问题。Wei 等（2010）运用元胞自动机模型分析了企业集群的技术创新扩散，通过独立研发和产学研合作的仿真模拟对比发现，集群中产学研合作是促进技术创新扩散的有效方式，尤其是当企业的研发能力较弱或技术较复杂时。

2.4.2 研究评述

已有的研究成果为本书的研究奠定了良好的基础，但总体而言，有关集群企业合作的研究中仍存在着一些不足亟待完善。

（1）虽然目前有不少文献关注了企业集群的生态群落性，将一些生态学概念（如生态位、共生互利）引入到企业集群中，然而在集群企业的合作中探讨亲缘选择、直接互惠、间接互惠等合作演化机制的研究文献却为数不多。

（2）目前对集群企业间的合作困境及治理的文献不少，但几乎都是侧重一两个点进行研究，缺乏整体性，很少有文献系统地对集群企业合作困境的解决方式及途径进行研究。

（3）不少文献对合作困境的表现及成因进行了分析，然而对合作困境机理的数理模型分析较少，信息不对称、知识技术溢出等因素对集群寡头产量、价格竞合博弈的影响更无探究。

（4）基于非对称信息和有限理性并存的集群寡头博弈研究有待补充。已有研究侧重从非对称信息或有限理性的单一视角研究寡头博弈，非对称信息下的寡头博弈文献大多以完全理性为假设前提，且侧重于供应链上下游企业间的竞合博弈；有限理性寡头博弈研究又忽视了信息不对称现象。

第3章

集群企业合作特性及合作演化机制

3.1 企业集群特征

3.1.1 高度发达的分工和社会协作

企业集群中的企业和其他机构专注于经营某一产业，相互间的协作配合体现的不仅仅是地理位置上的集聚，更是功能要素的集聚。在市场分工如此精细的今天，集群中一个最终产品的生产工艺往往分布在多家企业，有些企业甚至只能从事其中一道工序。集群品牌效应正是依托群内企业的精细化分工和协作配合建立、发展和扩散开来的，品牌效应带来了周边配套企业的入驻，进一步促进集群的发展和品牌的推广。现实中几乎所有的企业集群都具有分工和协作特征，如温州打火机企业集群、海宁皮革企业集群。

3.1.2 空间集聚和规模经济

据国内一些经济学家对欧洲各工业园的调查显示，企业集群内企业相聚从1公里到500公里不等，大约每平方公里有几十家企业（胡亭亭，2005）。企业集群的区域有明显边界，可能在一个行政区域内，也可能横跨多个区域，国内主要表现为各省区的工业园、产业区、高新区等，然而集群内单位土地面积的产值较高，有的高新技术企业的集群能够达到每平方公里3亿元以上的产值（刘丽，2011）。集群内企业的地理邻近有利于降低企业的交易成本、组织成本和学习成本等，而经济要素、组织行为的空间接近性以及对地理空间的集约使用促使集群经济活动形成规模经济效应，分工专业化以及优良的集群社会资本更是加速了规模经济的形成。

3.1.3 社会根植性

最早提出"根植性"概念的学者是 Karl Polanyi（1944），在1944年发表的著作《大变革》中首次将"根植性"用于经济理论分析，他认为经济社会学家特别强调经济行动的社会和文化根植性以及经济制度的社会建构，而市场经济的去根植观点具有很大的局限性，工业革命前的非市场经济下，经济生活以互惠或再分配的形式为主，它根植在社会文化结构中；而工业革命之后的市场经济中，市场交换机制占据统治地位，价格决定了经济活动，此时的经济体制是"去根植（disembedd）"的，即不诉受社会和文化结构的影响，然而后人修正了他的观点，认为市场经济同样根植在社会文化结构之中（丘海雄、于永慧，2007）。随后 Granovetter（1985）发展了波兰尼的"根植性"概念，建立了经济社会学分析的基本假定，并提出了将社会网络分析作为主要的研究方法。

最早研究产业区现象的马歇尔发现，企业集聚一起主要是为了获得规模经济，其中近距离的交流、信任以及协同的集群氛围是产业区外部经济的主要来源（Marshall，1920）。众多文献（Uzzi，1997；Horvath et al.，2001；朱海就等，2004；陈玉平，2005）表明，在集群形成和发展过程中，根植性起到了很好的带动作用。企业集群根植性是指，在战略管理和日常经营中，集群企业行为受区域制度、文化、产业传统等社会因素的影响程度，以及对当地社会网络关系的利用和依赖程度（杨一帆，2010）。企业集群根植性同时具有社会和网络的特征，主要体现在三个方面：交易性网络、非交易性网络（行为习惯、区域文化等）以及双边合作关系。它根植于当地大环境下的社会结构之中，而这种社会结构往往表现为区域内特定人文环境以及当地的网络联系、企业间以及企业与中间机构间的合作与竞争，也表现为文化观念等。然而，集群根植性在促进集群发展的同时，也存在潜在的不稳定因素，如果集群的根植性太弱，集群企业更倾向于与群外企业及机构联系，造成对外部资源的严重依赖而削弱其自主创新能力。例如，我国一些高新产业区和以外资嵌入型为主的工业园区；而企业集群的根植性过强可能导致锁定效应，此时集群内的多数企业、机构较为依赖已有的社会网络关系，群内的经济活动具有可靠性及可预见性，与群外企业的交往频度不高，减少了与群外企业、机构之间的知识交流与资源交换，对市场技术变化反映不够灵敏，降低了产生根本性创新的可能性（耿建泽，2007）。而适度的根植性有利于竞争力的培育，区域品牌可能因此产生，从而进一步强化集群的竞争优势，而集群的开放性是解决因强根植性导致的锁定效应的重要途径（霍苗等，2011）。企业集群发展程度与社会根植性的关系可见图 3-1。

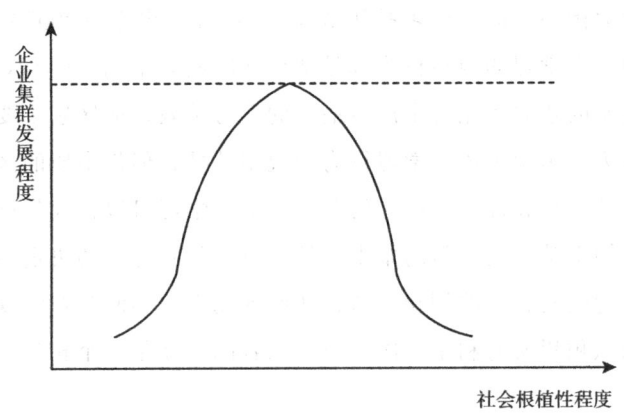

图 3-1 社会根植性于企业发展程度的关系

3.1.4 集体学习

"集体学习"这一概念是由欧洲区域创新环境研究小组（GREMI）提出来的，是指集群企业为了应付技术不确定性的挑战而进行行动协调，本质上是知识空间转移的一种有效载体（Capello，1998），具有学习主体的多元性、利益上的互惠性、实施的协调性等特征。Camagni（1991）认为，集体学习是降低企业在迅速变化的技术环境中所面对的不确定性的区域机制，成功的创新区域包含以集体学习过程形式存在的"隐性功能"，具体包括熟练劳动力的流动性、客户与供应商间技术和组织的相互交换、模仿过程、互补信息和专业服务机构等。Capello（1998）将集体学习理解为"基于一系列集群共享的规则和程序所构成的知识积累的社会化过程，而这些规则和程序是鼓励个体为寻求问题解决的方法而进行合作的"。集群的创新环境是企业通过集体学习中产生的知识升华培育而来，集体学习可以看作为集群创新系统的本质特性，代表着集群创新系统的进化模式。集体学习是集群背景下群内企业与机构等组织之间的互动所带来的知识传递、积累以及新知识的产生过程（蔡宁、吴结兵，2005）。集群内企业间的技术能力势差构成了集体学习的基础和动力（徐颖，张少杰，2004）。一方面，为了不被市场淘汰，低势位企业必须通过不断地学习、创新和积累的方式减少势差，从而在集群内产生"学习拉动效应"；另一方面，高势位企业为了保持竞争优势，也需通过自主创新、外向型学习等途径获得持续的能力优势，即"学习挤压效应"。魏江、申军（2003）认为，集体学习与一般的组织学习的内在行为都是知识在时间和空间上的有效转移，并通过知识转移机制的建立和完善来产生最佳的学习绩效，而区别主要表现在边界特性、学习行为的承担主体、学习行为的规制特性，但最本质的区别则在于学习行为的个体性特征和社会性特征的差异。集体学习可以扩大集群和集群成员知识基础，而知识基础是创新的基本条件，也是创新能力的决定性要素。良好的集群创新环境激发企业的创新热情，从而推动企业不断学习实现创新，而学习过程中的知识积累又有利于二次创新，二者的互动是一个相互促进的良性循环过程。

3.2 集群企业合作特性

3.2.1 中间性组织的企业合作柔性

从组织结构层面看，企业集群是一种介于纯市场和科层之间的柔性组织，威廉姆森称之为"双边规制"的中间性经济组织（Williamson，1979），这种经济组织形态比市场更有效、比企业更灵活地协调生产。企业和市场是资源配置的两种最基本的经济组织形式，企业主要通过内部权威机制和等级设计进行协调，而市场则是通过价格机制进行调节的。企业的科层组织可能因协调成本过高带来经济不规模，而市场组织则存在交易成本过高导致市场失效的风险，企业集群这种中间性组织则既能充分保持各类型企业的独立性和灵活性，降低交易成本，又能避免一体化科层组织的过高内部管理成本。而这种"组织协调"被形象地称为是"看得见的手"和"看不见的手"的"握手"。图3-2形象地显示了相互之间的演变关系。

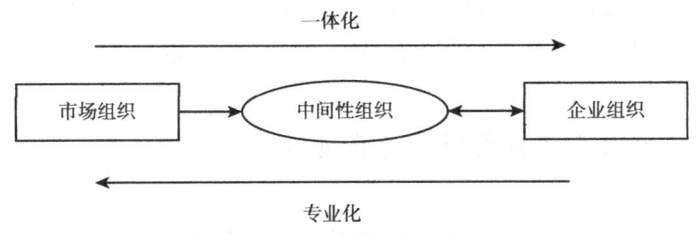

图3-2 三种组织关系的演变图

集群内的企业合作正是发挥了中间性组织的作用，既能将弱势生产环节外包给集群内其他企业以减少内部成本，又可以通过与集群内其他企业的紧密合作来降低市场交易成本。从而获得集群企业合作中因专业化分工、知识共享及相互信任所带来的特有的低交易成本和高效管理等集群效应，而这是集群外企业所不能获取的。集群内企业合作有利于增强企业间的信任，降低企业寻找产品的难度，从而减少交易成本；通过与集群其他企业的合作将自身的生产弱势环节外包，在降低内部管理成本的同时进一步增强了与其他企业的信任，有利于自身社会网络的建立和社会资本的积累，为企业的战略发展奠定坚实的基础。

3.2.2 地理邻近性激发企业合作动力

波特（2002）认为，企业集群是指特定领域里相互联系的企业和机构在地理空间上的集聚。企业在地理位置上的邻近便于其相互交流，集群内知识和信息的自由流动加快了企业间智力资源的转移，专业化人力资源的流动为企业带来了新思想、新技能，从而增强企业研发能力（Carrincazeaux et al., 2001）。王缉慈（2001）认为，集群中发生着两组效应，其中之一便是邻近效应，企业在地理上的邻近促使信息和知识的流通加快，进而降低信息搜集成本及产品交易成本。然而，企业的邻近性及产品的相似性同样给企业带来了竞争压力，某一企业新产品的出现使得集群内其他企业面临新的挑战，为了避免被市场淘汰，在激烈的竞争市场中取得一席之地，落后的企业必须加强创新提升自身竞争力,而合作创新是行之有效的重要途径(何郁冰,2012);知识技术的溢出效应、知识信息的自由流动与共享促进了新知识的传播和新技术的扩散,其他企业吸收新技术后的模仿创新在提升其实力的同时也削弱了领先企业的竞争优势,激励领先企业的进一步创新。正是这种知识集聚和扩散的循环往复过程,不断提升企业集群的合作创新能力和竞争优势。

3.2.3 社会资本网络降低合作风险

研究发现,单纯用技术资本、知识资本及物质资本等经济资本来解释企业集群的发展是不够的,其他的非经济性资源,如社会资本,越来越引起学者们的关注。在技术创新不断涌现的今天,很少有企业能够独立完成产品价值链上的所有活动,企业为了应变复杂的外部环境必须与其他企业结成网络,共同迎接新的挑战。随着对企业集群研究的深入和社会经济学的发展,学者们逐渐意识到企业集群在表现为基于专业化分工基础上的经济形态的同时,更多地体现为由社会、文化、制度等各种关系构成的多重复杂的社会关系网络(蔡铂、聂鸣,2003;雷如桥、陈继祥,2003)。

企业集群社会网络是指集群内企业、大学、科研机构、政府机构等行为主体,在业务合作、交换资源、传递信息活动过程中发生联系时选择性建立的各种关系总和(鲁开垠,2006)。这些关系有些发生在市场交易或知识技术的创造过程的正式合作中,更多的则属于基于共同的社会背景和共同信任基础上建立的非正式关系。集群社会资本是指企业与集群在发展过程中逐渐形成的能被企业享用的社会性资源,包括行为主体间的社会关系网络以及集群内产生的信任、合作规范、集群文化等(向希尧、朱伟民,2006),集群社会网络与集群社会资本在一定程度上是等同的。信任、规范和关系网络是社会资本的关键要素,支撑着集群内广泛复杂的经济关系和经济过程。集群内专业化分工使得供应链上下游企业的资产专用性加强,导致企业间的交易频率会提高,进而使企业间关系更加紧密,社会资本的累积和关系网络的完善有效地抑制了机会主义行为,降低了市场交易成本和监督成本,减少了企业的合作风险。

3.2.4 柔性专精生产保障企业合作

科技的迅猛发展和生活水平的日益提高使商品短缺早已成为过去式，买方市场成为主流，消费者不再简单满足于商品的数量与质量，更多的追求个性化，产品的差异化成为企业竞争力的重要生产方式。柔性专精生产的特征主要表现为专业化生产和柔性化生产。

（1）专业化生产。

集群中的专业化生产是指在一定地理空间集聚的企业专注于某一产业的经营。如印度班加罗尔的软件业集群、德国慕尼黑汽车业；又如中国台湾新竹的半导体产业，浙江柳市的低压电器产业。集群内企业生产的产品具有一定的相似性和替代性，易于模仿，企业为了保持竞争力趋向于与其他企业合作，有横向上为寻求竞争优势的新产品共同研发，也有纵向上为追求高市场份额的战略联盟，而集群内专业化分工是企业间合作开展的有力保障。

（2）柔性化生产。

企业集群的柔性化生产是针对新经济时代的消费需求，快速响应市场中出现的高度差异化和个性化的灵活生产方式，其主要特征为小批量、多品种。集群内单个企业的生产能力有限，因此面对巨大需求时可以通过下游配件商的协调以及横向企业的合作实现供应；而且，近距离的学习有助于推动产品的差异化创新。另外，柔性化生产可以使企业以较低的库存应对市场需求，快速调整产品线和规格品种。正是集群的柔性化生产优势吸引着企业聚集在一起，共同实现柔性生产的优势。

在对意大利第三产业区进行研究时，Piore 和 Sabel（1984）将集群成功的首要因素归为弹性专精的生产方式，Garafoli（1992）则将集群看作是一种地理界限内由本地网络、生产嵌入、柔性专业化以及灵活生产等方式构成的特殊生产系统。集群的柔性专精生产优势提高了企业的市场反应能力，改变了传统的大规模生产特征，并且大大降低了库存成本，增强了企业合作的适应性和敏捷性。

3.2.5 集群创新系统特性促进合作创新

不少学者认为企业集群已经成为一种在效率、效益、柔性等方面具备明显创新优势的创新系统,创新效应已成为企业集群的一个最主要优势(吴德进,2004;刘志红,2006),集群具有的互惠共生性、竞争协同性、社会根植性、知识资源互补性及创新组织开放性五个创新特征能够为企业提供一种良好的创新氛围,从而有利于降低企业创新成本、完善企业技术创新网络、促进知识技术的转移扩散(李亚军、陈柳钦,2007)。知识与信息是企业集群发展和获得竞争优势的重要源泉,企业集群作为一个创新系统,主要特征便是知识的创造与共享,而知识的产生与转移则主要通过集群内的非正式网络,尤其表现在无法编码的隐性知识的获取。集群内企业的地理邻近为知识与信息的自由流动以及企业间的交流提供了有力保障,专业化人才的流动减少了企业的培训成本,集体学习氛围加快了知识更新速度,柔性专精的生产让企业得以快速响应市场需求。产品市场需求多样化与个性化以及企业自身资源和能力的有限,催使企业为保竞争优势更多地选择与集群内其他企业、高校或研究机构合作,而集群中较高的知识共享氛围以及良好的创新环境使得创新成本、生产成本和扩散成本得以大幅减低,进一步增强了企业间合作创新的动力。

3.3 企业合作演化机制

合作普遍存在于自然界和人类社会,从微生物到低级的脊椎动物再到具有特殊认知能力的人类,合作已成为生命有机体的一种重要进化方式(Sachs et al., 2004),Nowak(2006)详细阐述了五种促进合作进化的机制:亲缘选择(kin selection)、直接互惠(direct reciprocity)、间接互惠(indirect reciprocity)、网络互惠(network reciprocity)和群体选择(group selection)。作为经济社会中促进合作进化的两种重要机制,直接互惠和间接互惠很好地解释了人类交往过程中信任以及利他行为的重要性(Wilson,1975;Trivers,1985)。利己行为是企业主体追求的最终目的,经济个体为了追求自身利益的最大化,往往会选择最有益于自己的行动,机会主义企业可能贪图一时利益得失而选择背叛行为，丧失长期交往的机会。然而现实中不难发现，一些具有战略眼光的企业在经济交往中往往不会因当前的利益诱惑而采取机会主义行为，更多的是以彼此信任的态度去合作追求长远利益，期待长期的交往和博弈；甚至有些企业为了建立声誉愿意牺牲自己的利益去帮助其他企业，以期获得其他企业的帮助及合作的机会，学者们将其称之为利他行为，然而作为一个经济利益主体，企业实施利他行为的最终目的是为了获得后期的潜在利益。利己行为直观地体现在自然选择机制和直接互惠机制中，而群体选择、亲缘选择及间接互惠等合作演化机制更多地展现了生命有机体中的利他行为，下文简单介绍自然选择、群体选择、亲缘选择、直接互惠、间接互惠这几种演化机制，这些演化机制在集群的企业合作中都有体现。

3.3.1 自然选择

一个半世纪前，达尔文在《物种起源》中提出了自然选择学说，第一次对整个生物界的发生、发展，做出了唯物的、规律性的解释，推翻了特创论等唯心主义形而上学在生物学中的统治地位，使生物学发生了一个革命变革。自然选择学说成功解释了生物有机界弱肉强食的利己行为及其进化机制，揭示了所有动物都经历着过度繁殖、生存斗争、遗传变异及适者生存的自然选择过程，个体为了提高自身的适合度和繁殖率，必然会采取自私自利、损人利己的行为。尽管达尔文本人也观察到了社会性昆虫的利他行为，但他将其看作是自然选择学说的反常，并且为了消除这种反常，设想在个体选择之外还存在一种超个体水平选择机制——群体选择，虽然群体选择的导入在一定程度上解释了人类社会和生物界群体中的利他现象，但其理论本身仍存在局限，认为个体从群体利益出发会选择利他行为去帮助同一群体的其他个体，然而这从本质上与达尔文自然选择学说倡导的个体选择理论是相违背的。

3.3.2 群体选择

达尔文的自然选择理论用"物竞天择、优胜劣汰"的自然法则解释了物种进化的原因，物种的进化是通过遗传和变异实现的，由于资源的有限性，个体之间和物种之间必然存在着生存竞争、优胜劣汰的自然选择关系。达尔文的进化论主张利己主义，反对利他主义，然而利他行为在人类和其他动物中都是存在的，比如人性中的同情心、恻隐之心，动物界中一些鸟类为保护其他幼鸟会挺身用伪装受伤的方法将猛禽引向自己等。按照个体选择理论，带有利他基因的个体在群体中会选择牺牲自己或减少自身繁殖机会来使群体继续壮大，尽管这种趋势是微弱的，但时间可以将这种后果无穷放大，最终利他基因将会消亡。由此可见，个体选择理论没有给利他行为留下进化的余地。然而这与现实中存在的利他现象是相违背的，达尔文观察到社会性昆虫的利他行为为群体选择理论的萌芽埋下了伏笔，直到 1962 年，Wynne – Edwards（1962）才明确地提出群体选择理论（Theory of Selestion）。该理论认为自然选择也可以对群体进行选择，当生物个体的利他行为有利于种群利益时，这种行为特征就可能随种群利益的最大化而得以保存和遗传。后续也有不少学者通过沿用群体选择思想来解释利他行为，但正如前面所提及的，群体选择理论的相关研究破坏了达尔文主义纲领的统一性。

3.3.3 亲缘选择

群体选择理论对利他行为的解释并不能被达尔文主义支持者所接受，如何在个体选择理论的基础上探寻利他行为存在的科学解释成为学者们待以解决的难题。真正实现理论突破的是英国生物学家汉密尔顿（William D. Hamilton），他于 1963 年在"利他主义行为的进化"中从概率论角度提出了亲缘选择理论（Theory of Kin Selection）（Hamilton, 1963），并于 1964 年在"社会行为的遗传理论"中运用广义适合度（inclusive fitness）和亲缘系数诠释了近亲个体间的利他行为（Hamilton, 1964）。

广义适合度指一个个体在后代中成功传播自己的基因或与自身基因相同的基因的能力，它是相对于以个体的生存和繁殖后代数为尺度的狭义适合度而言的，是对狭义适合度的扩展，以个体在后代中传播自身基因或与自身基因相同基因的概率为尺度。尽管利他者因利他行为降低了自身适合度，导致其一很少能够繁殖，甚至于不能繁殖，但若其通过利他行为帮助了相同基因的亲属，通过其亲属的生存和繁衍，同样能将相同基因传递至下一代，即利他者是在为自己的基因做出贡献和牺牲。这样，"亲缘选择理论"便在一定程度上将利己与利他统一起来了，进一步地，汉密尔顿给出了广义适合度的

第3章 集群企业合作特性及合作演化机制

计算方法：

$$a^\infty = 1 + \delta a + e^0 \tag{3.1}$$

其中，a^∞ 表示广义适合度；1 为个体适应度，即个体自身成功生存的存在，用1个单位表示；δa 为个体繁衍后代所获得的适合度，即个体自身繁殖能力的体现，用亲缘系数（1/2）×后代数来表示；e^0 为亲属传递与自身相同基因而获得的适合度，即利他行为的体现，可用亲属和利他者的亲缘关系与亲属自身 δa 乘积的加和来计算。由式（3.1）可知广义适合度分为两个部分：其一是通过个体自身保存和繁衍而产生的直接的个体成分；另一个则是照顾亲属的利他行为所带来的间接的社会成分。因此，当不考虑广义适合度的社会成分时，即令 $e^0 = 0$，这样式（3.1）即变为：$a^\infty = 1 + \delta a$，即经典达尔文主义的个体适应度。从广义适合度角度，利他者为其亲属做出贡献或牺牲，所增加的并非自身个体适合度，而是其亲属（受惠者）的个体适合度，受惠者适合度的增强带来了繁殖能力的提高，进而增强了与利他者相同基因在后代的传播，从而提高了利他者的广义适合度。据此，亲缘选择理论认为，利他行为一般出现在亲族之间，并且与亲缘关系成正比。即个体间的亲缘关系越近，相互间的利他倾向越强，因为亲缘关系近的个体间的相同基因更多。

广义适合度虽然为利他行为的存在和进化提供理论上的可能性，但在自然界的现实中，利他行为必须使利他者在进化竞争过程中能够与利己者相抗衡才能得以存在、传播和进化。因此利他行为获得的收益必须大于其损失才能得以进化，假设 c 表示利他者的损失，b 表示利他者的亲属也即利他行为接受者的收益，r 表示利他者与其亲属的亲缘关系，即亲属的基因来自共同祖先的概率，则利他行为进化的充分条件为 $r > c/b$。根据亲缘选择学说，生物有机体会因亲缘关系程度的不同而采取区别对待，由此可见，亲缘选择学说是建立在个体之间能够相互识别的基础之上的，能否识别彼此对于防止欺骗行为的发生有着重要的意义。

现实中，企业集群种类很多，而家族式企业群或亲缘性的企业群体不在少数，这些企业相互之间或多或少存在一些渊源，有一些是大企业的业务分离形成的子公司，也有的是供应链上的亲缘性企业，这些企业的法人或董事长很多具有一定的亲缘关系。这种现象在关系网络复杂的中国尤为盛行，浙江的中小企业集群大部分是由于一家企业做大后，亲戚建立小企业加入到相关供应链环节而形成的，这种亲缘性企业集群具有共同的文化背景、根植于本地，具有良好信任和沟通氛围，有利于亲缘企业间的顺利合作。亲缘关系越强，信任程度越高，越有利于企业间的合作；反之，亲缘关系越弱，风险越高，交易成本越大，会对企业合作造成一定的阻碍。

3.3.4 互惠利他

现代的生物学家和经济学家将利他行为划分为三种典型的表现形式：基于 Hamilton（1964）亲缘选择理论基础上的亲缘利他行为、Trivers（1971）基于非亲缘关系提出的互惠利他行为以及不追求任何客观回报的纯粹利他行为（Simon，1990）。亲缘选择学说很好地揭示了亲缘利他行为，然而现实中动物界和人类社会的非血缘关系的个体间也存在利他行为，比如海葵与寄居蟹的共生关系、小鱼给大鱼"掏牙缝"现象、人类社会中好朋友间的互帮互助等。美国动物学家 Trivers 在 1971 年提出了"互惠利他主义（Reciprocal Altruism）"假说，他认为，除了亲缘利他，利他行为还可扩展到与利他者毫无亲缘关系的受益者，互惠利他理论进一步解释了非近亲个体之间的利他行为，互惠利他行为与亲缘关系没有必然联系。纯粹利他行为，顾名思义是指利他主义者不追求任何针对其个体的客观回报的利他行为。例如日本猴的幼仔在其母猴走失后由猴群中地位较高的雄猴照顾，纯粹利他行为只能作为利他行为的分类，很难用于解释利他行为的进化。人类社会中，很多非亲缘关系的经济主体间的合作可以用互惠利他行为来解释，下面主要介绍经济交往中两种重要的合作演化机制：直接互惠和间接互惠。

（1）直接互惠。

利他行为是指个体花费个人成本给其他个体带来收益的行为（Fehr & Fischbacher，2003）。在生态学中，成本和收益指的是达尔文适应度（Darwinian fitness）即个体繁殖的机会（Smith，1998）；而在经济社会背景下，成本和收益则指的是个人的效用、经济报酬和支出（Nowak & Sigmund，2005）。互惠利他最初指的就是直接互惠（Direct Reciprocity），即个体愿意承担一定的成本去帮助那些善待自己的人，愿意以一定的成本区惩罚那些亏待自己的人，也就是经济学家所说的正互惠和负互惠。

直接互惠是一种"你帮我，我帮你"形式的互惠，其示意图如图 3-3。基于博弈主体数量不同，可分为双方直接互惠以及多方直接互惠，囚徒困境博弈（Prison Dilemma）及公共品博弈（Public Goods）是两个典型的直接互惠博弈现象。假设一方主动合作将花费 c 的成本，给被动方带来 b 的收益，b > c，那么囚徒困境中，如果双方都合作，个体在一轮中的预期收益为 b - c；如果一方合作一方不合作，合作方在一轮中将损失成本 c，而不合作方将获得收益 b；如果双方都不合作，收益为零。双方的支付矩阵如表 3 - 1。从社会整体福利的角度来看，显然双方合作将创造最大收益，但是对个体而言，在一次性交易中不合作才是其最优策略。

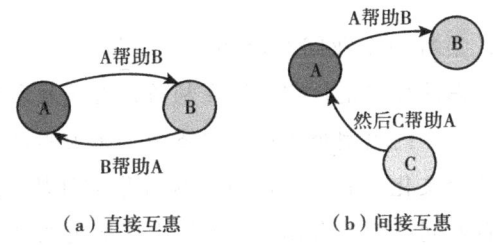

（a）直接互惠　　　　（b）间接互惠

图 3 - 3　直接互惠和间接互惠示意图

表 3 - 1　　　　　　　　囚徒困境收益矩阵

局中人 1		局中人 2	
		合作	背叛
	合作	b - c, b - c	- c, b
	背叛	b, - c	0, 0

注：作者

但是在重复多轮的交往中，直接互惠的合作是可以形成的，在多轮交往中，参与者不仅仅考虑当前的利益的是，更多的是关注长期合作的潜在利益。无名氏定理（Folk Theorem）表明，如果双方继续交互的概率足够大，有多种策略可以支持社会的合作，例如针锋相对策略（Trigger Strategy），采用针锋相对的参与者最开始选择合作，在后续的交往中将会选择对方上一轮的行动，理性的参与者将权衡当期不合作的机会收益与未来继续合作的潜在收益，如果双方未来交往的概率足够高，个体将会选择合作行动，直接互惠的合作得以维持（Fudenberg，1986）。

在多人参与的公共品博弈中，个体可以选择合作或者不合作，m 个选择合作的个体为公共品建设贡献个人成本 c，而不合作的 n 个个体不作任何贡献。

所有合作个体的贡献汇总得到公共品的总价值为 b，其中 b > mc，被平均分配给社会中的所有个体，每个个体获得 b/(m + n)。对社会整体而言，所有人都合作是最优的，社会整体收益最高。而对于个体而言，不贡献成本搭便车（Free Riding）免费享用公共品是其最优选择，最终导致公共品悲剧（Tragedy of the Commons）（Hardin，1968）。大量的行为实验和理论分析证明，奖励和惩罚可以促成公共品博弈中的社会合作（Fehr & Gächter，2000；Milinski et al.，2002；Brandt et al.，2003；Gürerk et al.，2006；Rockenbach & Milinski，2006）。

由于地理邻近，集群内企业间交流频繁，合作交往是长期性的，非一次性，因而企业双方考虑的往往是长期的潜在利益，直接互惠的合作是集群企业的主要合作形式，这点在内生型企业集群中体现得尤为明显。集群企业根植于本地，融入当地的社会文化、制度、产业传统等集群环境中，社会信任度高，有利于促进集群内企业间的频繁合作。集群所在区域内的基础设施建设、公共品的建设也是依靠企业协调及共同参与得以完善的。

（2）间接互惠。

"间接互惠（indirect reciprocity）"的概念是由 Alexander（1987）提出的，它是这样一种机制，利他者为受惠者提供帮助，对这种恩惠的报答并非来自其直接的受惠者，而可能来自被其他利他者帮助的其他受惠者。其示意图见图 3-3。间接互惠被 Alexander 用来解释人类道德的起源以及大规模合作行为的产生。在直接互惠中，由对个体背叛行为的惩罚威胁维持了群体合作，即：个体强化；而在间接互惠中，得到帮助或受到伤害的参与者不能够直接建立或惩罚对手，而是通过群体内其他成员代为做出奖励或惩罚达到的，即团体强化（Kandori，1992）。因此直接互惠到间接互惠的转变本质上是个体强化到团体强化的转变。

由于间接互惠中利益的互惠是第三方实现，因此信誉显得尤其重要。个体通过合作或者利他行为树立自己的形象（Image），或者提升自己的信誉（Reputation）和地位（Status），以期未来得到别人的合作和帮助。然而在多主体的交互过程中，个体的声誉会被不断的评估、再评估，导致持有不同评估准则的辨别者对同一个体有不同的声誉评判，而对交易历史的不完全信息更加剧了声誉失真这一现象。两个最具代表性的间接互惠模型是"形象评分（image scoring）"策略模型（Nowak & Sigmund，1998）和"名声（standing）"策略模型（Panchanathan & Boyd，2003；Sugden，2004）。形象评分的信誉评价机制下，每一个个体的形象分数为 [−5, 5] 间的整数，当个体主动对对方采取合作时，形象分增加一个单位，不合作则减少一个单位，当个体形象分达到最值（5 或 −5）时形象分不再增加或减少，参与者采取区别对待（discriminating）策略，即只对形象分数超过一定阈值的被动方采取合作行动。仿真发现，成本收益比较小且形象分数信息充分时，区分对待策略能够促成社会合作。然而对于不合作行为的"公正"与否，形象评分机制无法加以区分。为此 Panchanathan、Boyd 及 Sugden 等学者提出了信誉保持机制，给个体标上二元（Binary）信誉标签，好（Good）和坏（Bad），合作会给主动方带来好信誉，对信誉为好的对手不合作将会带来坏信誉，对信誉为坏的对手不合作时信誉保持不变，这样就能避免"公平的"不合作行为被评为坏，从而带来更高的合作水平。对对手信誉的评判需要对手上一期作为主动方时选择的行为，而对手上一期作为主动方时选择的行为的信誉好坏又要去追寻对手上一期作为主动方时选择的行为时，对手的对手在上上期的行为选择，类似的可以一直推到博弈的开始。因此想要完全无误地平判处对手的信誉，必须具备所有个体的历史信息，包括一阶信息、二阶信息、三阶信息……。然而这在多主体参与的交往中是很难达到的，需要相当的计算能力及成本，因此不少学者尝试探索一些只需低阶信息的信誉评价机制（Sugden，2004；Ohtsuki & Wasa，2006；Berger，2011）。直接互惠通常发生在关系纽带十分紧密的主体中，而间接互惠是全球化经济中经济主体间重要的合作形式，声誉和信息的传播发挥着重大的作用。

发达的信息技术使得交易不再局限于区域，一次性交易频繁发生，比如基于互联网平台的网上购物，人们往往使根据历史购买者对商品的评价来选择购物行动。在具有众多中小企业的集群内，尤其是供应链上的新生企业，企业合作与否往往基于对方企业的信誉。在外生型企业集群，间接互惠的合作同样存在，群内企业交流少、彼此信任度不高，企业间合作的开展在很大程度上依赖于对方的信誉。

第4章 集群企业合作困境成因及机理

集群企业合作困境是指受管理体制、法规政策、利益冲突、信息渠道等合作障碍影响，集群企业在合作过程中由于信息不对称、社会网络根植性过弱或过强、政府或行业协会的不作为等因素导致的道德风险、逆向选择、技术锁定、产业链不完善、准公共品失灵、技术过度外溢等机会主义经济现象。在形式上有合作研发困境、产业链上下游企业合作困境、集群企业在公共品或准公共品上的合作困境以及对内或对外事务的集体行动困境等。本章在简述集群企业合作障碍的基础上从集群企业环境、群内企业自身、政府、市场及社会环境方面分析了合作困境的成因，并研究了知识技术过度溢出、信息不对称、政府或行业协会的不作为以及社会网络根植性对集群企业合作困境形成的运行机理。

4.1 集群企业合作障碍

集群内企业在合作过程中会受到宏观环境以及企业自身因素的影响，导致合作无法顺利开展，合作困境主要体现在以下几个方面。

（1）管理体制落后。管理体制是制约集群企业协作的最主要因素。传统的"行业分割、条块分割"的管理体制导致本位主义、地方保护主义盛行，各部门及地区"各自为政"，相互间很难做到取长补短、协调发展，更不利于跨地区的行业体系建设。而企业集群要求集群作为一个整体，集群企业与（金融机构、科研院所、培训机构等）相关支撑机构以及当地政府相互协调，共谋发展，实现企业集群的一体化、网络化、规模化发展，而目前大多数地区落后的管理体制与集群的发展要求已然格格不入。

（2）政策法规障碍。企业集群协作是一项复杂的系统工程，仅靠各企业自身的能力是远远不够的。还需要政府和行业协会的推动和调控。当前无法可依、有法不依、执法不严、政出多门的现象较为严重，行业标准、统一规划等基础工作不到位，缺乏有力的政策支持和及时正确的引导，这都不同程度地影响企业集群协作的顺利发展。

（3）个体理性和团体理性冲突。作为相互独立的经济实体，集群企业总是追求自身利益的最大化，即个体理性。然而个体理性的本质是一种利己主义的自我保护意识，是一种主观的价值取向，其结果导致了集群企业在协作中的不合作态度。具体表现为在合作中不愿信息共享、单方面的资源占用、保留过多的私有信息，将合作推向失败边沿。企业集群的特殊性在于空间集聚的企业间的知识信息共享与交流，使集群知识螺旋式累积，推进企业集群上升到新的层次，而企业的战略规划及团体理性意识则保证了集群的持续发展。

（4）信息渠道不畅。在信息流管理方面我国企业与发达国家的企业的差距是不言而喻的，无论是硬实力的硬件设施，还是软实力的人员及软件环境。国内集群企业在选择合作伙伴时，缺乏供应商和经销商的相关信息，对其往期交易信息了解不够充分，另有合作过程中供需信息不能够及时传递，导致企业间难以保持协调一致，合作走向失败。当今变化迅速、经济激烈、不确定因素在增多的市场环境更是凸显了企业合作中的信息沟通不所带来的困境。

（5）风险分担与利益共享意识不够。企业投入资金和人力合作必然要承担风险，而风险分担与利益共享意识决定了企业合作的程度和期限。合作中过于计较短期利益会挫伤合作的积极性，导致合作失败及前期资源浪费，具有良好风险分担与利益共享意识的合作企业则能够有着更加深入的长期合作，潜在的长期利益远远高于当前利益。集群企业合作要求企业具有共担风险的意识，而当前许多集群企业的斤斤计较阻碍了企业合作及集群发展。

4.2 集群企业合作困境成因

集群企业的合作并非一帆风顺，在企业及集群内外部因素的影响下，合作中经常出现道德风险、经济不规模、技术锁定、缺乏信用等困境，从而增加了企业合作的复杂性，使得合作企业难以把握合作规律，及时发现潜在的冲突来保持合作的稳定性。下面从企业、市场、政府以及社会四个方面对合作困境的成因进行分析。

4.2.1 基于集群环境及群内企业动力的成因

（1）信息不对称。

信息不对称是指合作中一方无法观测和监督另一方的行为或无法获知另一方行动的完全信息，亦或观测和监督成本高昂时，交易双方掌握的信息所处的不对称状态。当这种信息不对称现象发生时，会给合作带来负面影响，信息占有优势方经常会出现"败德行为"，合作中产生道德风险，导致信息劣势方不得不为信息优势方的行为承担风险，进而出现类似于"劣质产品淘汰优质产品"的"逆向选择"问题。而集群内企业在资金、人力资源、社会资本、市场信息掌握程度等方面存在的差异是导致企业合作中信息不对称的主要根源。

（2）垄断。

企业集群的形成及发展路径各异，有依托本地企业的成长而逐渐壮大的内生型企业集群，也有依靠对大型企业招商引资而带动零配件供应商入驻的外生型企业集群。按照集群中企业实力大小，有龙头企业主导、中小型企业配套供应的轮轴式企业集群，也有由众多中小企业群生型的意大利式企业集群。在有龙头企业或是核心企业主导的企业合作中，由于实力的较大差异，龙头企业可能控制合作的走向，压榨弱势合作企业的利润，破坏双赢或共赢的局面，不利于集群企业间合作的后续发展，进而导致企业集群的整体利益受损。

（3）行业自组织协会的缺失和不作为。

集群中的行业自组织协会是由集群内同行业的企业家自行组织的机构，能够对行业实施自我管理，准确地捕捉行业信息，了解行业需求，快速反应市场。它往往作为行业内企业间的第三方来监督、仲裁合作中的企业行为，并制定和执行相应的惩罚机制来约束企业合作中的机会主义行为。当一些投机企业采取机会主义行为时，行业协会通过制定严厉的惩罚措施将企业间的协议制度化，从而增强背叛后机会主义企业的损失。因此，行业自组织协会被赋予"仲裁人"的角色，而行业协会的惩罚能力也成为影响其他企业决策的重要因素。在行业自组织协会的集体行动机制下，企业的合作成本将低于群外企业。同时，行业协会通过集体行动动力机制抵制行业内企业的"搭便车"行为，增强行业的集体谈判能力，提升整个集群的竞争力。而集群内行业自组织协会的缺失和不作为则会滋生机会主义行为，挫伤企业合作的积极性，损害集群利益。

(4) 产业链不够完善。

对于一些发展还不够成熟企业集群来说，产品供应链上下游企业不够完善，分工不够细致、专业，形成不了规模经济效应，从而导致企业间的垂直合作受阻。如通过引进大型企业的外生型企业集群发展初期的零部件供应、根植于本地的内生型企业集群成长初期。

(5) 根植性过强而开放程度不高。

集群中的企业行为受区域文化、制度、产业传统等社会因素的影响，企业融入当地的特定人文和社会环境中能增加其社会资本和完善其社会网络，进而促进企业间的合作。然而，根植性过强会导致集群企业过于依赖集群内部的社会关系网络，此时如果集群的开放程度不高，将会使得群内企业与集群外部企业的互动交往缺乏，进而导致知识、技术等方面的路径依赖，形成锁定效应。

4.2.2 基于市场动力的成因

经济全球化的今天，消费者市场已由卖方市场转变为买方市场，消费者需求也日趋个性化和复杂化。激烈的竞争市场催促集群企业由传统的一味竞争模式转向"要竞争必须合作"模式，信息技术的飞速发展导致需求变化以及产品更新换代速度加快，集群内企业要想生存必须及时掌握消费者需求动态，了解行业发展状态，通过与集群其他企业合作形成大型的经济体，不断创新，打造集群区域品牌，提升集群产品形象，从而提升产品在市场上的竞争力。集群中企业合作困境很大原因是对市场需求把握不准确、缺乏战略眼光，研发的产品没等应用就已面临淘汰边缘，挫伤群内企业合作创新的积极性，这点尤其在高新技术产业中得到验证。比如诺基亚因忽视智能手机市场而失去以往"独霸一方"的地位。

4.2.3 基于政府动力的成因

企业集群作为一种特殊的经济组织形态，在经济社会发展中的作用日益突出，已成为提升区域经济发展和国家竞争力的重要经济形态，因而各个国家越来越重视企业集群，纷纷将其写入到国民经济的发展规划中，各地政府也加大对企业的招商力度，建立工业园、产业园及高新区。然而，有些地方政府一味追求绩效，引入与园内已有企业不相干的企业，无法完善产业链的同时还面临政府信用受损的威胁。集群内的企业资金力量有限，尤其是在中小企业主导的企业集群中，相关的中介服务机构的引入必须依靠政府，只有金融、科研等相关服务机构的入驻才能为集群持续吸引企业进入提供保障。在集群发展时期，受企业数量和产品市场地位的限制，行业自组织协会无法形成，面对企业合作中出现的机会主义行为，倘若政府不加以管制，集群内搭便车、道德风险等合作困境将会恶性循环，严重扰乱公平、竞争有序的集群环境，而良好的市场环境是企业集群得以发展的前提。不健全的市场竞争秩序会扰乱产品市场，诱发机会主义行为，企业间的互相欺骗及信用缺失加速了假冒伪劣、低质高价产品的出现，市场出现紊乱。作为经济运行的监督者及协调者，地方政府应承担起惩罚不法行为的重任，维护公平竞争良好市场秩序促使企业走出"囚徒困境"。政府监管的有效性必须注意两点：第一，不仅要设计合理的惩罚措施，还应确保惩罚的可置信程度，加大执法力度，切实保障法律法规的权威性；第二，将不守信企业的信用记录传递给集群内其他企业，不守信者会因害怕声誉的损失而选择守信。通过政府对公平、公正的市场环境的维护，能够大大降低企业合作中机会主义行为出现的可能性，促进企业集群的良性发展（郑耀群，2009）。

4.2.4 基于社会动力的成因

企业合作嵌入到集群所在地区的文化、制度等人文社会环境是合作顺利开展的有力保障，集群特有的信任、近距离的集体学习是外部企业所无法模仿的，如果企业对自身的社会网络和社会资本运用得好，合作将达到事半功倍的效果。而集群内企业合作文化、合作信任氛围的培养则需要集群相关管理机构持续的引导，不时组织企业交流活动，制定企业集群文化规范并加以宣传。集群不光要对内宣传，对外宣传同样重要，吸引产业链上的群外企业、优秀人才及相关中介服务机构的入驻，完善企业集群的整体服务，最大程度地发挥知识共享、专业化分工、知识技术合理溢出等集群特性所催生的效用。

综观前述关于企业集群合作困境的成因分析，可将其主要分为合作研发中的知识技术过度溢出、信息不对称、政府或行业协会的不作为以及社会网络根植性过弱或过强,下面将从这几个方面导致集群企业合作陷入困境的机理进行分析。

4.3 基于集群溢出的企业竞合困境的形成机理

知识经济时代,技术创新成为企业核心竞争力的来源,创新能力是企业集群发展的重要驱动力。集群内企业间的垂直合作对于完善产业链和形成规模经济效应具有重要意义。然而,要使企业集群有质的提升和飞跃,必须有竞争企业间的水平合作或企业与科研机构、高校间的产学研合作,只有这样产品才能进行根本性的创新,才能在市场上获得竞争优势,而集群中知识信息的自由流动加速了创新的合理扩散,使集群拥有持续的创新潜力。不容忽视的是,由于集群企业距离近,知识技术溢出扩散快,导致非创新企业"搭便车"现象严重,创新失灵现象突出,进而挫伤了企业合作创新的积极性,阻碍集群企业合作创新的效率。企业合作中出现的机会主义行为主要是由于合作中的知识技术溢出导致的,适度的溢出有利于知识技术在集群中的良性扩散,而过度的溢出可能导致产品市场的紊乱,本节将基于完全理性和有限理性视角分析集群溢出、创新投入等因素导致产品市场紊乱产生的内在机理。

4.3.1 技术溢出对单龙头企业集群创新效益的影响

(1) 引言。

党的十九大强调要坚定实施创新驱动发展战略,加快建设创新型国家,当前中国区域经济发展正步入创新驱动新时代,而集群创新是推动区域创新体系与国家创新体系持续形成的不竭动力(冯之浚等,2015),一个国家的经济增长在很大程度上依赖于集群创新性(Porter,1998)。作为促进区域经济增长的重要载体,企业集群的竞争优势并非单纯因地理邻近带来的交易成本下降,更为重要的是组织邻近、认知邻近带来的集群创新能力提升,而这也是集群保持内生增长和持续竞争力的基础(李琳,2014)。当前,我国企业集群产品面临全球价值链"低端锁定",在产能过剩、劳动红利已然消失的外部环境下,承载区域间技术、资本、劳动投入等关键竞争要素的企业集群面临前所未有的考验（蔡昉、王德文，2009），为深入贯彻实施国家创新驱动发展战略，推动经济平稳健康发展，企业集群需坚持科技创新、推动企业转型升级（董慧梅等，2016）。

企业集群技术创新是指集群经济条件下的企业技术创新（张明龙、冯新勤，2006），是运用旧知识来产生新知识的知识创造过程（Drucker，1994）。相关文献主要集中在企业集群技术创新影响因素及技术创新模式两个研究方向。不少学者从理论研究和实证分析角度探讨了创新投入、技术溢出、创新效率等因素（赵骅，丁丽英，2009；蔡猷花等，2010；王丽丽、陈国宏，2016；刘杨、王海芸，2017）对集群技术创新能力和集群绩效的影响。其中，地理邻近、溢出效应等集群特性导致创新技术的"公共品"属性使得"技术溢出"因素尤受关注（Iammarino & McCann）。赵骅等（2009）基于单向技术溢出视角探讨了技术溢出对企业的技术创新效率投入和企业集群技术创新能力的影响；蔡猷花等（2010）在集群两级供应链探讨了创新投入在提升创新型产品市场竞争力的重要作用；王丽丽等（2016）利用动态博弈方法分析技术溢出系数、研发资金、技术创新成功概率等变量对集群供应链企业技术创新效益的影响；刘杨、王海芸（2017）利用随机前沿分析法对北京地区 31 个工业行业 2010~2014 年的技术创新效率进行测度，从企业技术创新角度探讨了北京主导产业选择；李宇、唐蕾（2020）调研大量科技产业集群后发现，集群内核心企业与中小企业的双向技术溢出对集群创新绩效具有正向影响，联合依赖越高，则促进作用越大，非对称依赖越高，则促进作用越小。戴万亮等（2019）基于社会网络理论构建了两阶段中介作用模型，实证分析了产业集群环境下网络权力、知识获取、企业间信任关系对技术创新的作用机制。Chyi 等（2012）以新竹高新技术产业集群为研究对象，探讨了内溢效应与外溢效应对企业绩效的影响。Chen 等（2020）利用 2007~2016 年我国高技术产业数据证实了高技术产业内部溢出效应的显著性，发现研发投资和国际贸易对空间溢出具有积极的促进作用。Brahim 等（2016）研究发现受益于技术溢出的"搭便车"企业的存在有利于改善企业行业福利。分析现有文献发现，集群内的技术溢出一直是学者们研究关注的焦点，但鲜有文献从技术创新视角研究龙头企业与多个跟随企业的技术溢出对集群企业创新效益的影响。

核心企业是指规模巨大、拥有核心技术和学习运用能力，并能够利用自身影响力带动和组织其他企业协同创新、共同发展的企业（李宇、唐蕾，2020）。现实中，同质性结构的企业集群发展并不顺利，以一个或几个核心企业为龙头的企业集群组织却发展良好，这是因为核心企业作为集群创新网络的"领导者"，是知识转移和扩散的中心，负责引导产业集群的发展方向（Hubert，1995；Lazerson & Lorenzoni，1999；Wang et al.，2014），集群网络也自发形成"创新分工"现象，龙头企业发挥着"创新孵化器"的作用，非核心企业则承担着"实验应用厂"功能（王伟光等，2015）。单龙头企业集群便是由一个核心企业主导、多个中小企业跟随的轮轴式企业集群（Markusen，1996），在汽车行业（陈肖飞等，2018）、家电产业（王山等，2019）等领域中大量存在。因在集群网络中占据的特殊位置，作为集群"知识守门人"的龙头企业不断吸收世界范围的新知识，又与本地企业实现知识交流与共享（Giuliani，2005），在集群创新与升级中扮演关键角色（Jason & Walter，2004；王节祥等，2018）。例如，成立于1984年以其创新型的文化基因而著名的海尔，在其30多年的发展历程中，通过搭建平台化企业（开放式创新平台HOPE、COSMO平台等）、实施人单合一双赢模式的管理创新以及网络化战略，构建了以自身为核心的企业创新生态系统，孵化和孕育着3000多家小微公司，从一个濒临倒闭的冰箱集体小厂发展为如今全球最大的家用电器制造商之一（孙冰、周大铭，2011；朱国军、孙军，2021）。2015年以"双创"为契机推出的腾讯众创空间依托自身的产业资源与网络能力，从软、硬件等多个方面打造线上线下一体化、全要素创业孵化生态系统，为互联网创业者提供全方位资源和服务，成为全国"互联网+"创业创新产业型孵化领先品牌（项国鹏、钭帅令，2019）。

技术创新可分为封闭式创新和开放式创新（Chesbrough，2003），合理选择技术创新模式是提升集群创新能力的关键（于斌斌、余雷，2015）。Nohara（2019）研究了集群内参与平台管理及合作项目运作的不同行动者之间的竞争及合作策略对微电子集群发展的影响；Muszynska – Kurnik和Zizka（2019）分析波兰的水疗集群、创新集群、医药集群发现，集群企业与地方社会、科学和教育市场的合作网络对集群的建立和发展尤为重要；Rahmatov等（2018）研究发现，在持续教育的基础上，集群内教育、科技、制造等领域的相互融合有利于形成具有深层次知识的人才，为创新奠定基础；李明惠（2018）探讨了6种自主创新模式动力要素构成，并提出后发优势下大企业集群自主创新推进模式；项后军等（2015）认为，核心企业主导型企业集群比同质性结构的企业集群具有更高的分工水平和创新能力，Albino、Bruce 等学者发现集群中主导型企业采用自主性创新可以显著提升集群创新能力（Albino et al.，2006），新产品合作研发甚至比独立研发更复杂且更浪费资源（Bruce et al.，1995）。梳理已有文献发现，已有研究对单龙头企业主导的企业集群技术创新缺少关注，忽视了单龙头企业集群中龙头企业、跟随企业进行技术创新的运行机理。

鉴于集群技术创新的重要性和单龙头企业集群的普遍性，已有企业集群技术创新文献在以下三个方面有待进一步挖掘：一是现有文献大多为实证分析或描述性分析，运用数理模型刻画其对集群发展的内在机理研究有待深化；二是在采用理论模型分析企业集群技术创新的文献中，过于强调"集群双寡头"或"三寡头"假设，对集群内拥有大量企业的本质特征未予概化；三是文献多数围绕某一垄断模型（Cournot、Bertrand、Stackelberg 等）进行分析，对不同垄断模型下的集群创新效益分析研究不足。为此，本节拟放宽"双寡头"强假设，考虑在一个龙头企业主导创新、多个跟随企业模仿创新的集群中，基于企业决策行动的同时性和序惯性，探索技术溢出、创新效率、技术创新投入等因素对集群企业盈利能力的影响。

（2）模型假设。

假设 H4-1：企业集群中有 1 个龙头企业，n 个跟随企业，各企业均生产同质产品并在市场上展开竞争。为了获取更高市场份额和利润，集群企业进行技术创新，其中，龙头企业是技术创新的领先者，其他企业是技术创新的跟随者。跟随企业从龙头企业的技术创新中进行学习和模仿，从而获得技术溢出，因此假设技术溢出从领先企业单向流入跟随企业。

假设 H4-2：市场反线性需求函数为 $P = a - Q$，其中 $a > 0$，代表产品的市场最大容量；$Q = q^L + \sum_{i=1}^{n} q_i^F$，$q^L$ 为龙头企业的产量，q_i^F 为跟随企业 i 的产量，$i = 1, 2, \cdots, n$。

假设 H4-3：企业集群的技术溢出为 θ，$0 \leq \theta \leq 1$，$\theta = 0$ 表示领先企业的技术创新未被跟随企业无偿获取，$\theta = 1$ 则意味着全部无偿获取。同时假设技术创新前集群各企业的产品单位成本均为 c，$0 < c < a$，领先企业和跟随企业的创新投入分别为 x^L、x_i^F。

龙头企业技术创新后，产品的单位成本降低为 $c^L = c - \beta^L \sqrt{x^L}$ （4-1）

其中，$0 \leq x^L \leq \left(\dfrac{c}{\beta^L}\right)^2$。跟随企业 i 的产品单位成本不仅受自身的模仿创新投入、创新效率影响，还受到领先企业的技术溢出影响，因此其单位成本降低为

$$c_i^F = c - \beta_i^F \left(\sqrt{x_i^F} + \theta \sqrt{x^L}\right) \tag{4-2}$$

其中，$0 \leq x_i^F \leq \left(\dfrac{c}{\beta_i^F} - \theta\sqrt{x^L}\right)^2$。$f(x^L) = \beta^L \sqrt{x^L}$（或 $f(x_i^F) = \beta_i^F \sqrt{x_i^F}$）代表龙头企业（或跟随企业 i）创新投入的生产函数，满足边际报酬递减规律，β^L（或 β_i^F）为龙头企业（或跟随企业 i）的技术创新效率，β^L（或 β_i^F）越大，龙头企业（或跟随企业 i）的产品单位成本降幅越大。

（3）模型分析。

考虑集群中龙头企业与跟随企业对产量竞争决策的同时行动和先后行动两种情形，分别构建 Cournot 和 Stackelberg 博弈两种模型，并分析技术溢出、技术创新投入等因素对创新效益的影响。

①龙头企业主导创新下的 Cournot 博弈。

龙头企业和跟随企业 i 的利润函数分别为：

$$\pi^{L\_C} = \left(a - q^L - \sum_{j=1}^{n} q_j^F - c^L\right) q^L - x^L \tag{4-3}$$

$$\pi_i^{F\_C} = \left(a - q^L - \sum_{j=1}^{n} q_j^F - c_i^F\right) q_i^F - x_i^F \tag{4-4}$$

计算得出集群龙头企业与跟随企业的古诺均衡产量分别为：

$$q^{L\_C} = \dfrac{a - (n+1)c^L + \sum_{j=1}^{n} c_j^F}{n+2} \tag{4-5}$$

$$q_i^{F\_C} = \dfrac{a + c^L + \sum_{j=1, j \neq i}^{n} c_j^F - (n+1)c_i^F}{n+2} \tag{4-6}$$

将式（4-1）、式（4-2）、式（4-5）、式（4-6）代入式（4-3）、式（4-4），可得到古诺均衡产量下企业的利润分别为：

$$\pi^{L\_C} = \left\{ \frac{a - c - \sum_{j=1}^{n} \beta_j^F \sqrt{x_j^F} + [(n+1)\beta^L - \theta \sum_{j=1}^{n} \beta_j^F] \sqrt{x^L}}{n+2} \right\}^2 - x^L \quad (4-7)$$

$$\pi_i^{F\_C} = \left\{ \frac{a - c - \sum_{j=1, j \neq i}^{n} \beta_j^F \sqrt{x_j^F} + [(n+1)\theta\beta_i^F - \theta \sum_{j=1, j \neq i}^{n} \beta_j^F - \beta^L]}{\sqrt{x^L} + (n+1)\beta_i^F \sqrt{x_i^F}} \right\}^2 - x_i^F$$

$$(4-8)$$

由式（4-7）、式（4-8）可得到命题 1。

命题 4.1：在一个由单个龙头企业主导创新、多个跟随企业模仿创新的企业集群的 Cournot 产量均衡中。对于龙头企业，其创新效益与技术溢出、跟随企业技术创新投入、跟随企业创新效率均呈负相关关系；与自身创新效率正相关；与自身技术创新投入呈现边际递减关系，并在某临界值时效益达到最大。对于跟随企业，其创新效益与技术溢出的相关性取决于跟随企业的创新效率、龙头企业数量、跟随企业数量多种因素；与自身创新效率正相关；与集群其他企业创新效率、其他跟随企业技术创新投入负相关；与自身技术创新投入呈现先边际递减规律，并在某临界值效益达到最大；与龙头企业技术创新投入的相关性取决于集群各企业的创新效率、技术溢出、跟随企业数量多方因素。

命题 4.1 在现实集群内的企业实际管理中具有重要的意义：

技术溢出损害龙头企业技术创新收益，有利于高创新效率的跟随企业。技术溢出越多，可能由于龙头企业创新后技术泄露或知识产权保护措施缺乏，导致跟随企业能够免费获得龙头企业技术创新后的部分知识或技术，进而致使龙头企业的均衡产量和利润均有所降低。而跟随企业的利润并不一定与技术溢出成正比例关系，对（4-8）式关于技术溢出求导，即 $\frac{\partial \pi_i^{F\_C}}{\partial \theta}$，容易得出当 $\frac{(n+1)\beta_i^F}{\sum_{j=1, j \neq i}^{n} \beta_j^F} > 1$ 时，跟随企业 i 的利润随着技术溢出的增加而增加，当 $\frac{(n+1)\beta_i^F}{\sum_{j=1, j \neq i}^{n} \beta_j^F} < 1$，跟随企业 i 的利润与技术溢出负相关，当 $\frac{(n+1)\beta_i^F}{\sum_{j=1, j \neq i}^{n} \beta_j^F} = 1$，跟随企业 i 的利润与技术溢出无相关性。在现实的企业集群中，技术溢出普遍有利于跟随企业利润

的提高，损害龙头企业的利益，但若部分跟随企业创新效率十分低下，则技术溢出只会使得其他创新效率更高的跟随企业获得更高的收益，而其自身反而由于利润越来越低面临淘汰，与"强者生存，弱者淘汰"的企业生存环境相符。

集群内各企业的创新收益均与创新效率正相关。无论是龙头企业还是跟随企业，其自身创新效率（β^L或β_i^F）越高，相应的收益越高；竞争对手（龙头企业的竞争对手为模仿创新的跟随企业，跟随企业的竞争对手为龙头企业和其他跟随企业）创新效率越高，则其获得的收益越低。

集群内各企业的创新收益与各自的技术创新投入呈倒 U 形关系。根据生产函数关于技术创新投入的规模报酬递减规律，企业收益随着技术创新前期投入的逐渐增加而增加，并在某一临界值达到最大，之后随着技术创新投入的增加反而较少。式（4-7）、式（4-8）也进一步印证了生产实际，对于龙头企业，当其技术创新投入为

$$x^{L\_C*} = \frac{[(n+1)\beta^L - \theta \sum_{j=1}^{n} \beta_j^F]^2 (a - c - \sum_{j=1}^{n} \beta_j^F y_j^F)^2}{\{(n+2)^2 - [(n+1)\beta^L - \theta \sum_{j=1}^{n} \beta_j^F]^2\}^2}$$

时，收益达到最大；对于跟随企业 i，当其技术创新投入为

$$x_i^{F\_C*} = \frac{(n+1)^2 (\beta_i^F)^2 \{a - c - \sum_{j=1, j\neq i}^{n} \beta_j^F \sqrt{x_j^F} + [(n+1)\theta\beta_i^F - \theta \sum_{j=1, j\neq i}^{n} \beta_j^F - \beta^L]\sqrt{x^L}\}^2}{[(n+2)^2 - (n+1)^2 (\beta_i^F)^2]^2}$$

时，收益达到最大。龙头企业技术创新投入增加是否有利于跟随企业 i 利润的提高取决于集群各企业的创新效率、技术溢出、跟随企业数量等多方因素，当 $(n+1)\theta\beta_i^F - \theta \sum_{j=1, j\neq i}^{n} \beta_j^F - \beta^L > 0$ 时，跟随企业 i 的收益与龙头企业的技术创新投入成正比；当 $(n+1)\theta\beta_i^F - \theta \sum_{j=1, j\neq i}^{n} \beta_j^F - \beta^L < 0$ 时，两者成反比；当 $(n+1)\theta\beta_i^F - \theta \sum_{j=1, j\neq i}^{n} \beta_j^F - \beta^L = 0$，两者无相关性。与技术溢出因素分析不同的是，跟随企业 i 与龙头企业的技术创新投入的相关性不仅受各自创新效率、跟随企业数量影响，还与技术溢出有关，技术溢出越大，龙头企业的技术创新投入越多，跟随企业 i 利润更加可能增大。

②龙头企业主导创新下的 Stackelberg 博弈。

此情形下，龙头企业先宣布产量生产计划，跟随企业根据龙头企业的产量

策略决定自身产量，由于并不知晓其他跟随企业的产量，因此跟随企业之间展开 Cournot 产量博弈，跟随企业与龙头企业之间则由于信息不对称进行 Stackelberg 产量博弈。

首先考虑跟随企业关于龙头企业产量的反应函数。

跟随企业 i 的利润函数为：

$$\pi_i^{F\_S} = (a - q^L - \sum_{j=1,j\neq i}^{n} q_j^F - q_i^F - c_i^F) q_i^F - x_i^F \quad (4-9)$$

最大化其利润，令 $\dfrac{\partial \pi_i^{F\_S}}{\partial q_i^F} = 0$，可得跟随企业 i 关于龙头企业产量的反应函数：

$$q_i^F = \frac{a - c_i^F - \sum_{j=1,j\neq i}^{n} q_j^F - q^L}{2} \quad (4-10)$$

龙头企业的利润函数为：$\pi^{L\_S} = (a - q^L - \sum_{j=1}^{n} q_j^F - c^L) q^L - x^L \quad (4-11)$

结合式（4-10）、式（4-11），可得到龙头企业与跟随企业的 Stackelberg 均衡产量分别为：

$$q^{L\_S} = \frac{a - (n+1)c^L + \sum_{j=1}^{n} c_j^F}{2} \quad (4-12)$$

$$q_i^{F\_S} = \frac{a + (n+1)c^L + \sum_{j=1,j\neq i}^{n} c_j^F - (2n+1)c_i^F}{2(n+1)} \quad (4-13)$$

将式（4-1）、式（4-2）、式（4-12）、式（4-13）代入式（4-9）、式（4-11），可得到 Stackelberg 均衡产量下企业的利润分别为：

$$\pi^{L\_S} = \frac{\{a - c - \sum_{j=1}^{n}\beta_j^F\sqrt{x_j^F} + [(n+1)\beta^L - \theta\sum_{j=1}^{n}\beta_j^F]\sqrt{x^L}\}^2}{4(n+1)} - x^L \quad (4-14)$$

第4章 集群企业合作困境成因及机理

$$\pi_i^{F\_S} = \left\{ \frac{a - c - \sum_{j=1, j \neq i}^{n} \beta_j^F \sqrt{x_j^F} + [(2n+1)\theta\beta_i^F - \theta \sum_{j=1, j \neq i}^{n} \beta_j^F - (n+1)\beta^L]}{\frac{\sqrt{x^L} + (2n+1)\beta_i^F \sqrt{x_i^F}}{2(n+1)}} \right\}^2 - x_i^F$$

(4-15)

由式（4-14）、式（4-15）可得到与命题4.1类似的命题4.2，其管理学意义亦与命题4.1相似，后文不再赘述。

命题4.2：在一个由单个龙头企业主导创新、多个跟随企业模仿创新的企业集群的Cournot产量均衡中。对于龙头企业，其创新效益与技术溢出、跟随企业技术创新投入、跟随企业创新效率均呈负相关关系；与自身创新效率正相关；与自身技术创新投入呈现边际递减关系，并在临界值 $x^{L\_S*} = \dfrac{\left(a - c - \sum_{j=1}^{n} \beta_j^F \sqrt{x_j^F}\right)^2 \left[(n+1)\beta^L - \theta \sum_{j=1}^{n} \beta_j^F\right]^2}{\left\{4(n+1) - \left[(n+1)\beta^L - \theta \sum_{j=1}^{n} \beta_j^F\right]^2\right\}^2}$ 时效益达到最大。对于跟随企业，其创新效益与技术溢出的相关性取决于跟随企业的创新效率、龙头企业数量、跟随企业数量多种因素，当 $\dfrac{(2n+1)\beta_i^F}{\sum_{j=1, j \neq i}^{n} \beta_j^F} > 1$ 时，跟随企业 i 的收益与技术溢出成正比，当 $\dfrac{(2n+1)\beta_i^F}{\sum_{j=1}^{n} \beta_j^F} < 1$，两者成反比，当 $\dfrac{(2n+1)\beta_i^F}{\sum_{j=1, j \neq i}^{n} \beta_j^F} = 1$，两者无相关性；与自身创新效率正相关；与集群其他企业创新效率、其他跟随企业技术创新投入负相关；与自身技术创新投入呈现先边际递减规律，并在临界值 $x_i^{F\_S*}$

$$= \frac{(2n+1)^2 (\beta_i^F)^2 \left\{ \begin{array}{l} a - c - \sum_{j=1, j \neq i}^{n} \beta_j^F \sqrt{x_j^F} + \\ \left[(2n+1)\theta\beta_i^F - \theta \sum_{j=1, j \neq i}^{n} \beta_j^F - (n+1)\beta^L\right] \sqrt{x^L} \end{array} \right\}^2}{\left[4(n+1)^2 - (2n+1)^2 (\beta_i^F)^2\right]^2}$$ 时效益达到最大；与龙头企业技术创新投入的相关性取决于集群各企业的创新效率、技术溢出、跟随企业数量多方因素，当 $(2n+1)\theta\beta_i^F - \theta \sum_{j=1, j \neq i}^{n} \beta_j^F - (n+1)\beta^L > 0$ 时，跟随企业 i 的收益与龙头企业的技术创新投入成正比，当$(2n+$

1)$\theta\beta_i^F - \theta\sum_{j=1,j\neq i}^{n}\beta_j^F - (n+1)\beta^L < 0$ 时,两者成反比,当 $(2n+1)\theta\beta_i^F - \theta\sum_{j=1,j\neq i}^{n}\beta_j^F - (n+1)\beta^L = 0$,两者无相关性。

③龙头企业主导创新下的 Cournot 博弈与 Stackelberg 博弈比较。

通过上述分析,可知在由单个龙头企业主导创新、多个跟随企业模仿创新的企业集群中,无论是在 Cournot 产量博弈还是 Stackelberg 产量博弈中,技术溢出、技术创新效率、技术创新投入等因素对龙头企业和跟随企业利润的影响在两种情形下均相似,即龙头企业和跟随企业的产量决策顺序并不影响各因素对集群企业利润单调性。然而,通过详细对比式(4-7)和式(4-14)、式(4-8)和式(4-15),可以发现两种情形下创新效益间的一些关系,见命题4.3。

命题4.3:在由单个龙头企业主导创新、多个跟随企业模仿创新的企业集群中,在其他因素不变的情况下,Stackelberg 产量博弈下龙头企业的创新效益始终高于 Cournot 产量博弈情形;当某跟随企业的产品单位成本减少量不高于龙头企业的产品单位成本减少量时,Cournot 产量博弈下该跟随企业的创新收益始终高于 Stackelberg 产量博弈情形。

比较式(4-7)和式(4-14),由于 $n \geq 1$,因此总有 $\pi^{L\_S} > \pi^{L\_C}$,经典的双寡头 Cournot 及 Stackelberg 博弈(谢识予,2002)对双寡头企业的利润比较已有所描述。在现实生活中,集群中存在大小规模,实力不同的企业,信息不对称现象也普遍存在,龙头企业往往具有先行优势,在集群中往往处于支配地位,获得更高的收益。

比较式(4-8)和式(4-15),可知 $\{a - c - \sum_{j=1,j\neq i}^{n}\beta_j^F\sqrt{x_j^F} + [(2n+1)\theta\beta_i^F - \theta\sum_{j=1,j\neq i}^{n}\beta_j^F - (n+1)\beta^L]\sqrt{x^L} + (2n+1)\beta_i^F\sqrt{x_i^F}\} - \{a - c - \sum_{j=1,j\neq i}^{n}\beta_j^F\sqrt{x_j^F} + [(n+1)\theta\beta_i^F - \theta\sum_{j=1,j\neq i}^{n}\beta_j^F - \beta^L]\sqrt{x^L} + (n+1)\beta_i^F\sqrt{x_i^F}\} = n\beta_i^F(\sqrt{x_i^F} + \theta\sqrt{x^L}) - n\beta^L\sqrt{x^L}$,$\beta_i^F(\sqrt{x_i^F} + \theta\sqrt{x^L})$ 为跟随企业 i 模仿创新后的产品单位成本减少,$\beta^L\sqrt{x^L}$ 为龙头企业的技术创新后的产品单位成本减少,由于 $4(n+1)^2 > (n+2)^2$,因此,当 $\beta_i^F(\sqrt{x_i^F} + \theta\sqrt{x^L}) \leq \beta^L\sqrt{x^L}$ 时,总有 $\pi_i^{F\_C} > \pi_i^{F\_S}$。实际生活中,由于领先企业具有知识、技术上的优势,在技术创新后,若对创新成果加以适当保护,跟随企业很难在单位成本上占据优势,因此在同等市场环境中,跟随企业在

Cournot产量博弈下利润一般高于其在Stackelberg产量博弈情形下的利润。

（4）数值模拟。

本小节主要围绕命题4.1和命题4.2进行数值模拟和分析。图4-1至图4-3、图4-4至图4-6分别显示的是Cournot和Stackelberg两种产量博弈下的集群内各企业利润与技术溢出、技术创新投入的关系图。

图4-1中，$n=3$，$a=100$，$c=10$，$\beta^L=0.6$，$\beta_1^F=0.4$，$\beta_2^F=0.4$，$x^L=36$，$x_1^F=16$，$x_2^F=25$，$x_3^F=25$，β_3^F分为0.25、0.2、0.15三种情形。图中龙头企业始终与技术溢出成反比；并且三种情形下，$4\beta_1^F - \sum_{j=2}^{3}\beta_j^F$和$4\beta_2^F - \theta\sum_{j=1,j\neq 2}^{3}\beta_j^F$均大于0，即跟随企业1和2的利润均与技术溢出成正比；当$\beta_3^F = 0.25$时，$\dfrac{4\beta_3^F}{\sum_{j=1}^{2}\beta_j^F} > 1$，跟随企业3的利润与技术溢出成正比，当$\beta_3^F = 0.2$时，$\dfrac{4\beta_3^F}{\sum_{j=1}^{2}\beta_j^F} = 1$，此时跟随企业3的利润与技术溢出无相关性，函数呈现水平状态，当$\beta_3^F = 0.15$时，$\dfrac{4\beta_3^F}{\sum_{j=1}^{2}\beta_j^F} < 1$，跟随企业3的创新效率过低，龙头企业技术创新带来的技术溢出所导致的成本外部性，更多地被跟随企业1和2无偿吸收，导致跟随企业3面临更为激烈的市场竞争，其所获得的利润反而随着技术溢出的增加而减少。

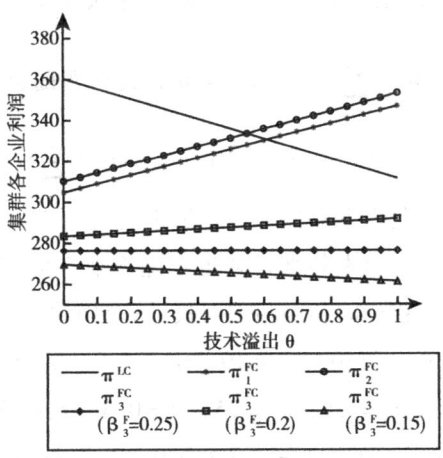

图4-1　Cournot博弈下集群各企业利润与技术溢出的关系

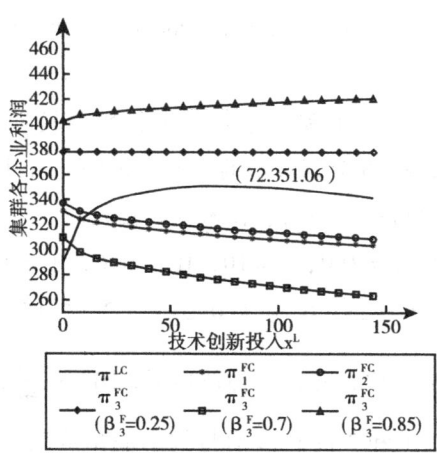

图 4-2　Cournot 博弈下集群各企业利润与创新投入 x^L 的关系

图 4-2 中，$n=3$，$a=100$，$c=10$，$\beta^L=0.6$，$\beta_1^F=0.4$，$\beta_2^F=0.4$，$x^L=36$，$x_1^F=16$，$x_2^F=25$，$x_3^F=25$，$\theta=0.3$，β_3^F 分为 0.25、0.7、0.85 三种情形。龙头企业在其创新投入 $x^{L-C*}=72$ 时利润达到最大 $\pi^{L-C}=351.06$；三种情形下，均有 $1.2\beta_i^F - 0.3\sum_{j=1,j\neq i}^{n}\beta_j^F - 0.6 < 0 (i=1,2)$，即跟随企业 1 和 2 的利润与龙头企业的创新投入负相关；当 $\beta_3^F=0.25$ 时，$1.2\beta_3^F - 0.3\sum_{j=1}^{2}\beta_j^F - 0.6 < 0$，跟随企业 3 的利润与龙头企业创新投入负相关，当 $\beta_3^F=0.7$ 时，$1.2\beta_3^F - 0.3\sum_{j=1}^{2}\beta_j^F - 0.6 = 0$，此时跟随企业 3 的利润与龙头企业创新投入无相关性，当 $\beta_3^F=0.85$ 时，$1.2\beta_3^F - 0.3\sum_{j=1}^{2}\beta_j^F - 0.6 > 0$，跟随企业 3 的创新十分高效，龙头企业技术创新带来的技术溢出极大地被跟随企业 3 无偿吸收，技术溢出的正成本外部性使得跟随企业 3 的产品竞争力急剧提升，与龙头企业一样，其所获得的利润随创新投入 x^L 的增加而增加。

图 4-3 中，$n=3$，$a=100$，$c=10$，$\beta^L=0.6$，$\beta_1^F=0.4$，$\beta_2^F=0.4$，$\beta_3^F=0.25$，$x^L=36$，$x_1^F=16$，$x_2^F=25$，$x_3^F=25$，$\theta=0.3$。跟随企业 1 的利润在其创新投入 $x_1^{F-C*}=35$ 时利润达到最大 $\pi_1^{F-C}=320.9$；龙头企业、跟随企业 2 和 3 的利润均随跟随企业 1 的创新投入的增加而减少。

从上一小节中可知，Stackelberg 博弈情形下集群内各企业利润与技术溢

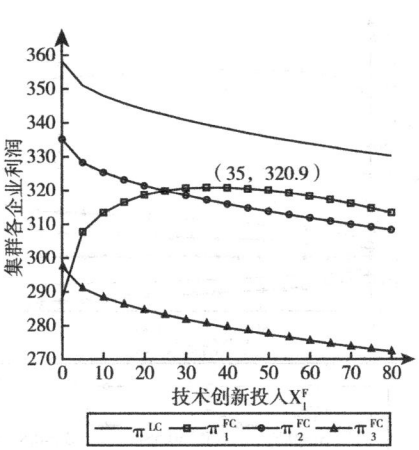

图 4-3　Cournot 博弈下集群各企业利润与创新投入 x_1^F 的关系

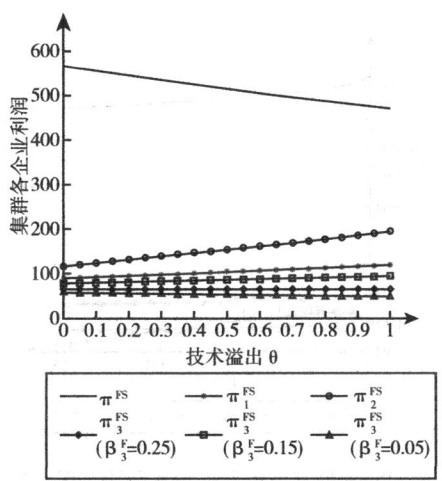

图 4-4　Stackelberg 博弈下集群各企业利润与技术溢出的关系

出、技术创新投入的关系与 Cournot 情形类似，因此不再花过多篇幅予以赘述。三个图的参数取值如下：图 4-4 中，$n=3$，$a=100$，$c=10$，$\beta^L=0.6$，$\beta_1^F=0.4$，$\beta_2^F=0.65$，$x^L=36$，$x_1^F=16$，$x_2^F=25$，$x_3^F=25$，β_3^F 分为 0.3、0.15、0.05 三种情形；图 4-5 中 $n=3$，$a=100$，$c=10$，$\beta^L=0.6$，$\beta_1^F=0.4$，$\beta_2^F=0.65$，$x^L=36$，$x_1^F=16$，$x_2^F=25$，$x_3^F=25$，$\theta=0.8$，β_3^F 分为 0.3、0.58、0.8 三种情形；图 4-6 中，$n=3$，$a=100$，$c=10$，$\beta^L=0.6$，$\beta_1^F=0.4$，$\beta_2^F=0.65$，$\beta_3^F=0.3$，$x^L=36$，$x_2^F=25$，$x_3^F=25$，$\theta=0.8$。

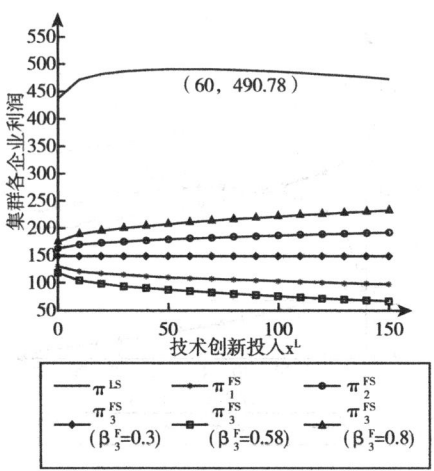

图4-5 Stackelberg博弈下集群各企业利润与创新投入x^L的关系

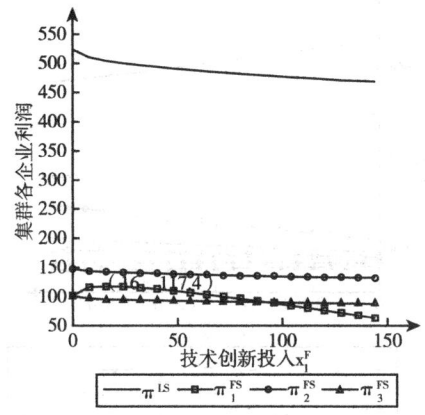

图4-6 Stackelberg博弈下集群各企业利润与创新投入x_1^F的关系

(5) 研究结论及管理意义。

本节考察了在由单个龙头企业主导创新、多个跟随企业模仿创新的企业集群中,技术溢出、技术创新投入等因素对产量决策同时行动和序贯行动两种情形下集群各企业技术创新效益的影响分析。研究发现,在两种情形下均有,龙头企业的利润与技术溢出成反比,与自身创新效率成正比,与自身技术创新投入呈现先增后减的规模报酬递减规律;跟随企业的利润与技术溢出的相关性取决于其创新效率与其他跟随企业创新效率的比较,与龙头企业创新投入的相关性取决于集群内各企业的创新效率与技术溢出之间的关系,与自身技术创新投入同样呈现先增后减的规模报酬递减规律。通过比较，可知龙头企业在具有先发优势下的利润始终高于其在产量同时决策情形下的利润；在跟随企业的产品单位成本减少量不高于龙头企业的产品单位成本减少量时，龙头企业在产量同时决策情形下的利润始终高于其在产量决策序贯行动时的利润。

本节的理论价值主要体现在三方面：一是聚焦集群中小企业数量众多、龙头企业单一的生产实践，研究技术溢出、创新投入、创新效率等因素对技术创新效益的影响，是对已有关于集群技术创新影响因素的模型分析文献的应用拓展，增强了理论分析在企业集群技术创新过程中的应用价值；二是放宽双寡头假设约束，以集群存在大量企业为假设前提，更为贴切地刻画出了集群生产实际。以往强调"双寡头"假设的模型文献侧重于研究龙头企业与跟随企业之间技术溢出、创新投入等对技术创新效益的影响，本节对此予以了拓展，同时研究了龙头企业与跟随企业，以及跟随企业相互之间的技术创新影响因素，进一步揭示了现实中多个跟随企业之间进行技术创新的竞争运行机理；三是运用数理模型分析了集群企业同时行动（Cournot）和先后行动（Stackelberg）两种情况下集群企业技术创新效益的影响因素，理论研究进一步印证了企业实践。同时通过比较两种情形下的技术创新效益，发现龙头企业在 Stackelberg 博弈中更具优势，而跟随企业在两种行动中的效益比较与集群企业创新效率、技术溢出、企业数量等因素综合相关。在实践价值方面，本节的研究有助于集群企业更加明晰技术创新的影响因素及影响机理，在技术创新过程寻找提升自身利润的有效方法，比如集群龙头企业要利用在集群网络中的核心地位，保持先发优势；跟随企业要增强学习能力，提高创新水平，努力缩小与龙头企业的能力差距，尽力拉大与其他跟随企业的相对竞争优势。

4.3.2 技术溢出对多龙头企业集群创新效益的影响

（1）引言。

龙头企业集群是轮轴式企业集群的一种，在汽车行业、家电产业、IT 信息产业等大量领域普遍存在。因在集群网络中占据的特殊位置，作为集群"知识守门人"的龙头企业不断吸收世界范围的新知识，又与本地企业实现知识交流与共享（Powel，2004），在集群创新与升级中发挥主导作用（江青虎等，2018）。美国学者 A·Saxenian 在其著作《地区优势——硅谷和 128 公路地区的文化与竞争》中，将 20 世纪 80~90 年代电子产业创新中心 128 公路衰落的深层原因归于其缺少一种适合高新技术企业发展的机制和文化，缺少善于创新、敢冒风险的精神文化。以正泰集团、德力西集团和天正集团为龙头企业的温州工业电器企业集群早期因企业模仿泛滥，产品以次充好一度成为假冒伪劣电器代名词，后来通过引进技术人员，加强与企业、科研院所、高等院校合作提升产品质量和强化创新才使得温州低压电器产品再次占领低压电器市场（杨宗良，2013）。不少文献从技术创新视角对企业集群的发展升级进行了实证分析（陈肖飞等，2018；张冀新、王怡晖，2019）、案例研究（王山等，2019）和定性描述，然而从创新视角用数学模型刻画企业集群发展升级的内在机理有待进一步挖掘。

熊彼特在其著作《经济发展理论》中提出，技术创新是新的生产函数的建立过程，是企业对生产要素的新组合，而企业集群技术创新则是指集群经济条件下的企业技术创新，是运用旧知识来产生新知识的知识创造过程。现有与集群技术创新模型相关的理论文献过于强调"集群双寡头"假设，忽视了集群内龙头企业之间或跟随企业相互间的技术创新投入、技术溢出等对集群企业创新效益的影响，对集群中存在多个龙头企业和多个跟随企业的客观实际刻画不够。鉴于此，本节在引入技术溢出系数、技术创新投入的基础上，进一步引入"技术溢出差异度"变量，反映集群龙头企业的技术溢出相互间存在知识重叠这一客观实际。

技术创新可分为封闭式创新和开放式创新，合理选择技术创新模式是提升集群创新能力的关键，于斌斌和余雷（2015）分析了集群企业技术创新模式选择的内在动态决策机理，并以绍兴市 5 个全国百强产业集群予以辅证；Basole（2016）定量和定性分析了印度北部巴纳拉斯丝绸织造集群数据，发现自由模仿是集群创新能力提升的关键；Chandrashekar、BalaSubrahmanya（2019）通过对班加罗尔 IT 企业集群研究发现，横向整合全球价值链的能力是集群企业创新绩效的关键决定因素；也有学者认为核心企业主导型企业集群比同质性结构的企业集群具有更高的分工水平和创新能力（项后军，2015），集群中主导型企业采用自主性创新可以显著提升集群创新能力（Albino et al.，2006）。为此，本节考虑龙头企业独立创新，跟随企业模仿创新的技术创新模式，技术溢出从龙头企业单向流入跟随企业。

第4章 集群企业合作困境成因及机理

（2）模型假设。

假设 H4-4：企业集群中有 m 个龙头企业，n 个跟随企业，各企业均生产同质产品并在市场上展开竞争。为了获取更高市场份额和利润，集群企业进行技术创新，其中，龙头企业是技术创新的领先者，均进行独立创新；跟随企业是技术创新的模仿者，他们从龙头企业的技术创新中进行学习和模仿，从而获得技术溢出，因此假设技术溢出从领先企业单向流入跟随企业，龙头企业之间以及跟随企业之间均无技术溢出。

假设 H4-5：市场逆需求函数为 $P = a - Q$，其中 $a > 0$，代表产品的市场最大容量；$Q = \sum_{i=1}^{m} q_i^L + \sum_{i=1}^{n} q_i^F$，$q_i^L$ 为龙头企业 i 的产量，q_i^F 为跟随企业 i 的产量，q_i^L 中 $i = 1, 2, \cdots, m$，q_i^F 中 $i = 1, 2, \cdots, n$。

假设 H4-6：集群龙头企业 i 的技术溢出为 θ_i，$0 \leq \theta_i \leq 1$，$\theta_i = 0$ 表示龙头企业 i 的技术创新未被跟随企业无偿获取，$\theta_i = 1$ 则意味着全部无偿获取。同时假设技术创新前集群各企业的产品单位成本均为 c，$0 < c < a$，领先企业和跟随企业的创新投入分别为 x_i^L、x_i^F。

龙头企业技术创新后，产品的单位成本降低为 $c_i^L = c - \beta_i^L \sqrt{x_i^L}$，其中 β_i^L 为龙头企业 i 的技术创新效率，$0 \leq x_i^L \leq \left(\dfrac{c}{\beta_i^L}\right)^2$。跟随企业的产品单位成本不仅受自身的模仿创新投入、创新效率影响，还受到领先企业的技术溢出影响，因此其单位成本降低为 $c_i^F = c - \beta_i^F \left(\sqrt{x_i^F} + \alpha \sum_{j=1}^{m} \theta_j \sqrt{x_j^L}\right)$，其中 β_i^F 为跟随企业 i 的技术创新效率，$0 \leq x_i^F \leq \left(\dfrac{c}{\beta_i^F} - \alpha \sum_{j=1}^{m} \theta_j \sqrt{x_j^L}\right)^2$；$\alpha$ 为技术溢出差异度，$0 < \alpha < 1$，由于不同龙头企业的技术溢出存在共性技术或知识，因此 α 代表跟随企业从所有龙头企业技术创新溢出中能够获取的技术或知识的综合有效程度，α 越大，意味着不同龙头企业溢出的技术或知识重叠部分越少，差异性越大，跟随企业的单位成本减少量越大，反之，重叠部分越多，跟随企业的单位成本减少量越小。$f(x_i^L) = \beta_i^L \sqrt{x_i^L}$（或 $f(x_i^F) = \beta_i^F \sqrt{x_i^F}$）代表龙头企业（或跟随企业）创新投入的生产函数，满足边际报酬递减规律，β_i^L（或 β_i^F）越大，龙头企业 i（或跟随企业 i）的产品单位成本降幅越大。

(3) 模型分析。

基于集群中龙头企业与跟随企业掌握的信息不对称，根据产量竞争决策的序贯行动构建跟随企业与龙头企业间的 Stackelberg 博弈模型，并分析技术溢出差异度、技术溢出、技术创新投入等因素对产量均衡及集群企业创新效益的影响。此情形下，各龙头企业先宣布产量生产计划，龙头企业间并不知晓彼此的产量计划，因此龙头企业相互间展开 Cournot 产量博弈；跟随企业根据龙头企业的产量策略决定自身产量，跟随企业相互间亦不知晓彼此的产量，因此跟随企业之间同样进行 Cournot 产量博弈。

根据子博弈纳什均衡，先考虑跟随企业关于龙头企业产量的反应函数。跟随企业 i 的利润函数为：

$$\pi_i^F = \left(a - \sum_{j=1}^m q_j^L - \sum_{j=1,j\neq i}^n q_j^F - q_i^F - c_i^F\right)q_i^F - x_i^F \quad (4-16)$$

最大化其利润，令 $\frac{\partial \pi_i^F}{\partial q_i^F}=0$，可得跟随企业 i 关于龙头企业产量的反应函数：

$$q_i^F = \frac{a - c_i^F - \sum_{j=1,j\neq i}^n q_j^F - \sum_{j=1}^m q_j^L}{2} \quad (4-17)$$

并且可以得到 $\sum_{j=1}^n q_j^F = \frac{n\left(a - \sum_{j=1}^m q_j^L\right) - \sum_{j=1}^n c_j^F}{n+1}$，龙头企业 i 的利润函数为：

$$\pi_i^L = \left(a - \sum_{j=1,j\neq i}^m q_j^L - \sum_{j=1}^n q_j^F - q_i^L - c_i^L\right)q_i^L - x_i^L \quad (4-18)$$

最大化龙头企业 i 的利润，令 $\frac{\partial \pi_i^F}{\partial q_i^F}=0$，可得：

$$q_i^L = \frac{a + \sum_{j=1}^n c_j^F - (n+1)c_i^L - \sum_{j=1,j\neq i}^m q_j^L}{2} \quad (4-19)$$

综合（4-17）（4-19），计算得出龙头企业与跟随企业的 Stackelberg 均衡产量分别为：

$$q_i^L = \frac{a + \sum_{j=1}^n c_j^F - (m+1)(n+1)c_i^L + (n+1)\sum_{j=1}^m c_j^L}{m+1} \quad (4-20)$$

$$q_i^F = \frac{a + \sum_{j=1}^n c_j^F - (m+1)(n+1)c_i^F + (n+1)\sum_{j=1}^m c_j^L}{(m+1)(n+1)} \quad (4-21)$$

将（4-20）（4-21）以及 c_i^L、c_i^F 的展开式代入（4-16）（4-18），可得到龙头企业与跟随企业的均衡利润分别为：

$$\pi_i^L = \frac{\left\{\begin{array}{c} a - c - \sum_{j=1}^n \beta_j^F \sqrt{x_j^F} - \alpha \sum_{j=1}^n \beta_j^F \sum_{j=1,j\neq i}^m \theta_j \sqrt{x_j^L} - (n+1) \\ \sum_{j=1,j\neq i}^m \beta_j^L \sqrt{x_j^L} + [m(n+1)\beta_i^L - \alpha \theta_i \sum_{j=1}^n \beta_j^F]\sqrt{x_i^L} \end{array}\right\}^2}{(n+1)(m+1)^2} - x_i^L$$

$$(4-22)$$

$$\pi_i^F = \frac{\left\{\begin{array}{c} a - c + (m+1)(n+1)\alpha\beta_i^F \sum_{j=1}^m \theta_j \sqrt{x_j^L} - (n+1)\sum_{j=1}^m \beta_j^L \sqrt{x_j^L} - \\ \alpha \sum_{j=1}^n \beta_j^F \sum_{j=1}^m \theta_j \sqrt{x_j^L} - \sum_{j=1,j\neq i}^n \beta_j^F \sqrt{x_j^F} + (mn+m+n)\beta_i^F \sqrt{x_i^F} \end{array}\right\}^2}{(m+1)(n+1)} - x_i^F$$

$$(4-23)$$

由式（4-22）、式（4-23）可得到以下命题。

命题 4.4：在由多个龙头企业主导自主创新、多个跟随企业模仿创新的企业集群的 Stackelberg 产量均衡中。龙头企业创新效益与技术溢出差异度、技术溢出以及其他企业技术创新投入均呈负相关关系；与自身技术创新投入呈现边际递减规律，并在某临界值效益达到最大。跟随企业创新效益与技术溢出差异度、技术溢出的相关性取决于跟随企业的创新效率、龙头企业数量、跟随企业数量多种因素；与自身技术创新投入呈现边际递减规律，并在某临界值效益达到最大；与其他跟随企业的技术创新投入负相关；与龙头企业技术创新投入的相关性取决于集群各企业的创新效率、技术溢出差异度、技术溢出、龙头企业数量、跟随企业数量多方因素。

上述命题在集群企业的实际管理中具有重要意义：

龙头企业的创新收益与技术溢出差异度成反比，跟随企业的整体创新收益与技术溢出差异度成正比。现实中，对于同质产品进行独立创新的龙头企业的技术溢出极大可能存在知识重叠,跟随企业从中获得的真正有效的知识是多方龙头企业技术溢出的综合输出。技术溢出差异度越大,龙头企业技术溢出所产生的正外部性越容易被跟随企业无偿吸收,因此跟随企业在市场上的整体竞争力加强,龙头企业利润降低。虽然跟随企业整体竞争力与技术溢出差异度正相关,但是对于个别跟随企业则不尽然。对(4-23)式关于技术溢出差异度求偏导,即 $\dfrac{\partial \pi_i^{F\_C}}{\partial \alpha}$,容易得到以下结论:当 $\dfrac{(mn+m+n)\beta_i^F}{\sum_{j=1,j\neq i}^{n}\beta_j^F} > 1$,跟随企业 i 的利润与技术溢出差异度正相关;当 $\dfrac{(mn+m+n)\beta_i^F}{\sum_{j=1,j\neq i}^{n}\beta_j^F} < 1$,跟随企业 i 的利润与技术溢出差异度负相关;当 $\dfrac{(mn+m+n)\beta_i^F}{\sum_{j=1,j\neq i}^{n}\beta_j^F} = 1$,两者无相关性。从表达式也可以看出,如果跟随企业 i 的创新效率过低,则龙头企业技术创新溢出的正外部性更多地被其他跟随企业无偿吸收,跟随企业 i 的市场竞争力反而减弱;集群龙头企业数量越多,龙头企业的整体技术溢出越多,跟随企业 i 的利润与技术溢出差异度正相关的概率越大。

技术溢出损害龙头企业技术创新收益,有利于高创新效率的跟随企业。龙头企业创新后可能存在技术泄露或知识产权保护措施缺乏,即产生技术溢出,导致跟随企业得以免费获取龙头企业技术创新后的部分知识或技术,龙头企业的利润不仅与其自身技术溢出负相关,也与其他龙头企业的技术溢出负相关,技术溢出意味着龙头企业的整体竞争力下降。而跟随企业的利润并不一定与技术溢出正相关,分析与技术溢出差异度变量类似,即当 $\dfrac{(mn+m+n)\beta_i^F}{\sum_{j=1,j\neq i}^{n}\beta_j^F} > 1(<1 \text{ 或 } =1)$,跟随企业 i 的利润与技术溢出正相关(负相关或无相关性)。现实中,集群技术溢出普遍有利于跟随企业利润的提高,损害龙头企业的利益,但若部分跟随企业创新效率十分低下,则技术溢出只会使得其他创新效率更高的跟随企业获得更高的收益,而其自身可能因利润越来越低濒临淘汰,与"强者生存,弱者淘汰"的企业生存环境相符。

集群内各企业的创新收益与各自的技术创新投入呈倒 U 形关系。根据生产函数关于技术创新投入的边际报酬递减规律,企业收益随着技术创新前期投入的逐渐增加而增加,并在某一临界值达到最大,之后随着技术创新投入的增加反而较少。(4-22)(4-23)也进一步印证了生产实际,对于龙头企业,当其技术创新投入为 $x_i^{L*} =$

$$\frac{\left[\begin{array}{c} m(n+1)\beta_i^L - \\ \alpha\theta_i\sum_{j=1}^{n}\beta_j^F \end{array}\right]^2 \left[\begin{array}{c} a - c - \sum_{j=1}^{n}\beta_j^F\sqrt{x_j^F} - \alpha\sum_{j=1}^{n}\beta_j^F\sum_{j=1,j\neq i}^{m} \\ \theta_j\sqrt{x_j^L} - (n+1)\sum_{j=1,j\neq i}^{m}\beta_j^L\sqrt{x_j^L} \end{array}\right]^2}{\left\{(n+1)(m+1)^2 - \left[m(n+1)\beta_i^L - \alpha\theta_i\sum_{j=1}^{n}\beta_j^F\right]^2\right\}^2}$$

时,收益达到最大;其他龙头企业和跟随企业技术创新投入越多,该龙头企业的市场竞争力下降,利润越低。对于跟随企业 i,当其技术创新投入为 $x_i^{F*} =$

$$\frac{(\beta_i^F)^2(mn+m+n)^2 \left[\begin{array}{c} a - c + (m+1)(n+1)\alpha\beta_i^F\sum_{j=1}^{m}\theta_j\sqrt{x_j^L} - (n+1) \\ \sum_{j=1}^{m}\beta_j^L\sqrt{x_j^L} - \alpha\sum_{j=1}^{n}\beta_j^F\sum_{j=1}^{m}\theta_j\sqrt{x_j^L} - \sum_{j=1,j\neq i}^{n}\beta_j^F\sqrt{x_j^F} \end{array}\right]^2}{\left[(m+1)^2(n+1)^2 - (\beta_i^F)^2(mn+m+n)^2\right]^2}$$

时,收益达到最大;龙头企业 j 技术创新投入增加是否有利于跟随企业利润 i 的提高取决于集群各企业的创新效率、技术溢出差异度、技术溢出、龙头企业数量、跟随企业数量等多方因素,当 $\alpha\theta_j[(mn+m+n)\beta_i^F - \sum_{j=1,j\neq i}^{n}\beta_j^F] - (n+1)\beta_j^L > 0$ 时,跟随企业 i 的收益与龙头企业 j 的技术创新投入成正比,当 $\alpha\theta_j[(mn+m+n)\beta_i^F - \sum_{j=1,j\neq i}^{n}\beta_j^F] - (n+1)\beta_j^L < 0$ 时,两者成反比,当 $\alpha\theta_j[(mn+m+n)\beta_i^F - \sum_{j=1,j\neq i}^{n}\beta_j^F] - (n+1)\beta_j^L = 0$,两者无相关性。与技术溢出因素分析不同的是,跟随企业 i 与龙头企业 j 的技术创新投入的相关性不仅受各自创新效率、龙头企业数量、跟随企业数量影响,还与技术溢出差异度、技术溢出有关,技术溢出差异度、技术溢出、自身技术创新效率越大,龙头企业 j 的技术创新投入越多,跟随企业 i 利润更加可能增大。

(4)数值分析。

围绕命题4.4进行数值模拟和分析,图4-7至图4-10模拟了Stackelberg产量博弈下的集群内各企业利润与技术溢出差异度、技术溢出、技术创新投入的关系,其中 $m=2$,$n=4$。

图 4-7 中 $a=100, c=10, \theta_1=\theta_2=0.7, \beta_1^L=\beta_2^L=0.6, \beta_1^F=0.55, \beta_2^F=0.45$, $\beta_3^F=0.4, x_1^L=25, x_2^L=16, x_1^F=25, x_2^F=x_3^F=x_4^F=16, \beta_4^F$ 分别为 0.3、0.1、0.02 三种情形。龙头企业创新效益始终与技术溢出差异度成反比；在 β_4^F 三种取值下，对于 $i=1, 2, 3$，均有 $\frac{(mn+m+n)\beta_i^F}{\sum_{j=1,j\neq i}^{n}\beta_j^F} > 1$，因此跟随企业 1、2、3 的利润均与技术溢出差异度成正比；当 $\beta_4^F=0.3、0.1、0.02$ 时，分别对应 $\frac{14\beta_4^F}{\sum_{j=1}^{3}\beta_j^F} > 1$、$\frac{14\beta_4^F}{\sum_{j=1}^{3}\beta_j^F} = 1$、$\frac{14\beta_4^F}{\sum_{j=1}^{3}\beta_j^F} < 1$ 三种情形，因此跟随企业 4 的利润与技术溢出差异度 α 分别呈正相关、无相关、负相关关系，尤其 $\beta_4^F < 0.1$（见图 4-7 中 $\beta_4^F=0.02$ 曲线）时，跟随企业 4 的创新效率过低，龙头企业技术创新带来的技术溢出所导致的成本外部性，更多地被跟随企业 1、2、3 无偿吸收，跟随企业 4 面临更激烈的市场竞争，其所获得的利润反而随着技术溢出的增加而较少，甚至可能面临负增长，最终退出市场。图 4-8 关于集群各企业利润与技术溢出 θ_1 的相关性分析与图 4-7 类似，在此不再赘述，其中 $a=100, c=10, \theta_2=0.7, \alpha=0.6, \beta_1^L=\beta_2^L=0.6, \beta_1^F=0.55, \beta_2^F=0.45, \beta_3^F=0.4, x_1^L=25, x_2^L=16, x_1^F=25, x_2^F=x_3^F=x_4^F=16$，$\beta_4^F$ 同样有 0.3、0.1、0.02 三种情形。

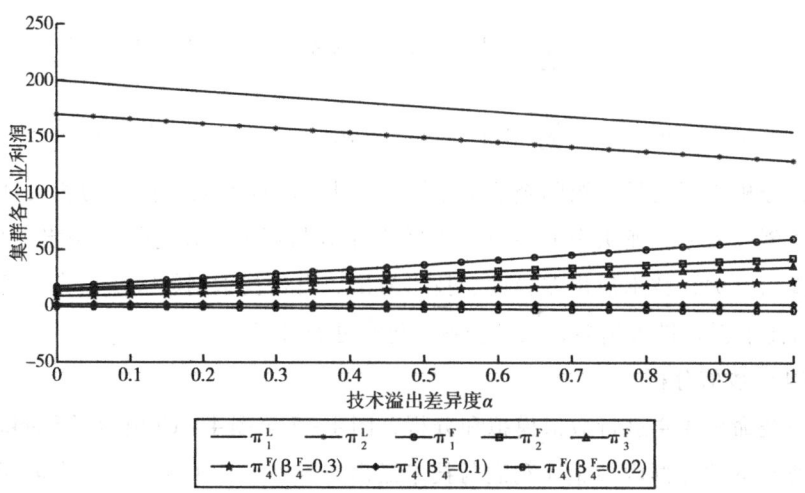

图 4-7 集群各企业利润与技术溢出差异度 α 的关系

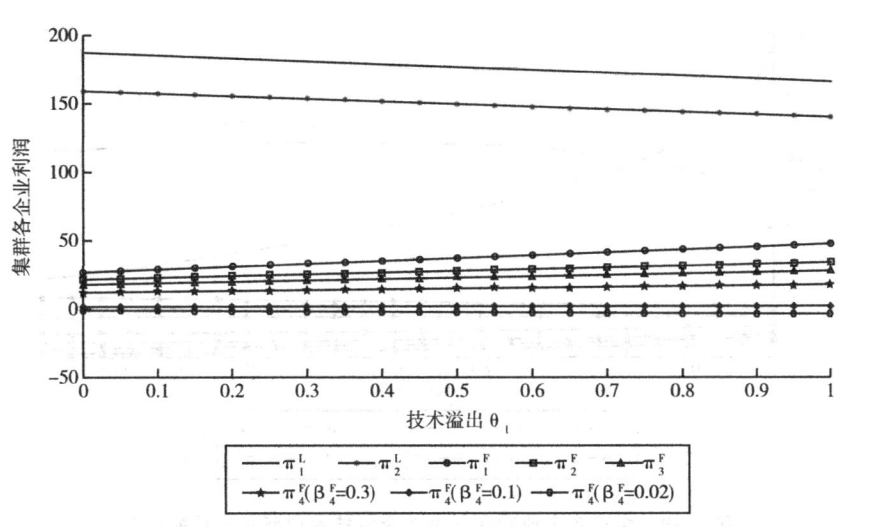

图 4-8 集群各企业利润与技术溢出 θ_1 的关系

图 4-9 中 $a=100$，$c=10$，$\theta_1=0.7$，$\theta_2=0.5$，$\alpha=0.8$，$\beta_1^L=\beta_2^L=0.5$，$\beta_1^F=0.3$，$\beta_2^F=\beta_3^F=0.25$，$x_2^L=36$，$x_1^F=x_2^F=25$，$x_3^F=20.25$，$x_4^F=16$，β_4^F 分别为 0.45、0.376、0.3 三种情形。龙头企业 2 的利润随龙头企业 1 技术创新投入 x_1^L 增大而减小，龙头企业 1 在其创新投入 $x_1^{L*}=115.74$ 时利润达到最大 $\pi_1^{L*}=165.92$；β_4^F 三种取值下，均有 $\alpha\theta_j[(mn+m+n)\beta_i^F - \sum_{j=1,j\neq i}^{n}\beta_j^F] - (n+1)\beta_j^L < 0(i=1,2,3;j=1,2)$，即跟随企业 1、2、3 的利润与龙头企业 1 的创新投入负相关；当 $\beta_4^F=0.45$、0.376、0.3 时，分别对应 $\alpha\theta_j[(mn+m+n)\beta_4^F - \sum_{j=1}^{3}\beta_j^F] - (n+1)\beta_j^L > 0(j=1,2)$、$=0$、$<0$ 三种情形，跟随企业 4 的利润与创新投入 x_1^L 分别呈正相关、无相关、负相关，特别当 $\beta_4^F > 0.376$（见图 4-9 中 $\beta_4^F=0.45$ 曲线）时，跟随企业 4 模仿创新十分高效，龙头企业技术创新带来的技术溢出极大地被跟随企业 4 无偿吸收，技术溢出的正成本外部性使跟随企业 4 的产品竞争力急剧提升，与龙头企业一样，其所获得的利润与创新投入 x_1^L 成正比。

图 4-10 中，$a=100$，$c=10$，$\theta_1=\theta_2=0.6$，$\alpha=0.6$，$\beta_1^L=\beta_2^L=0.5$，$\beta_1^F=0.45$，$\beta_2^F=0.4$，$\beta_3^F=0.3$，$\beta_4^F=0.2$，$x_1^L=25$，$x_2^L=16$，$x_2^F=x_3^F=16$，$x_4^F=9$，跟随企业 1 的利润在其创新投入 $x_1^{F*}=7.70$ 时利润达到最大 $\pi_1^{F*}=35.93$；龙头企业 1 和 2，跟随企业 2、3、4 的利润均随创新投入 x_1^F 的增加而减少。

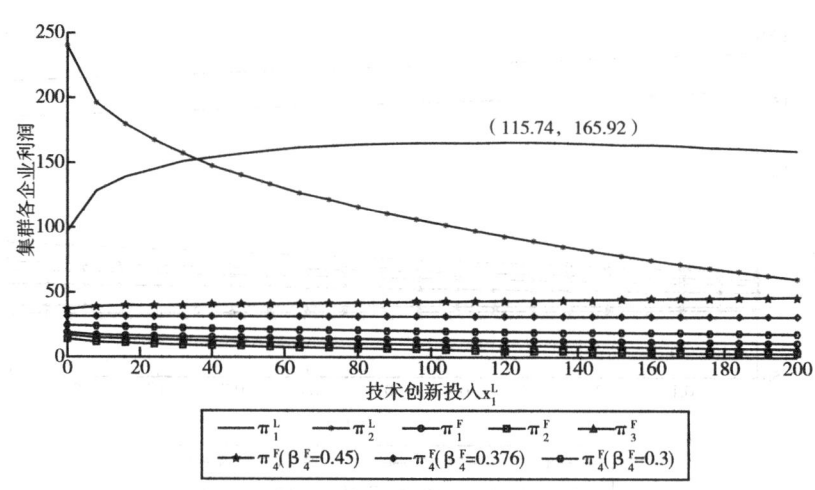

图 4-9 集群各企业利润与龙头企业技术创新投入 x_1^L 的关系

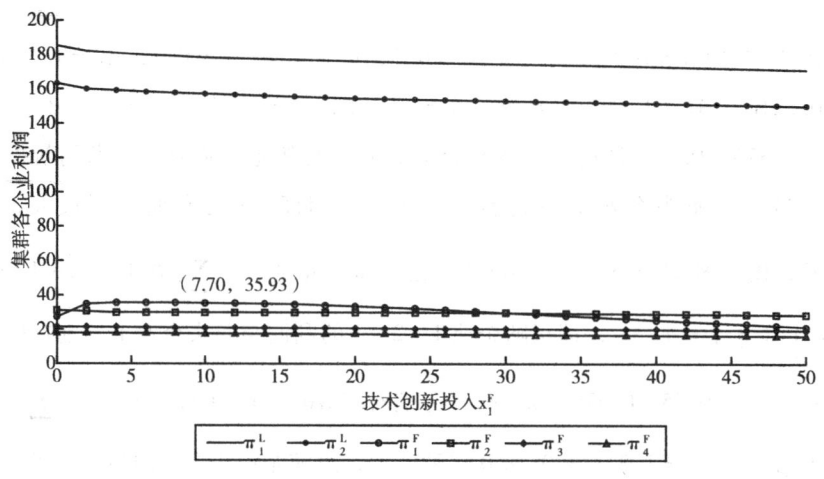

图 4-10 集群各企业利润与跟随企业技术创新投入 x_1^F 的关系

(5) 总结及启示。

考察了在由多个龙头企业主导创新、多个跟随企业模仿创新的企业集群中,技术溢出差异度、技术溢出、技术创新投入等因素对产量决策情形下集群各企业盈利能力的影响分析。研究发现,技术溢出差异度、技术溢出的增大均不利于龙头企业的收益,而有利于大多数跟随企业的利润提高,但少数创新效率较低的跟随企业利润反而降低,甚至面临淘汰;此外,龙头企业的创新投入越高越不利于其他龙头企业,但是否有利于跟随企业则需要考虑集群各企业创新效率、技术溢出差异度、技术溢出、龙头企业数量、跟随企业数量等多方因素；对跟随企业而言，其他跟随企业的创新投入越多，其利润越低。

现实中，以核心企业为主导的企业集群普遍存在，技术溢出程度以及技术创新投入的多少是集群各企业在进行技术创新时密切关注的要素。本节的研究对技术创新过程中的集群企业及相关机构有以下几点启示：

第一，对于集群内的龙头企业。首先，要加强知识产权保护意识，技术溢出是导致集群企业创新失灵的重要原因，知识产权保护在很大程度上能保障首创企业的收益，有效减少无形资产的损失，维持技术创新企业研发动力；其次，提高创新效率，最大化技术创新投入效用，完善创新机制，按照规模报酬递减规律正确合理利用创新资金；最后，注重产业行情分析，正确把握行业动态，吃透政策，增强先发优势。

第二，对于集群内的中小企业。首先，要加强学习和模仿能力，要想在激烈的市场中占有一席之地，除了享受集群规模效应、品牌效应带来的隐形收益外，要加强近距离的知识信息分享与交流，尤其体现在隐性知识的流动，在集体学习的氛围中获得知识技术溢出，提升自身的学习效率和创新效率，充分享用创新研究成果的成本正外部性；其次，要着实提高创新投入，在创新效率和学习能力储备得以保证的前提下，要充分意识到创新初期技术创新投入的规模递增效应，适当提高投入水平。

第三，对于企业集群所在的地方政府/管委会、行业协会层面。首先，要协同构建良好的创新氛围，共同树立积极创新的集群文化和建设有利创新的经济社会环境，创新是企业进步的源泉，政府应面对集群设立专项创新基金，制定较完善的创新成果评判标准来鼓励创新；其次，应协同搭建信息沟通平台，畅通企业交流渠道，增强集群企业间的知识、信息共享，提高产业网络创新能力；最后，要充分意识到龙头企业在集群协作系统构建、集群演进和产业升级中的重要作用，在政策上给予优惠和一定的倾斜。

4.3.3 有限理性产量调整机制下集群溢出对双寡头企业产量均衡的影响

（1）引言。

自垄断模型在 1838 年由法国经济学家 Cournot（1897）提出以来，对其进行的拓展研究未曾间断。经典的 Cournot 竞争要求寡头企业完全理性,具备需求函数、双方产量及竞争企业生产决策等完全信息。然而,这样的强假设在现实中很难达到,并且完全理性要求搜集的庞大信息和精炼的决策过程大大增加了企业成本(Baumol & Quandt, 1964)。因此,有限理性寡头企业间的产量竞争越来越引起学者们的注意。信息掌握程度不同的有限理性寡头企业采用不同的调整机制对当期产量进行调整,若 Nash 均衡存在,通过长期的重复博弈后,最终寡头企业的产量将趋于稳定。根据寡头企业有限理性程度以及所掌握信息完善度的不同,可采用的调整机制有 Naïve、Adaptive 和 GD(Gradient Dynamics)。然而 Naïve 和 Adaptive 中涉及的最优反应函数不仅要求寡头企业掌握比较完善的信息,而且当面对非线性的需求函数或成本函数时需具备相当的计算能力,尤其是含有根号的情况。对此,Bischi 等(2007)提出了局部近似垄断机制(local monopolistic approximation, LMA),并且通过比较分析证实了采用 LMA 机制同样可以达到最优反应动态下的 Nash 均衡(Naimzada & Sbragia, 2006)。LMA 机制适应于任意可微的非线性需求函数,并且不必要求寡头企业掌握大量信息,寡头企业只需要知道自身当期产量、产品当期价格、需求函数关于自身当期产量的偏导数以及自身成本函数,便可以对需求函数进行线性估计,获得近似估计的离散动态系统,进而对企业产量的稳定性进行分析。

由于地理邻近性、分工发达性以及高度社会信任性等,集群内知识和信息的自由流动加速了企业间智力资源的转移,企业专业相似化的分工减少了劳动力转换成本,企业研发成果外溢提高了隐性知识的显性化程度,企业合作中产生的溢出效应降低了产品的单位成本,使得企业间的成本函数有所关联。针对此经济形态,国内外有关有限理性寡头的 Cournot 竞争则很少涉及,相关文献(易余胤等,2004;Naimzada & Sbragia, 2006)虽然对非空间集聚的寡头企业间成本外部性进行了研究,然而对溢出效应的探讨局限于点的离散分析,并未将溢出效应作为一个连续变量来探讨。因此,在由寡头企业主导的企业集群中探讨溢出效应对产量动态演化的影响应该能达到提升 Cournot 竞争模型的应用价值和丰富其理论内涵。

寡头企业的有限理性预示着产量演化的阶段性,系统动力学研究方法能详尽地概括出寡头企业产量的动态演化模型,并运用 MATLAB 软件图像化产量演化轨迹。本节拟研究的是在一个由双寡头企业主导的企业集群中,有限理性的寡头企业通过不同机制 GD 和 LMA 对产量进行不断调整,构建起由非线性需求函数和具溢出效应的成本函数组成的博弈模型,运用系统动力学研究方法,试图从演化角度分析溢出效应对产量动态系统的影响,推导出 Nash 均衡产量存在的稳定区域,并就溢出效应对混沌市场的预测和控制进行探索。

(2) 理性产量调整机制下产量动态系统模型构建。

假设 $q_i(t)$ 表示第 i 个寡头在时期 t 的产量,i = 1,2,时期 t 的产品价格 p 是一个由双方的产量决定的非线性逆需求函数:$p = f(Q) = a - b\sqrt{Q}$,其中 $a > 0$,$b > 0$,$Q = q_i + q_j$,i,j = 1,2,i ≠ j。寡头企业的总生产成本函数具有线性形式:$C_i(q_i) = \dfrac{c_i q_i}{1 + \theta_{ij}}$,$\theta_{ij} \geq 0$ 是溢出效应,它表示集群内由于企业寡头 j 的存在对企业 i 所产生的成本外部性,c_i 为无溢出效应时企业 i 的边际成本,其大小与企业的生产技术水平有关。因此,可知企业 i 的利润函数为:

$$\pi_i = (a - b\sqrt{q_i + q_j}) q_i - \dfrac{c_i q_i}{1 + \theta_{ij}}, \quad i,j = 1,2, i \neq j \tag{4-24}$$

由 (4-24) 式可知,企业 i 的边际利润:

$$\dfrac{\partial \pi_i}{\partial q_i} = a - b\sqrt{q_i + q_j} - \dfrac{bq_i}{2\sqrt{q_i + q_j}} - \dfrac{c_i}{1 + \theta_{ij}} \tag{4-25}$$

由于 Cournot 竞争中寡头企业是价格接受者,对于有限的市场需求,假设寡头企业通过调整自己的产量实现利润最大化。有限理性双寡头企业 1 和企业 2 采取不同的调整机制进行产量调整,理性程度较高的企业 1,掌握的市场信息更丰富,知道需求函数、双方当期产量以及自身成本,将会采用 GD 机制,因此当期它将根据对边际利润的估计来决定下一期的产量,若边际利润为正(负),企业 1 将会增加(减少)下一期的产量,其产量动态调整机制可表示为:

$$q_1(t+1) = q_1(t) + \alpha q_1(t) \left[a - b\sqrt{q_1(t) + q_2(t)} - \dfrac{bq_1(t)}{2\sqrt{q_1(t) + q_2(t)}} - \dfrac{c_1}{1 + \theta_{12}} \right] \tag{4-26}$$

其中 $\alpha q_1(t)$ 表示相比于 t 期,企业 1 在 t+1 期的产量调整幅度,$\alpha > 0$ 为产量调整速度,它代表企业 1 对其单位产品利润信号的反应速度,且本节假定其不是很小。

理性程度较低的寡头企业 2，由于缺乏需求函数等市场信息，需要根据市场试验获取的数据获得需求函数关于自身当期产量的偏导数，再综合自身当期产量、产品当期价格以及自身成本函数，对需求函数进行线性估计，从而获得产量动态系统，因此其将采用 LMA 机制。相应表达式为：

$$q_2(t+1) = \frac{q_2(t)}{2} + \frac{\frac{c_2}{1+\theta_{21}} - f[Q(t)]}{2f'[Q(t)]} \tag{4-27}$$

其中 $f'[Q(t)]$ 为 $f[Q(t)]$ 关于 $q_2(t)$ 的导函数，将需求函数代入（4-27），可知企业 2 的产量调整表达式为：

$$q_2(t+1) = \frac{a - \frac{c_2}{1+\theta_{21}}}{b}\sqrt{q_1(t) + q_2(t)} - q_1(t) - \frac{q_2(t)}{2} \tag{4-28}$$

由式（4-26）和式（4-28）可以得到集群内 Cournot 竞争中不同产量调整机制下的离散动态系统：

$$\begin{cases} q_1(t+1) = q_1(t) + \alpha q_1(t)\left[a - b\sqrt{q_1(t)+q_2(t)} - \frac{bq_1(t)}{2\sqrt{q_1(t)+q_2(t)}} - \frac{c_1}{1+\theta_{12}}\right] \\ q_2(t+1) = \frac{a - \frac{c_2}{1+\theta_{21}}}{b}\sqrt{q_1(t)+q_2(t)} - q_1(t) - \frac{q_2(t)}{2} \end{cases}$$
$$\tag{4-29}$$

（3）理性双寡头产量均衡的分析及讨论。

为了更加深入地探讨离散动态系统式（4-29）的演化趋势，先找出均衡点，当系统式（4-29）均衡稳定时，有 $q_i(t+1) = q_i(t)$，因此均衡点满足

$$\begin{cases} \alpha q_1\left(a - b\sqrt{q_1+q_2} - \frac{bq_1}{2\sqrt{q_1+q_2}} - \frac{c_1}{1+\theta_{12}}\right) = 0 \\ \frac{a - \frac{c_2}{1+\theta_{21}}}{b}\sqrt{q_1+q_2} - q_1 - \frac{3q_2}{2} = 0 \end{cases} \tag{4-30}$$

第 4 章　集群企业合作困境成因及机理

可求得两个均衡点 $E_1\left(0, \dfrac{4\left(a-\dfrac{c_2}{1+\theta_{21}}\right)^2}{9b^2}\right)$ 及 $E_2(q_1^*, q_2^*)$，其中

$$q_1^* = \dfrac{4\left(2a-\dfrac{c_1}{1+\theta_{12}}-\dfrac{c_2}{1+\theta_{21}}\right)\left(a-\dfrac{3c_1}{1+\theta_{12}}+\dfrac{2c_2}{1+\theta_{21}}\right)}{25b^2}, \quad q_2^* = \dfrac{4\left(2a-\dfrac{c_1}{1+\theta_{12}}-\dfrac{c_2}{1+\theta_{21}}\right)\left(a+\dfrac{2c_1}{1+\theta_{12}}-\dfrac{3c_2}{1+\theta_{21}}\right)}{25b^2} \quad (4-31)$$

E_1 表示的是垄断均衡，若 Nash 均衡 E_2 存在，则 E_1 不稳定。即双寡头竞争状态不会演变为垄断状态，双寡头并存的状态将一直保持下去。对于垄断企业，只有在产量为正时才有经济意义，因此要使 $E_2(q_1^*, q_2^*)$ 为非线性系统 (4-29) 的 Nash 均衡点，必须有 $q_1^* > 0$ 以及 $q_2^* > 0$，即

$$\begin{cases} 2a - \dfrac{c_1}{1+\theta_{12}} - \dfrac{c_2}{1+\theta_{21}} > 0 \\ a - \dfrac{3c_1}{1+\theta_{12}} + \dfrac{2c_2}{1+\theta_{21}} > 0 \\ a + \dfrac{2c_1}{1+\theta_{12}} - \dfrac{3c_2}{1+\theta_{21}} > 0 \end{cases} \quad (4-32)$$

下面将探讨均衡点 E_1 和 E_2 的局部稳定性，系统 (4-29) 的雅可比矩阵为

$$J = \begin{bmatrix} 1+\alpha\left(a-\dfrac{c_1}{1+\theta_{12}}-b\sqrt{Q}-\dfrac{bq_1}{2\sqrt{Q}}-\dfrac{3bq_1^2+4bq_1q_2}{4\sqrt{Q^3}}\right) & -\dfrac{\alpha(bq_1^2+2bq_1q_2)}{4\sqrt{Q^3}} \\ \dfrac{a-\dfrac{c_2}{1+\theta_{21}}}{2b\sqrt{Q}} - 1 & \dfrac{a-\dfrac{c_2}{1+\theta_{21}}}{2b\sqrt{Q}} - \dfrac{1}{2} \end{bmatrix}$$

$$(4-33)$$

均衡点局部稳定其对应的雅克比矩阵必须满足以下条件：有两个特征实根 φ_i，$i=1,2$，且 $|\varphi_i|<1$。将 E_1 点坐标代入，可得其雅可比矩阵为

$$J(E_1) = \begin{bmatrix} 1 + \dfrac{\alpha(a - \dfrac{3c_1}{1+\theta_{12}} + \dfrac{2c_2}{1+\theta_{21}})}{3} & 0 \\ -\dfrac{1}{4} & \dfrac{1}{4} \end{bmatrix}$$

可知其特征根为 $\varphi_1 = 1 + \dfrac{\alpha(a - \dfrac{3c_1}{1+\theta_{12}} + \dfrac{2c_2}{1+\theta_{21}})}{3}$, $\varphi_2 = \dfrac{1}{4}$, 若 Nash 均衡点的坐标为正，根据式 (4-32) 可知 $\varphi_1 > 1$，此时均衡点 E_1 为鞍点。

将 E_2 点坐标代入，可得其雅可比矩阵为

$$J(E_2) = \begin{bmatrix} 1 - \dfrac{\alpha(3bq_1^{*2} + 4bq_1^* q_2^*)}{4\sqrt{Q^{*3}}} & -\dfrac{\alpha(bq_1^{*2} + 2bq_1^* q_2^*)}{4\sqrt{Q^{*3}}} \\ \dfrac{a - c_2'}{2b\sqrt{Q^*}} - 1 & \dfrac{a - c_2'}{2b\sqrt{Q^*}} - \dfrac{1}{2} \end{bmatrix} \quad (4-34)$$

令 $c_1' = \dfrac{c_1}{1+\theta_{12}}$, $c_2' = \dfrac{c_2}{1+\theta_{21}}$, $Q^* = q_1^* + q_2^*$, 令 $\delta = \dfrac{bq_1^{*2}}{\sqrt{Q^{*3}}}$, $\rho = \dfrac{bq_1^* q_2^*}{\sqrt{Q^{*3}}}$, $\sigma = \dfrac{a - c_2'}{2b\sqrt{Q^*}}$, 因此有 $J(E_2) = \begin{bmatrix} 1 - \alpha(\dfrac{3\delta}{4} + \rho) & -\alpha(\dfrac{\delta}{4} + \dfrac{\rho}{2}) \\ \sigma - 1 & \sigma - \dfrac{1}{2} \end{bmatrix}$

矩阵的迹 $T = \dfrac{1}{2} - \alpha(\dfrac{3\delta}{4} + \rho) + \sigma$

行列式 $V = \sigma - \dfrac{1}{2} - \dfrac{1}{2}\alpha\sigma(\delta + \rho) + \dfrac{1}{8}\alpha\delta$

矩阵对应的特征多项式为：$P(\varphi) = \varphi^2 - T\varphi + V$

要使 E_2 局部稳定，除了满足式 (4-32) 外，应有判别式 $\Delta = T^2 - 4V > 0$，

并且满足 Jury 条件：$\begin{cases} 1 + T + V > 0 \\ 1 - T + V > 0 \\ 1 - V > 0 \end{cases}$ 即 $\begin{cases} 1 + 2\sigma - \alpha(\dfrac{5\delta}{8} + \rho) - \dfrac{1}{2}\alpha\sigma(\delta + \rho) > 0 \\ \alpha[\dfrac{7\delta}{8} + \rho - \dfrac{1}{2}\sigma(\delta + \rho)] > 0 \\ \dfrac{3}{2} - \sigma + \alpha[\dfrac{1}{2}\sigma(\delta + \rho) - \dfrac{\delta}{8}] > 0 \end{cases}$

第4章 集群企业合作困境成因及机理

通过证明（见附录1A）可知 $\Delta = T^2 - 4V > 0$，$\alpha\left[\dfrac{7\delta}{8} + \rho - \dfrac{1}{2}\sigma(\delta+\rho)\right] > 0$ 及 $\dfrac{3}{2} - \sigma + \alpha\left[\dfrac{1}{2}\sigma(\delta+\rho) - \dfrac{\delta}{8}\right] > 0$。下面考察溢出效应 θ_{12} 对系统的动态演化影响，由于对 θ_{21} 的讨论基本类似，本小节不再对其进行分析，结论可见附录1C中命题4.5。

令 $F(c_1') = 1 + 2\sigma - \alpha\left(\dfrac{3\delta}{4} + \rho\right) - \dfrac{1}{2}\alpha\sigma(\delta+\rho)$，将各系数代表的最原始数据代入，可得到 $F(c_1') = \dfrac{3\alpha c_1'^2 + (53a\alpha - 59\alpha c_2' - 20)c_1' - 17a\alpha c_2' + 38ac_2'^2 - 18a^2\alpha - 70c_2' + 90a}{20(2a - c_1' - c_2')}$，由于 c_1' 是 θ_{12} 的严格递减函数，因此可以通过对企业1的总边际成本探讨来间接考察溢出效应 θ_{12} 对双方产量的演化影响。引入函数 $G(c_1') = Ac_1'^2 + Bc_1' + D$，其中 $A = 3\alpha$，$B = 53a\alpha - 59\alpha c_2' - 20$，$D = -17a\alpha c_2' + 38ac_2'^2 - 18a^2\alpha - 70c_2' + 90a$，要使 E_2 局部稳定，则须有 $G(c_1') = Ac_1'^2 + Bc_1' + D > 0$，即讨论函数 $G(c_1')$ 的根的分布情况。详细的分析过程见附录1B。值得注意的是，附录1B没有讨论临界点，即 $G(c_1') = 0$ 时 θ_{12} 的取值，θ_{12} 取临界值时，$F(c_1') = 0$，系统式（4-29）正处于翻转分岔（a flip bifurcation）。分析结论见命题4.6。

命题 4.6：$\Delta_G \leq 0$ 时，对于寡头企业1的任意溢出效应 $\theta_{12} \geq 0$（$\Delta_G = 0$，$B < 0$，$\dfrac{-B}{2A} \leq c_1$ 下的 $\theta_{12} \equiv \dfrac{2Ac_1}{-B} - 1$ 除外，此时产量动态系统处于翻转分岔界点），系统存在Nash均衡产量；$\Delta_G > 0$，$D > 0$，$B < 0$ 且 $\dfrac{-B + \sqrt{B^2 - 4AD}}{2A} \leq c_1$ 时，若溢出效应 $\theta_{12} > \dfrac{2Ac_1}{-B - \sqrt{B^2 - 4AD}} - 1$ 或 $0 \leq \theta_{12} < \dfrac{2Ac_1}{-B + \sqrt{B^2 - 4AD}} - 1$，系统存在Nash均衡产量，若 $\dfrac{2Ac_1}{-B + \sqrt{B^2 - 4AD}} - 1 \leq \theta_{12} \leq \dfrac{2Ac_1}{-B - \sqrt{B^2 - 4AD}} - 1$，双寡头企业产量演化最终处于分岔混沌状态；$\Delta_G > 0$，$D < 0$，$\dfrac{-B + \sqrt{B^2 - 4AD}}{2A} < c_1$ 时，若溢出效应 $0 \leq \theta_{12} < \dfrac{2Ac_1}{-B + \sqrt{B^2 - 4AD}} - 1$ 时，系统存在Nash均衡产量，若 $\theta_{12} \geq \dfrac{2Ac_1}{-B + \sqrt{B^2 - 4AD}} - 1$，双寡头企业产量演化最终处于分岔混沌状态。

注意：$\Delta_G \leq 0$ 时，可得到 $0.145 \leq (a-c_2')\alpha \leq 0.913$，因此可得到以下结论：

产量调整速度较小时，对于寡头企业1的任意溢出效应 $\theta_{12} \geq 0$（$\Delta_G = 0$，$B<0$，$\frac{-B}{2A} \leq c_1$ 下的 $\theta_{12} \equiv \frac{2Ac_1}{-B} - 1$ 除外），系统存在 Nash 均衡产量；产量调整速度相对较大时，集群内寡头企业间适度的溢出可以提高企业的利润，而过度的溢出则会导致混沌市场。

（4）数值模拟。

本小节主要考察溢出效应系数对集群中寡头垄断企业产量动态演化的影响分析，因此在本小节采用数值模拟更形象地描述系统式（4-29）的动态演化。取企业1和企业2初始产量 $q_1(0) = 0.35$，$q_2(0) = 0.3$（在存在 Nash 均衡产量的系统参数取值下，产量动态演化的轨迹不受初始值影响）。图4-11和图4-12显示的系统式（4-29）企业双方产量随企业1的溢出效应 θ_{12} 变化的动态轨迹图，其中 $a=10$，$b=1$，$\theta_{21}=0.5$，$c_1=c_2=3$，$\alpha=0.1$（进一步计算可知当 $0.018 < \alpha < 0.114$ 对应结论亦成立），此时 $\Delta_G < 0$，对于任意 $\theta_{12} \geq 0$，都有 $1 + 2\sigma - \alpha(\frac{5\delta}{8}+\rho) - \frac{1}{2}\alpha\sigma(\delta+\rho) > 0$，因此企业双方的产量将逐渐趋于稳定，存在 Nash 均衡产量，并且不会进入分岔混沌市场，Nash 均衡产量组合随 θ_{12} 变化而变化，在图4-11中，$\theta_{12}=0$，Nash 均衡产量 $(q_1^*, q_2^*) = (12, 24)$，$\theta_{12}=0.5$，Nash 均衡产量 $(q_1^*, q_2^*) = (20.48, 20.48)$。图4-12显示无论 θ_{12} 多大，离散动态系统都存在 Nash 均衡产量，寡头企业不会进入混沌市场。

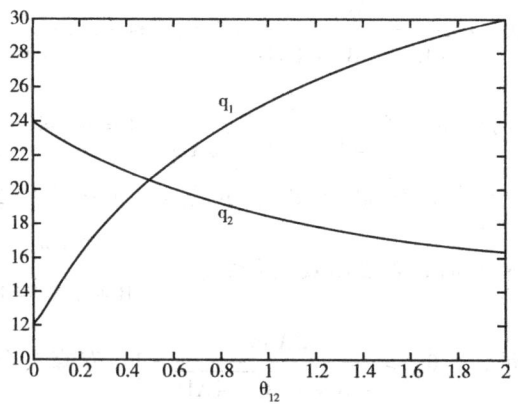

图4-11　$\Delta_G < 0$ 时系统动态演化图（θ_{12} 范围较小）

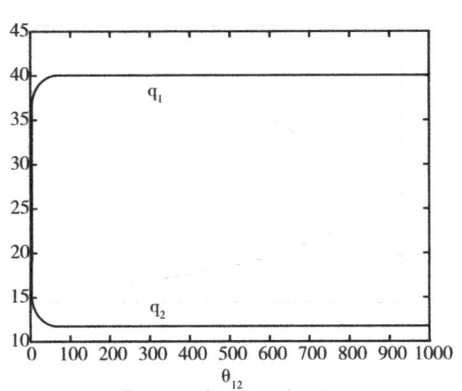

图 4-12 $\Delta_G < 0$ 时系统动态演化图（θ_{12} 范围较大）

图 4-13 中 $a = 10$，$b = 1$，$\theta_{21} = 0.5$，$c_1 = c_2 = 3$，$\alpha = 0.13$，此时 $\Delta_G = 0$，$B > 0$，对于寡头企业 1 的任意溢出效应，双寡头企业的产量演化最终趋于稳定，并随着企业溢出效应 θ_{12} 的增大，寡头企业 1 的均衡产量将增加，寡头企业 2 的均衡产量则将减少。

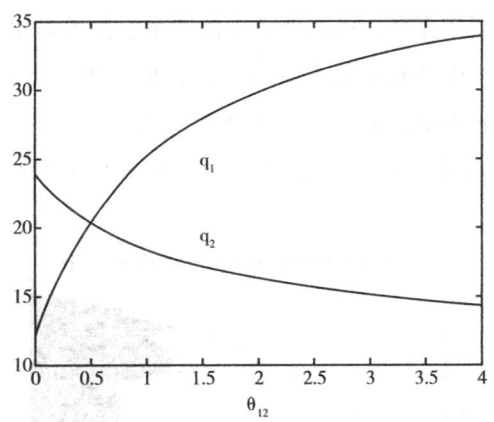

图 4-13 $\Delta_G = 0$，$B > 0$ 时系统动态演化图

图 4-14 中 $a = 10$，$b = 1$，$\theta_{21} = 0$，$c_1 = 9$，$c_2 = 8.5$，$\alpha = 0.61$，此时 $\Delta_G > 0$，$D > 0$，$B < 0$ 且 $\dfrac{-B + \sqrt{B^2 - 4AD}}{2A} \leqslant C$，理论上当溢出系数 $\theta_{12} < 5.9186$ 时，寡头企业的产量演化处于稳定状态，当 $\theta_{12} \geqslant 5.9186$ 后，产量演化最终趋于分岔或混沌状态。然而此时严苛的条件导致溢出效应接近于 0.1613 时，稳定状态下寡头企业 2 的产量将趋于 0。

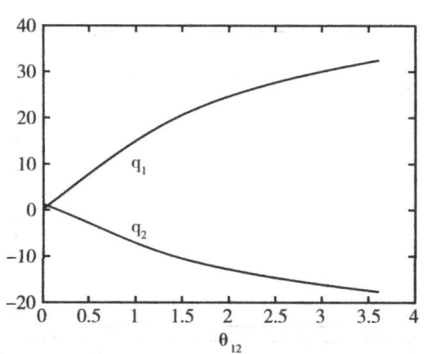

图 4-14 $\Delta_G > 0$，$D > 0$，$B < 0$ 时系统动态演化图

图 4-15 中 $a = 10$，$b = 1$，$\theta_{21} = 0.5$，$c_1 = c_2 = 3$，$\alpha = 0.6$，此时 $\Delta_G > 0$，$D < 0$，$\dfrac{-B + \sqrt{B^2 - 4AD}}{2A} \leq C_1$，因此对于 $\theta_{12} < 0.598$，存在 Nash 均衡产量，达到临界点 $\theta_{12} = 0.598$ 后，企业进入倍周期分岔，并随着 θ_{12} 的增大进入混沌市场。此时，集群内寡头企业 1 的产品单位成本随着溢出效应的增强而降低，寡头企业 1 的产量大幅度提高，虽然企业 1 的产量会随着溢出效应的增大渐渐步入分岔混沌状态，然而其利润仍在不断增加，但是当溢出效应达到一定值时，企业 1 的利润也可能为负；而寡头企业 2 的利润随着溢出效应 θ_{12} 的增加而不断减少。图 4-16 和图 4-17 表示的是寡头企业 1 和 2 在溢出效应 θ_{12} 为 0、1.2、4 时的利润图。

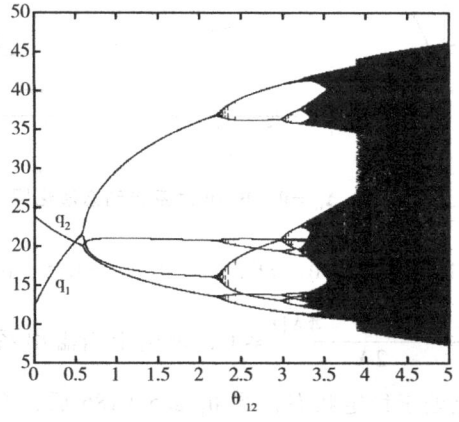

图 4-15 $\Delta_G > 0$，$D < 0$，$\dfrac{-B + \sqrt{B^2 - 4AD}}{2A} \leq c_1$ 系统演化图

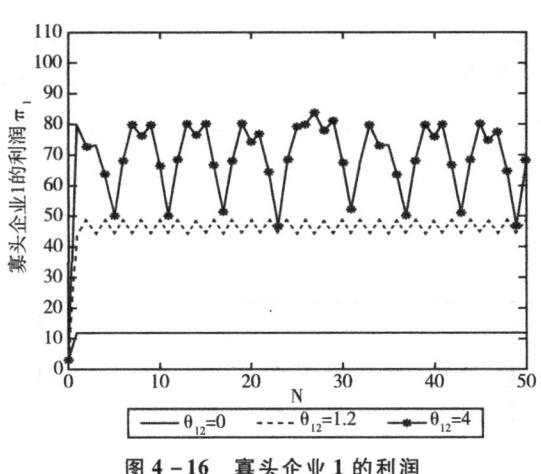

图 4-16 寡头企业 1 的利润

综观图 4-11—图 4-17,可以看出,系统参数的取值决定了产量动态演化的轨迹和最终结果。当系统参数的取值满足 $\Delta_G \leq 0$ 时($\Delta_G = 0$,$B < 0$,$\frac{-B}{2A} \leq c_1$ 下的 $\theta_{12} = \frac{2Ac_1}{-B} - 1$ 除外),对于寡头企业 1 的任意溢出效应 $\theta_{12} \geq 0$,双寡头企业的产量演化最终处于稳定状态,系统存在 Nash 均衡产量,并随着溢出效应系数 θ_{12} 的增加,寡头企业 1 的均衡产量将上升,寡头企业 2 的均衡产量将下降;当系统参数的取值满足 $\Delta_G > 0$ 时,集群内寡头企业间适当的溢出可以提高企业的利润,维持产量市场的稳定,而过度的溢出则会扰乱市场,导致产量演化最终处于混沌状态,产量变得不可预测,利润也起伏不定,甚至为负。

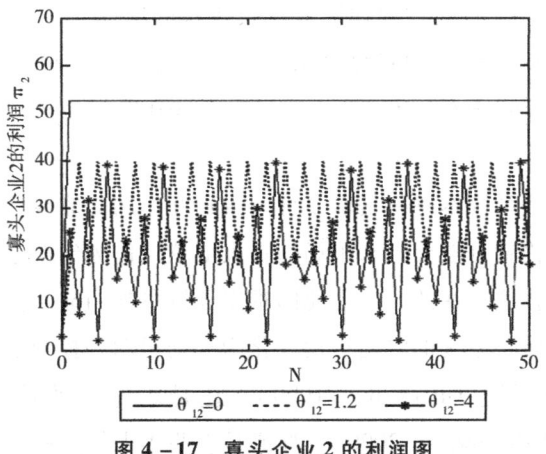

图 4-17 寡头企业 2 的利润图

图 4-18 显示了企业 1 产量调整速度和溢出效应稳定区域图,横坐标 θ_{12} 理论上可趋于正无穷,后续区域图中未曾给出。其中 a = 10,b = 1,θ_{21} = 0.5,c_1 = c_2 = 4.5,此时满足 Jury 条件,即产量演化趋于稳定状态。它清晰地表示出随着溢出效应的增大,产量调整速度的取值范围逐渐变小。因此过度溢出可能导致原本稳定的产量演化状态走向分岔混沌。

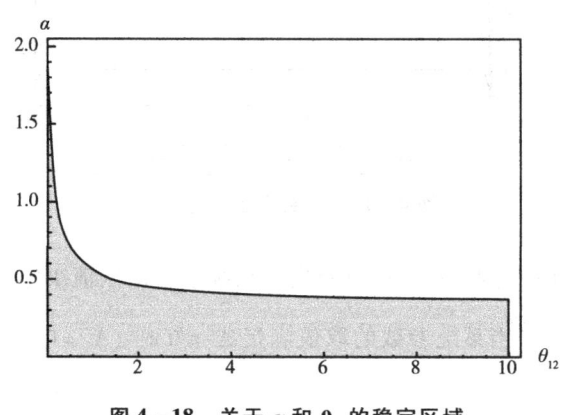

图 4-18 关于 α 和 θ_{12} 的稳定区域

混沌对初始条件的敏感性是非线性系统本身的固有属性。在混沌出现的参数范围内,初始条件的微小差别会在迭代过程中不断放大,最终使迭代结果变得极为不同。虽然系统在动态演化过程中不重复原来的轨迹,相点不规则分布在整个吸引子,不可能对其长期行为进行预测,然而根据混沌理论,一个系统的状态是受一定吸引子支配的,混沌现象背后的奇异吸引子有其内在规律性的表现,并且这种规律随着迭代步数的增加而更为明显,因此,可以通过对混沌吸引子的运动趋势对系统的短期行为进行预测。图 4-19 给出了 a = 10,b = 1,θ_{12} = θ_{21} = 0.5,c_1 = 1.5,α = 0.6 下系统 (4-29) 的混沌吸引子。

事实上,经济系统本身就是由多种因素相互作用的非线性系统,经济社会中一个微小的变化就可能会带来市场的重大变革。作为经济系统的一种本质特征,混沌现象是普遍存在的,而混沌的难以预测更加凸显了对经济混沌控制研究的必要性。如何将系统的混沌运动转化为规则运动是控制混沌的目的,无论是最早的 OGY 控制(Ott et al., 1990),还是之后的延时反馈控制(Just, 1999;Holyst & Urbanowicz, 2000),抑或是近些年来的一些改进混沌控制(姚

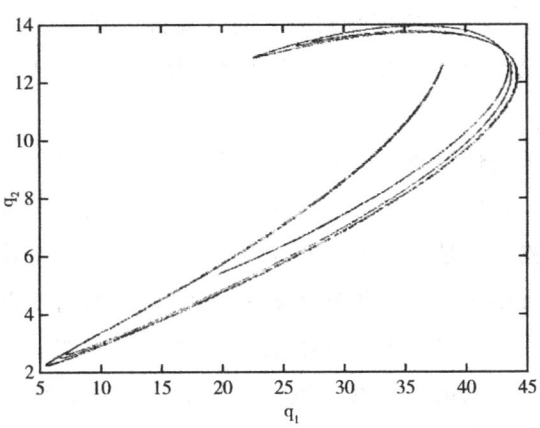

图 4-19 混沌吸引子

洪兴，盛昭瀚，2002；Luo et al.，2003）的方法，其主体思想都是通过反馈控制和参数变化控制来预防或延迟混沌现象的发生。上述的模拟图分析了混沌发生的条件。因此，通过对初始条件的控制，可以防止或延迟混沌现象的发生，使企业产量达到动态均衡。由图可知，适度的溢出有利于维持产量市场的稳定，提高寡头企业的利润，过度的溢出则可能导致混沌市场的发生。因此，针对其他参数变量不易变动的情况下，集群中企业的溢出效应在对预防混沌的发生显得尤为重要。集群内积极的溢出效应的增大可能得益于内部人员的学习能力和知识技术吸收能力，也可能得益于企业外部人员自由流动带来的隐性知识转移。而消极的溢出效应则是企业间合作中机会主义行为导致的知识技术转移，这严重损害合作方的积极性，导致了集群内企业间的过度溢出，扰乱产品市场的稳定。因此，集群内企业间频繁的交流与合作以及企业自身不断增强的学习能力有助于提高集群溢出水平，在保持产品市场稳定的前提提高了寡头企业的利润；而对集群内寡头企业间合作中的机会主义行为的严惩有利于杜绝消极的溢出效应，防止混沌市场的发生。

（5）模型管理学意义。

在双寡头企业主导的集群中，针对产量调整机制，理性程度较高的企业将采用 GD，理性程度较低的企业将采用 LMA，此时溢出效应对双寡头企业产量演化是趋于稳定状态或是陷入分岔混沌状态起决定作用。同时，产量动态系统中产品单位成本、产量调整速度、溢出效应等系统参数共同决定着产量的动态演化轨迹及其最终状态。产量调整速度较小时，对于任意溢出效应，系统存在

Nash 均衡产量；产量调整速度相对较大时，集群内寡头企业间适度的溢出可以提高企业的利润，而过度的溢出则会扰乱产品市场，导致产量不可预测，进而引发混沌市场。

经济系统的非线性复杂特征决定了产品市场对初始条件的敏感性，因此在现实经济社会中，特别是对集群内的核心企业而言，要对自身产品进行合理定位，慎重选择价格、产量调整速度等参数。此外，鉴于溢出效应对防止或延迟混沌市场发生的重要作用，集群企业应不断学习加强自身能力，而类似于现实中园区管委会的集群管理者或企业协会的集群企业自组织更应鼓励集群内企业间的合作，加强集群内的知识共享氛围，鉴于过度溢出容易导致产品市场紊乱，集群应当加强知识产权保护，严惩机会主义行为。

（6）对应措施。

企业集群内知识信息的自由流动是群内企业区别于群外企业的重要竞争优势，集群内知识的积累是集群升级创新的重要源泉，尤其是隐性知识的获取与应用。然而，企业合作研发中因机会主义行为导致的核心知识泄漏却严重阻碍了企业的发展和集群的升级。因此，可从知识共享和知识产权保护两个角度给出相应建议。

①建设信息平台，增进企业沟通合作。

企业集群要发展壮大，不仅需要政府提供良好的硬件支持和服务帮助，更在于集群内企业的互相交融。比如，重庆笔电配套企业合作中的订单延滞主要是因为上下游企业的沟通不良导致，下游的代工商实行的是 JIT 生产方式，必须以按时按质按量提供零件，因此信息的沟通显得尤为重要。企业在特定地理范围内的集聚会推进企业交易费用的降低、知识与信息的传播，有利于推进集聚起来的企业生产率和创新能力的提升。集群内企业间的合作，例如知识共享、合作创新等，应该得到政府的鼓励和制度上的扶持，例如推进分工结构、建立集群服务体系等。

企业间的联系不仅是资源利用和产品生产上的，也是信息沟通和知识共享上的。特别是集群内隐性知识和信息在一定程度下的共享，能够极大提升集群企业协作水平和集群效应。但企业间的信任程度、溢出风险、不完善的共享激励机制等制约着共享效率的提升。因此，政府应该帮助树立合作共赢的思想理念、建设诚信和谐的集群文化、建立集群企业间的知识共享平台，推动集群内的知识信息共享和创新行为。笔电集群可以从硬实力和软实力两个方面加强知识共享。

硬实力层面，可以由政府/管委会牵头建立集群内部的信息平台和企业交流机制，强化彼此的信息沟通能力，帮助集群内企业之间实现一定水平的知识和信息共享，将会极大地提高产业网络的创新能力和总价值水平；促进企业间的联合行动和分工合作；同时也会有助于集群内资源的有效配置和循环利用。在企业集群内可以建立知识共享平台，建设知识管理的硬件和软件系统，经常举办企业间的科技和人才交流会，为知识共享搭建平台。比如，可以设立知识管理小组，应用先进的相关信息技术，建立集群知识库、沟通数据交换平台、系统功能平台、集群业务平台、电子讨论系统等，实现集群企业间的信息交流、沟通与共享，降低知识共享成本，促进知识共享沟通。信息沟通平台的形式可以是多种多样的。例如，定期组织面对面交流会议、建立集群公共网上信息库等。

软实力层面，培养集群知识共享的文化环境。政府和园区管理者在企业集群内要加强知识信息共享意识的宣传，在集群内营造一种良好的知识共享氛围，使群内企业的经济或社会行为嵌入到集群氛围中，这对将要进入的外部企业也是一种无形的强劲吸引力。在倡导知识共享的同时，对知识共享行为的企业和个人给予表扬和激励，消除知识共享的心理障碍，使集群企业拥有自由交流的权力，形成开放学习型和成长型的知识共享沟通氛围。

②加强知识产权保护。

技术溢出是导致集群企业合作创新失灵的重要原因。知识产权保护在很大程度上能保障首创企业的收益，避免知识共享程度过大使创新企业失去合作创新动力。其是有效促进集群企业技术创新的激励机制，也是市场经济条件下促进科技发展的一种动力机制，是国际经济秩序的战略制高点。可从以下几点措施加强知识产权保护。

1）完善知识保护机制

在机制上予以保障是加强知识产权保护的基础。要不断完善知识产权立法和执法体系，加大知识产权的执法力度，通过执法来推动全民重视知识产权法律保护，激励科技人员创造出更多的知识产权成果，鼓励建立自主知识产权产业，推动中国经济发展。

2）保障资金扶持

为促进集群企业技术创新，政府应建立专利基金，以政府、企业为主体，广开资金来源，采取多渠道、多形式的筹集资金。重点支持那些有广阔的市场前景、有利于集群乃至整个区域发展、高技术含量、高附加值的专利技术的实施。同时，各科技和经济计划项目资金应向高科技专利项目实施上倾斜，积极扶持和发展具有自主知识产权的高科技产业。

3）给予政策支持

在集群发展过程中，政府的政策应从笼统地扶持科技成果转化到重点支持专利项目，特别是拥有自主知识产权的高科技专利项目，影响集群发展水平和方向的专利项目实施上来，建设拥有自己自主知识产权的高科技民族工业群体。同时，采取有力措施，保证兑现专利制度各项奖酬，重奖一些重大发明。

4）增强知识保护意识

在企业集群中要普及知识产权保护方面的知识，提高集群企业知识产权的保护意识。彻底纠正只注重科技成果的鉴定，发表论文、申请评奖，而轻视申请专利，寻求法律保护的做法，把科技人员的思想观念转变到市场经济的轨道上来，以更有效的减少无形资产的损失，维持技术创新企业的研发动力。

4.4 基于信息不对称的集群企业合作困境的形成机理

作为微观信息经济学研究的核心内容，信息不对称理论是指在市场经济活动中，由于各类人员对交易信息了解有所差异，导致掌握信息较充分的人员处于比较有利地位，而信息贫乏的人员则处于比较不利的地位。信息不对称理论是由三位美国经济学家约瑟夫·斯蒂格利茨、乔治·阿克尔洛夫和迈克尔·斯彭斯提出的，他们分别从商品交易、劳动力和金融市场三个领域研究了信息不对称现象，也因"对不对称信息市场理论作出的拓荒性贡献"而共同获得2001年诺贝尔经济学奖。

信息不对称现象在现实生活中是普遍存在的。例如，保险市场中的保险公司与投保人、商品交易市场中的买方与卖方以及信贷市场中的金融机构与贷款方，信息不对称理论正是研究如何在信息不对称环境下达成一种双方均衡的社会契约。按照信息不对称发生在双方签约的前后，信息不对称可分为事前信息不对称和事后信息不对称，对应的研究理论则为逆向选择理论和道德风险理论。基于二手汽车市场交易模型提出的逆向选择现象是因交易主体签约前一方隐藏知识/信息造成，而道德风险困境则主要是由于交易主体签约后一方隐藏行动导致的，如何解决信息不对称产生的市场困境。不少学者如乔治·阿克尔洛夫、斯蒂格利茨（Stigli z）、斯彭斯（Spence）、格罗斯曼（Grossman）、伦德纳（Radner）、罗宾斯泰英（Rubbinstein）对其进行了拓展性研究，提出了逆向选择理论、市场信号理论以及委托代理理论等基本理论。

虽然集群内企业因其相互间地理位置邻近、人才及知识信息的自由流动等集群特性降低了信息不对称的程度，然而集群企业间的信息不对称是必然存在的。主观上，集群内不同企业获取信息的能力各异，资源禀赋的差距、社会资本的不同等企业自身因素造成了集群内企业间的信息不对称；客观上，集群企业获取信息的多少与社会因素也有一定关系，其中劳动分工和专业化是两个重要的社会因素，集群内产业链上不同环节的企业或同一环节专业化程度不同的企业相互之间的信息分布也是不均匀的，客观上造成了集群企业间的信息不对称。

完全理性要求企业掌握所有信息，以及对环境具有较强的计算和认知能力。然而现实中，集群企业管理者的认知能力有限，对市场需求、发展目标有不同的理解。因此，要求企业在市场经济中保持完全理性是不现实的，这种不完全理性也使得基于有限理性的调整策略在经济建模中越发重要。下面将从集群企业完全理性和有限理性两个角度来分析非对称信息对集群企业产量和价格稳定均衡的影响。进一步揭示不对称信息对集群企业合作困境的影响。

4.4.1 完全理性下非对称信息对集群企业合作困境的机理分析

（1）机理的博弈分析。

假设企业集群内企业 A 有一项目寻求与其他企业进行合作，项目只有在双方合作时才能产生经济效益。企业 B 自告奋勇欲与之合作，这里"合作"既可以理解为横向上的技术研发创新，也可以理解为纵向上的上下游产品提供，但企业 A 不知道企业 B 的信誉情况，即信息不对称。假设不论企业 B 信誉好坏，只要企业 A 选择合作，则企业 B 都将获得 1 单位收益，企业 A 拒绝合作则会损失0.5单位（可理解为前期准备费用）；而企业A的收益则依赖于企业B的信誉，若企业B信誉好，接受合作则将获得1单位收益，拒绝将损失0.5单位，若企业B信誉坏，接受合作将损失1单位，拒绝则无损失。其博弈矩阵如表4-1所示。

表4-1　　　　　　　　企业A、B的博弈支付矩阵

		（信誉好）企业B	
		合作	不合作
企业A	合作	(1, 1)	(0, 0)
	拒绝	(-0.5, -0.5)	(0, 0)
		（信誉坏）企业B	
		合作	不合作
企业A	合作	(-1, 1)	(0, 0)
	拒绝	(0, -0.5)	(0, 0)

由于信息不对称，企业A不知道企业B的信誉情况，是否与之合作只能取决于企业A认为企业B信誉好的先验概率p，此时企业A选择合作的预期收益为$2p-1$，拒绝合作的预期收益为$-0.5p$，只有当企业A认为企业B信誉为好的概率超过40%时，企业才会选择合作，反之则会拒绝合作，导致合作困境。

（2）作用机理。

前文通过简要的数学博弈分析了信息不对称造成的合作困境，下面将阐述信息不对称之于集群企业合作困境形成的作用机理。

集群内企业间的信息不对称现象因客观和主观因素是普遍存在的，企业合作困境的形成有利益诱惑等主观因素的故意为之，也有信息传递和信息甄别机制不健全等客观因素的不可避免。图4-20描述了信息不对称之于集群企业合作困境的形成机理。

集群内企业间的信息不对称是集群企业主体因素、集群环境因素以及信息传递渠道共同造成的。集群企业主体因素是指参与合作时企业的主观因素，集群内企业的信用是有差异的，一些企业在合作过程中基于利益诱惑会选择机会

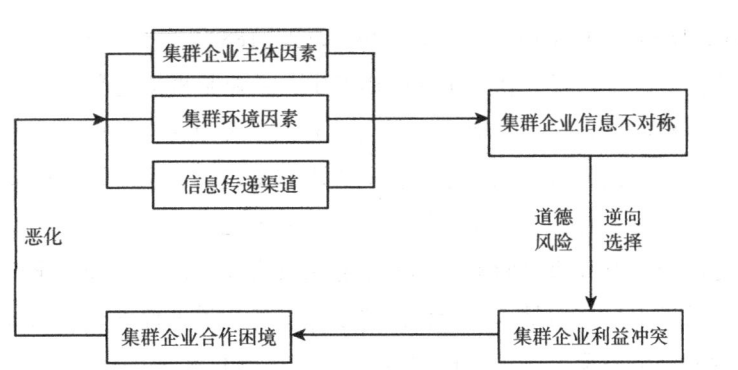

图 4-20 信息不对称之于集群企业合作困境的形成机理

主义行为，出现违约行为，抑或在合作过程中通过隐藏知识、信息或行动而获得额外的收益，有时甚至以损害搭档利益为代价；对应的一些企业则更加重视长期合作所带来的潜在收益，甚至愿意牺牲一定的短期收益，在合作中高质量履行合约规定，增加了长期合作的机会。集群环境因素是指集群内企业相互间信息的了解程度，劳动分工程度和专业化水平是衡量集群中信息不对称的重要因素，企业所处的产业链环节不同，所了解的信息便有所差异。信息传递渠道是指合作企业间信息传递的媒介，有口头通达、电子邮件、书面文件、电话等，信息传递方式各有优劣，如何使信息传递的失真程度降到最低与信息拥有者的传递方式和信息接收者的信息甄别能力密切相关。正是上述三种因素的共同作用导致了集群内企业间的信息不对称，进而产生了诸如道德风险和逆向选择等问题（比如同质企业合作研发的技术溢出，上下游企业信息不对称导致的上游产品恶性竞争），从而引致集群合作企业的利益冲突，形成合作困境，倘若合作困境没有得到及时合理的解决，会进一步恶化集群环境，降低企业信用，阻碍信息传递，加剧信息的不对称。

4.4.2 有限理性下非对称信息对集群企业竞合困境的影响

（1）引言。

寡头垄断是指少数公司生产相同或类似的产品，并供应整个市场。由于寡头企业的产量和价格取决于其竞争对手的反应，一些模型被提出来模拟具备完全信息和完全理性的寡头企业的决策行为，其中最经典的便是 Cournot 模型

（Cournot，1838）和 Bertrand 模型（Bertrand，1883）。不同于 Cournot 博弈中寡头企业同时决定产量，在 Bertrand 模型中，企业是根据竞争对手的最优对策同时决定价格的。在当今制造实力强大的时代，客户对产品的需求不再局限于基本性能，个性化、多样化、差异化的需求越来越强，因此 Bertrand 价格竞争博弈在现实中更为常见，企业更倾向于生产差异化产品。

上述两种经典寡头垄断模型都要求寡头具有完全的理性和完全的信息，但这在现实世界中很难满足。完全信息要求参与者知道彼此的支付函数、产品成本、产量或价格决策等，从而根据自己对竞争对手行为的预期做出最佳反应。然而市场参与者很难掌握某一经济环境状态的全部知识，不完全信息经济比完全信息经济更为现实，例如，竞争对手的成本或高或低，囚徒困境中的参与者可能是自私的或以团队利益为重的，商业谈判中的参与者可能是严格遵守契约规则的，也可能顾及情理的（Yu & Yu，2018）。因此参与者对经济环境的理解会有所不同，很多文献讨论了 Cournot 博弈、Bertrand 博弈和 Stackelberg 博弈中的不完全信息或非对称信息（Xiang & Cao，2012；Navidi & Bidgoli，2011；Algazin & Algazina，2017）。

完全理性要求企业掌握所有信息以及对环境具有较强的计算和认知能力。然而现实中，企业的认知能力有限，对市场需求、发展目标有不同的理解，例如一些公司追求社会福利最大化，而有些只考虑自己的利益。同时，搜集大量信息进行决策会给公司带来巨额成本（Baumol & Quant，1964），因此要求企业在市场经济中保持完全理性是不现实的，这种不完全理性也使得基于有限理性的调整策略在经济建模中越发重要，企业可以利用不同的策略机制来调整每个时期的产量或价格。查阅现有文献可知，Naïve、Adaptive、LMA（Local Monopolistic Approximation）等策略被广泛应用于有限理性博弈。

由于集群的地理邻近性、分工发达性以及高度社会信任性，集群内知识和信息可以自由流动，智力资源可以加速转移，劳动力资源可以灵活转换，因此集群不可避免出现知识或技术的溢出（Bischi & Lamantia，2002），一定程度实现集群企业产品成本的降低。李林（2004）认为，企业集群的竞争优势不仅仅是由于地理邻近性导致交易成本的降低，更多的是由于组织邻近性和认知邻近性带来的集群创新能力的提升。很多学者也从技术溢出的角度研究了溢出对集群企业竞争与合作的影响（D'Aspremont & Jacquemin，1988；Tesoriere，2006；Bischi & Lamantia，2012；Li & Ma，2013；Tu & Wang，2017；Zhou et al., 2019)。借鉴文献（Bischi & Lamantia, 2002）的观点，将溢出效应视为集群企业区别于一般企业的一个重要特征，并认为由于集群内企业活动的存在，如技术研发、人才流动、知识交换等，会使得集群溢出效应表现出正外部性。

经济市场中普遍存在有限理性、信息不对称和溢出效应，现有文献更多关注完全信息下的有限理性博弈，而对信息不对称和溢出效应在完全理性或有限理性 Bertrand 博弈中的影响的研究较少。因此，本书认为以下问题值得进一步挖掘：①在完全理性的静态双寡头 Bertrand 博弈中，非对称信息、溢出效应和产品替代对贝叶斯纳什均衡有何影响？②在有限理性双寡头 Bertrand 动态博弈中，信息不对称、溢出效应和产品替代对纳什均衡价格有何影响？③当企业采取相同或不同的有限理性调整机制时，动态价格系统中是否存在贝叶斯纳什均衡？如果有，应满足什么条件？为了解决上述问题，本节考虑了一个具有非对称信息的双寡头 Bertrand 博弈模型，其中企业 1 的边际成本是众所周知的，而企业 2 的边际成本是私有信息；本节将同时讨论集群溢出、非对称信息和产品替代率对完全理性和有限理性下价格均衡的影响，并给出了均衡价格存在的区域。

本节研究是对有限理性 Bertrand 博弈在非对称信息情境下的补充。自 Joseph Bertrand（1883）提出 Bertrand 模型以来，对它的研究未曾间断，特别是当 Lorenz 在 1963 年发现混沌后，有限理性动态 Bertrand 博弈引起了学者们的广泛关注。文献（Zhang et al., 2009）探讨了有限理性 Bertrand 模型的调整速度；文献（Xin & Chen, 2011）研究了主从 Bertrand 博弈中的复杂动力学；文献（Yi & Zeng, 2015）将动态 Bertrand 模型应用于中国空调市场，分析其复杂行为和混沌控制；文献（Puu et al., 2015）和（Zhao, 2020）讨论了产品差异化的寡头博弈的复杂动态特性。从上述文献可知，很少有学者研究非对称信息下的动态 Bertrand 博弈。为此，本节在 Bertrand 博弈中引入具有私有边际成本的非对称信息，探讨贝叶斯纳什均衡在完全理性和有限理性条件下是否存在，如果存在，应满足什么条件？

本节研究对非线性动力系统的溢出研究也有一定的指导意义。基于完全理性的企业溢出效应研究（D'Aspremont & Jacquemin, 1988; Tesoriere, 2006）或有限理性垄断博弈研究一直受到关注（Bischi & Lamantia, 2002; Bischi & Lamantia, 2012; Li & Ma, 2013; Tu & Wang, 2017; Zhou et al., 2019）。文

献（Bischi & Lamantia，2002）在双寡头古诺博弈中引入了正成本外部性，发现溢出效应的存在有利于稳定产出；文献（Bischi & Lamantia，2012）讨论了网络两阶段寡头垄断博弈中的研发外部性；文献（Tu & Wang，2017）研究了有限理性三寡头模型下研发投入的复杂行为；文献（Zhou et al.，2019）分析了具有产品差异化的古诺双寡头博弈中的研发溢出效应。现有文献大多集中于一般企业间技术溢出的研究，而忽略了集聚在局部地理空间内的集群企业间更为普遍的溢出效应。此外，现有文献很少研究信息不对称下的有限理性寡头间的溢出效应。针对已有文献的不足，本节主要在两个方面进行了补充：首先，在本节中，集群溢出是指集群企业的技术研发、人才流失、知识交流等活动所带来的正外部性，而不仅仅是技术溢出，这与文献（Bischi & Lamantia，2002）的溢出效应界定相似，Bischi 讨论了 Cournot 动态博弈中的产量竞争问题，但本节主要研究寡头 Bertrand 动态博弈中的非对称信息问题。其次，借鉴文献（Yu & Yu，2018）的研究思路，本节讨论了非对称信息下的 Bertrand 动态博弈，与文献（Yu & Yu，2018）的研究对象是完全不同的，主要内容是讨论集群溢出、产品替代、信息不对称等参数对均衡价格稳定性的影响。

（2）非对称信息和完全理性下集群双寡头的价格均衡。

在经典博弈论中，贝叶斯纳什均衡是用来描述不完全信息静态博弈下的均衡。文献［Gibbons，2010］对其描述如下：在静态贝叶斯博弈中 $G = \{A_1, \cdots, A_n; T_1, \cdots, T_n; p_1, \cdots, p_n; u_1, \cdots, u_n\}$，其中 $A_1, \cdots, A_n$ 表示参与者的行动空间，$T_1, \cdots, T_n$ 是类型空间，$p_1, \cdots, p_n$ 是各参与者的信念，$u_1, \cdots, u_n$ 是得益函数。当 $s_i^*(t_i)$ 满足 $\max\limits_{a_i \in A_i} \sum\limits_{t_{-i} \in T_{-i}} u_i(s_1^*(t_1), \cdots, s_{i-1}^*(t_{i-1}), a_i, s_{i+1}^*(t_{i+1}), \cdots, s_n^*(t_n); t_i) p_i(t_{-i} | t_i)$ 时，策略 $s^* = (s_1^*, \cdots, s_n^*)$ 是纯策略贝叶斯纳什均衡。其中，$s_i(t_i)$ 代表对于参与者 i 是其所有类型 T_i 中的 t_i 类型时采取的一个策略；指给定参与者 i 的类型 t_i，信念 $p_i(t_{-i} | t_i)$ 描述了参与者 i 关于其他参与者是类型 $t_{-i}(t_{-i} = t_1, \cdots, t_{i-1}, t_{i+1}, \cdots, t_n)$ 的不确定性，t_i 是企业 i 的私有信息，其他参与者知道它是一个具有已知概率分布的随机变量。本节将利用贝叶斯纳什均衡来研究完全信息和不完全信息两种下双寡头 Bertrand 博弈的均衡价格。

在一个轮轴式集群内，假设有两个生产可替代的产品的垄断企业 1 和 2 展

第4章 集群企业合作困境成因及机理

开 Bertrand 博弈,产量分别为 q_1 和 q_2,双方以不同的价格 p_1 和 p_2 在共同的市场销售。假设需求函数是线性的,即 $q_i = a - p_i + dp_j$,$i, j = 1, 2$ 且 $i \neq j$,其中 a 代表最大市场需求量,$d \in [0, 1]$ 代表两个企业的产品替代率。因此,集群双寡头的战略空间式同时决定的定价选择组合。

假设集群企业无固定成本,则企业 i 的成本函数为 $C_i = c_i q_i - \beta Q$,其中 $Q = q_1 + q_2$,β 代表集群内企业间由于地理上的邻近性、人才的自由流动和良好的信息共享氛围而产生的溢出效应。集群溢出等往往使部分企业受益,在一定程度上降低了产品成本。借鉴文献(Bischi & Lamantia,2002)的假设,即成本减少与产量正相关,本用 βQ 表示成本减少量;c_i 为不存在集群溢出情况下企业 i 的边际成本,进一步假设企业 1 的边际成本 $c_1 = c > 0$ 是公共信息的,而企业 2 的边际成本是 $c_2 > 0$ 是私有信息,即只有企业 2 自己知道,令 c_2 有两个取值,$c_h = c + \varepsilon$ 和 $c_l = c - \varepsilon$,$(c_1、c、\varepsilon > 0)$;而企业 1 知道企业 2 的边际成本类型概率分别为 $P(c_2 = c_h) = \theta$,$P(c_2 = c_l) = 1 - \theta$,$\theta \in (0, 1)$。

在上述假设下,可得到企业 2 的边际成本期望为:$Ec_2 = \theta(c + \varepsilon) + (1 - \theta)(c - \varepsilon) = c + (2\theta - 1)\varepsilon$。我们假定相关系数满足下述条件:

$$(d + 2)[a + c - \beta(1 - d)] \geq 2\varepsilon \qquad (4-35)$$

为求得贝叶斯纳什均衡解,需先计算出双寡头企业的最优反应函数。先计算企业 2 的最优反应函数,即 $p_2(c_2)$ 应满足:$\max_{p_2} \pi_2 = (p_2 - c_2)q_2 + \beta(q_1 + q_2)$。

将需求函数代入,可得到企业 2 的期望边际利润:

$$\frac{\partial E\pi_2}{\partial p_2} = a + c_2 - \beta(1 - d) + dp_1 - 2p_2 \qquad (4-36)$$

令 $\frac{\partial E\pi_2}{\partial p_2} = 0$,企业 2 的最优反应为:

$$p_2(p_1; c_2) = \begin{cases} \dfrac{a + c_2 - \beta(1 - d) + dp_1}{2}, & p_1 \geq \dfrac{\beta(1 - d) - a - c_2}{d} \\ 0, & p_1 < \dfrac{\beta(1 - d) - a - c_2}{d} \end{cases} \quad c_2 = c_h, c_l$$

$$(4-37)$$

结合 c_2 的概率分布,因此企业 2 的价格期望为:

$$Ep_2 = \theta p_2(p_1;c_h) + (1-\theta)p_2(p_1;c_l) =$$
$$\begin{cases} 0, p_1 < \dfrac{\beta(1-d) - a - c_h}{d} \\ \dfrac{\theta[a + c - \beta(1-d) + \varepsilon + dp_1]}{2}, \dfrac{\beta(1-d) - a - c_h}{d} \leqslant p_1 < \dfrac{\beta(1-d) - a - c_l}{d} \\ \dfrac{a + c - \beta(1-d) + (2\theta - 1)\varepsilon + dp_1}{2}, p_1 \geqslant \dfrac{\beta(1-d) - a - c_l}{d} \end{cases}$$

(4-38)

接下来求企业1的最优反应,由于企业1仅知道企业2边际成本的概率分布,因此首先得获取企业1期望利润最大时的价格 p_1,即 p_1 要满足 $\max\limits_{p_1} E\pi_1 = E[(p_2 - c_2)q_2 + \beta(q_1 + q_2)]$,将需求函数代入,可得企业1的边际利润为:

$$\dfrac{\partial E\pi_1}{\partial p_1} = a + c - \beta(1-d) + dEp_2 - 2p_1 \qquad (4-39)$$

令 $\dfrac{\partial E\pi_1}{\partial p_1} = 0$,企业1的最优反应为:

$$p_1(Ep_2) = \begin{cases} a + c - \beta(1-d) + dEp_2 - 2p_1, Ep_2(c_2) \geqslant \dfrac{\beta(1-d) - a - c}{d} \\ 0, Ep_2(c_2) < \dfrac{\beta(1-d) - a - c}{d} \end{cases}$$

(4-40)

式(4-40)中 $Ep_2(c_2)$ 由式(4-38)给出。

假定两个企业均具备完全信息,贝叶斯纳什均衡可以通过以下两个步骤获得。步骤1:在按照条件等式(4-38)计算完企业2的最优期望价格后,企业1可以通过式(4-40)得到其最优价格 p_1。步骤2:企业2通过结合式(4-37)和式(4-40)可获取其最优价格 p_2。

通过上述推理,可以得到命题4.7和命题4.8,证明见附件A。

命题4.7:满足条件(4-35)时,企业2的最优价格期望值为 $Ep_2 = \dfrac{a + c - \beta(1-d) + (2\theta - 1)\varepsilon + dp_1}{2}$。

命题4.8:满足条件式(4-35)时,在完全理性和非对称信息的双寡头静态Bertrand博弈中,贝叶斯纳什均衡解为

$$p_1^* = \frac{(2+d)[a+c-\beta(1-d)] + (2\theta-1)d\varepsilon}{4-d^2} \tag{4-41}$$

$$p_2^*(c_2) = \begin{cases} \dfrac{(2+d)[a+c-\beta(1-d)] + (2+\theta d^2 - d^2)\varepsilon}{4-d^2}, & c_2 = c_h \\ \dfrac{(2+d)[a+c-\beta(1-d)] + (\theta d^2 - 2)\varepsilon}{4-d^2}, & c_2 = c_l \end{cases} \tag{4-42}$$

本小节提供了非对称信息下完全理性双寡头静态 Bertrand 博弈的贝叶斯纳什均衡，均衡价格已由式（4-41）式（4-42）给出。等式（4-41）表明，系数 a，c，θ，d 取值越大，企业 1 的均衡价格 p_1^* 越大（p_1^* 与 d 的相关性证明见附录 2B）；集群溢出 β 越大，均衡价格 p_1^* 越小；p_1^* 与 ε 的关系取决于企业 2 的高边际成本概率 θ，如果 θ > 1/2，均衡价格 p_1^* 与边际成本偏离度 ε 成正比，如果 θ < 1/2，两者成反比，如果 θ = 1/2，两者无关系。由等式（4-42）可知，系数 a，c，θ，d 取值越大，企业 2 的均衡价格 p_2^* 越大（p_2^* 与 d 的相关性证明见附录 2B）；集群溢出 β 越大，均衡价格 p_2^* 越小；p_2^* 与 ε 的关系取决于企业 2 边际成本类型，如果企业 2 属于高边际成本类型，即 $c_2 = c_h$，均衡价格 p_2^* 与边际成本偏离度 ε 正相关，如果企业 2 属于低边际成本类型，即 $c_2 = c_l$，均衡价格 p_2^* 与 ε 负相关。并且始终有 $p_2^*(c_h) = p_2^*(c_l) + \varepsilon$。

（3）非对称信息下有限理性双寡头动态 Bertrand 博弈均衡价格及其稳定性。

①非对称信息和相同价格调整机制（Adaptive）下的 Bertrand 博弈均衡。

两个企业在每一期 t 均采用 Adaptive 价格调整机制，即他们根据自己的价格和上一期的最优反应来调整下一期的价格。因此，非对称信息下采用 Adaptive 价格调整机制的双寡头 Bertrand 博弈的动力系统为

$$\begin{cases} p_1(t+1) = \alpha_1 p_1(t) + (1-\alpha_1)\dfrac{a+c-\beta(1-d)+d\theta p_{2h}(t)+d(1-\theta)p_{2l}(t)}{2} \\ p_{2h}(t+1) = \alpha_2 p_{2h}(t) + (1-\alpha_2)\dfrac{a+c_h-\beta(1-d)+dp_1(t)}{2} \\ p_{2l}(t+1) = \alpha_2 p_{2l}(t) + (1-\alpha_2)\dfrac{a+c_l-\beta(1-d)+dp_1(t)}{2} \end{cases}$$

$$(4-43)$$

其中 $\alpha_i \in (0,1)$,$i = 1,2$,是企业 i 的价格调整速度,$p_j(t)$ 是企业 $j(j=1,2)$ 在 t 期的价格,$p_{2h}(t)$ 和 $p_{2l}(t)$ 分别是企业 2 边际成本类型为高和低时在 t 期的价格。令 $p_i(t+1) = p_i(t)$,其中 $i=1,2h,2l$,通过计算容易得知,系统(4-43)的贝叶斯纳什均衡为 $(p_1^*, p_{2h}^*, p_{2l}^*)$,等式(4-41)、式(4-42)给出了均衡价格的具体值。进一步分析可得到下列命题。

命题 4.9:在企业均采用 Adaptive 价格调整机制的前提下,动态系统(4-43)的贝叶斯纳什均衡始终是全局渐近稳定的。

命题 4.9 的证明见附录 2A。命题 4.9 表明在参与人采用相同调整机制的假设下,存在稳定的贝叶斯纳什均衡,这与现有文献大多认为只有在参数满足一定的条件下纳什均衡才渐近稳定的研究结论是不同的。

②非对称信息和不同调整机制(Adaptive 和 GD)下的 Bertrand 博弈均衡。

假定企业 2 仍然采用 Adaptive 机制,企业 1 则采用 GD 机制,即企业 1 根据边际利润决定其价格。因此三维差分系统为:

$$\begin{cases} p_1(t+1) = p_1(t) + vp_1(t)[a + c - \beta(1-d) + d\theta p_{2h}(t) + d(1-\theta)p_{2l}(t) - 2p_1(t)] \\ p_{2h}(t+1) = \alpha p_{2h}(t) + (1-\alpha)\dfrac{a + c_h - \beta(1-d) + dp_1(t)}{2} \\ p_{2l}(t+1) = \alpha p_{2l}(t) + (1-\alpha)\dfrac{a + c_l - \beta(1-d) + dp_1(t)}{2} \end{cases}$$

(4-44)

其中 $v \in (0,1)$ 代表企业 2 的价格调整速度。

为了进一步分析非线性差分系统式(4-44)的定性行为,令 $p_i(t+1) = p_i(t)$,其中 $i=1,2h,2l$,通过计算容易得知,系统(4-44)有两个均衡点:$E_1(0, \dfrac{a+c_h-\beta(1-d)}{2}, \dfrac{a+c_l-\beta(1-d)}{2})$,$E_2(p_1^*, p_{2h}^*, p_{2l}^*)$。平衡点 E_2 的具体值已由等式(4-41)、式(4-42)给出。

分析两个均衡点的稳定性,先求出系统式(4-44)在任意一点 (p_1, p_{2h}, p_{2l}) 的雅可比矩阵:

$$J = \begin{bmatrix} 1 + v[a + c - \beta(1-d) + d\theta p_{2h}(t) + d(1-\theta)p_{2l}(t) - 4p_1(t)] & \theta dvp_1(t) & (1-\theta)dvp_1(t) \\ \dfrac{d(1-\alpha)}{2} & \alpha & 0 \\ \dfrac{d(1-\alpha)}{2} & 0 & \alpha \end{bmatrix}$$

第4章 集群企业合作困境成因及机理

命题4.10：在企业1采用GD机制，企业2采用Adaptive机制的前提下，E_1是鞍点。

证明：边界均衡点E_1的雅可比矩阵为

$$J(E_1) = \begin{bmatrix} 1+v\dfrac{3a+3c-3\beta(1-d)+(2\theta-1)\varepsilon}{2} & 0 & 0 \\ \dfrac{d(1-\alpha)}{2} & \alpha & 0 \\ \dfrac{d(1-\alpha)}{2} & 0 & \alpha \end{bmatrix}$$

特征根是对角线元素，即三个特征根分别为$\lambda_1 = 1+v\dfrac{3a+3c-3\beta(1-d)+(2\theta-1)\varepsilon}{2}$，$\lambda_2 = \lambda_3 = \alpha$，显然有$\lambda_2 = \lambda_3 < 1$，以及满足条件（4-35）时$\lambda_1 > 1$，即证。

命题4.11：在企业1采用GD机制，企业2采用Adaptive机制的前提下，当$4(1+\alpha) - [4(1+\alpha) + (1-\alpha)d^2]vp_1^* > 0$时，$E_2$局部渐近稳定。

证明见附录A。命题4.11同时给出了稳定区域：$S = \{4(1+\alpha) - [4(1+\alpha) + (1-\alpha)d^2]vp_1^* > 0\}$，当参数满足S时，均衡点$E_2$将会逐渐趋于稳定，否则会发生混沌，这将在数值仿真章节得到验证。

令$W = 4(1+\alpha) - [4(1+\alpha) + (1-\alpha)d^2]vp_1^*$，并结合（4-41）式，可得到

$$S = \left\{ W = 4(1+\alpha) - v[4(1+\alpha) + (1-\alpha)d^2]\dfrac{(2+d)[a+c-\beta(1-d)] + (2\theta-1)d\varepsilon}{4-d^2} > 0 \right\}$$

(4-45)

为了进一步分析稳定区域S的性质，我们对函数W对相关参数求导，得到命题4.12。贝叶斯纳什均衡的稳定性与参数d之间的相关性证明见附录2B。

命题4.12：在企业1采用GD机制，企业2采用Adaptive机制的前提下，贝叶斯纳什均衡的稳定性随着α和β增大而增大，随着a，c，v，d，θ的增大而减少。均衡稳定性与ε的关系取决于θ的取值，如果$\theta < 1/2$，均衡的稳定性与ε正相关，如果$\theta > 1/2$，两者负相关，如果$\theta = 1/2$，两者无相关性。

本节从理论上研究了两家企业寡头采用相同或不同价格调整机制时贝叶斯纳什均衡的稳定性和存在条件,并得到了一些有意义的发现,如命题 4.9 – 4.12 所示。

(4) 数值模拟。

本节的主要目的是展示非对称信息下双寡头 Bertrand 动态博弈的复杂行为,并展示系统式(4 – 43)、式(4 – 44)在不同的模型参数值下的演化轨迹。为了数值论证分岔和混沌运动的存在,我们提出了各种数值模拟工具,包括分岔图、奇异吸引子、李亚普诺夫指数、初始条件敏感依赖图等。

图 4 – 21 给出了系统式(4 – 43)关于参数 α_1、α_2、d、β、θ、ε 的贝叶斯纳什均衡。可以看到均衡价格(p_1^*,p_{2h}^*,p_{2l}^*)总是渐近稳定,不会陷入分岔或混沌,验证了命题 3。均衡价格与企业的价格调整速度 α_1、α_2 无关;与产品替代率 d、企业 2 的高边际成本的概率 θ 正相关,与溢出系数 β 负相关,如图 4 – 21(c)(d)(e)所示。现实中,当商品之间的可替代性增加时,公司不得不提高价格来抵消损失。当企业 2 高边际成本概率较大时,企业会提高价格以获得最大利润,企业 1 的价格增长幅度会高于企业 2,可从等式(4 – 41)和式(4 – 42)验证。如果集群企业之间存在较强的学习、沟通和共享氛围,那么溢出效应将大大降低产品成本,企业将通过降低价格获得最大的利益。此外,对于企业 2 来说,均衡价格与边际成本差距 ε 的相关性取决于其私有类型,当 $c_2 = c_h$ 时,均衡价格随边际成本差距 ε 增大而增大,当 $c_2 = c_l$ 时均衡价格随 ε 增大而减小,如图 4 – 21(f)所示。对于企业 1 来说,均衡价格和边际成本差距 ε 之间的关系取决于企业 2 高边际成本的概率 θ,$\theta > 1/2$ 时,两者正相关,$\theta < 1/2$ 时,两者负相关,如图 4 – 21(f)所示。

下面将模拟系统式(4 – 44)在参数 α、v、c、d、β、θ、ε 下的演化轨迹。

图 4 – 22 为系统式(4 – 44)相关于 α 的分岔图,其他参数取值为(a,c,d,v,θ,β,ε) = (10, 2, 0.2, 0.151, 0.4, 0.2, 0.5)。随着 α 的增加,系统由分岔开始逐渐趋于稳定,并在 $\alpha \geq 0.138$ 时纳什均衡点进入稳定状态,此时均衡价格为(6.57, 6.83, 6.33)。

第 4 章 集群企业合作困境成因及机理

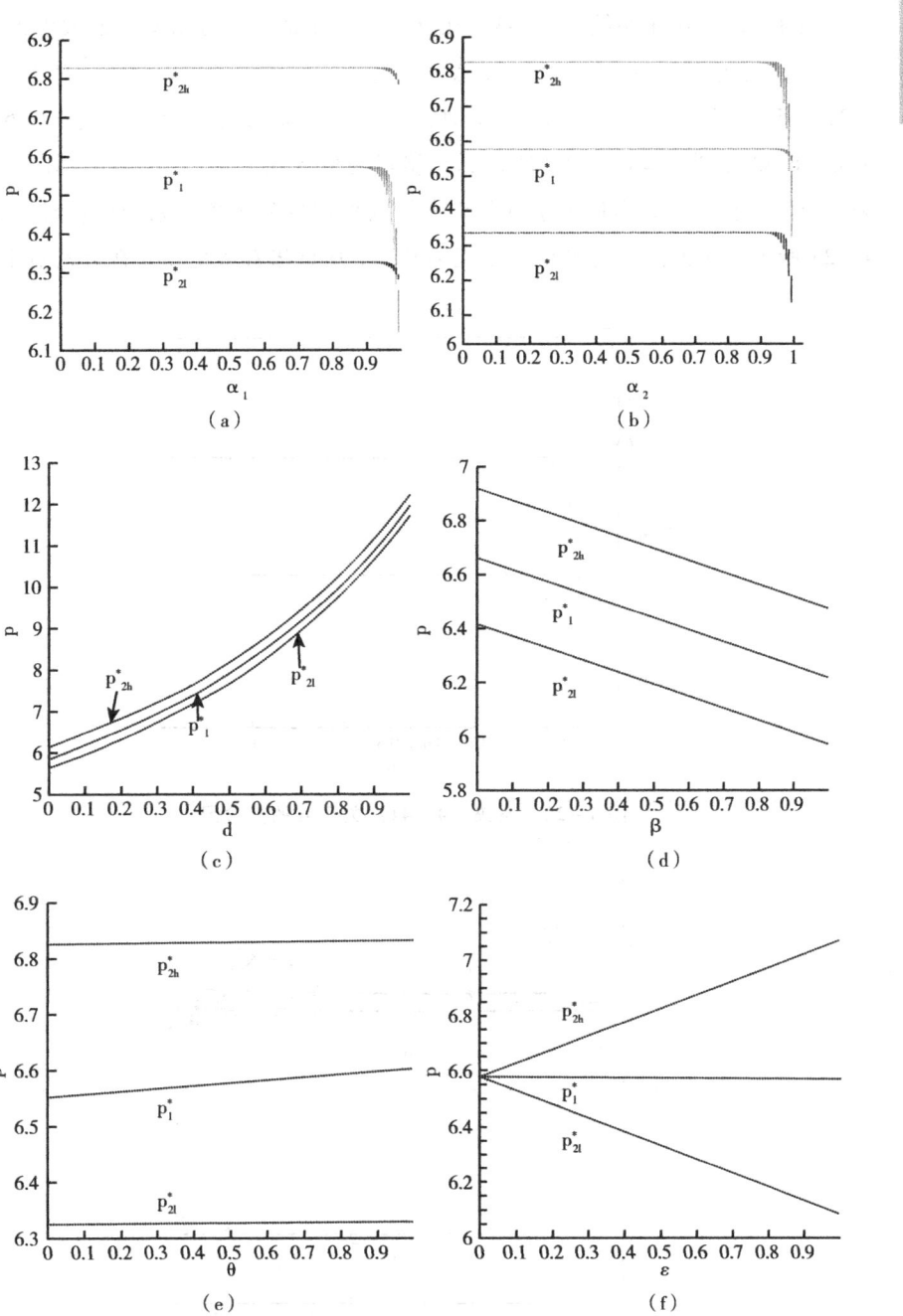

图 4-21 系统式 (4-43) 关于参数 α_1、α_2、d、β、θ、ε 的演化轨迹

图 4-23 给出了系统 (4-44) 在 (v-q) 平面上的分岔图及最大李雅普诺夫指数，其他参数为 (a, c, d, α, θ, β, ε) = (10, 2, 0.2, 0.2, 0.4, 0.2, 0.5)。可知，当 0 < v < 0.151 时，双寡头企业的均衡价格稳定在 (6.57, 6.83, 6.33)，当 v = v* = 0.151 时，价格经历倍周期分岔，并 v > 0.151 时最终陷入混沌。我们计算出最大李雅普诺夫指数来定量分析离散系统的特性，如图 4-23 所示，正值意味着价格处于混沌状态，0 意味着系统正处在分岔点上。

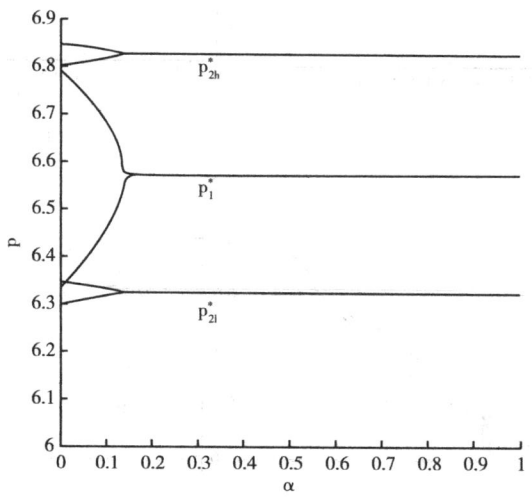

图 4-22 系统 (4-44) 关于 α 的分岔图

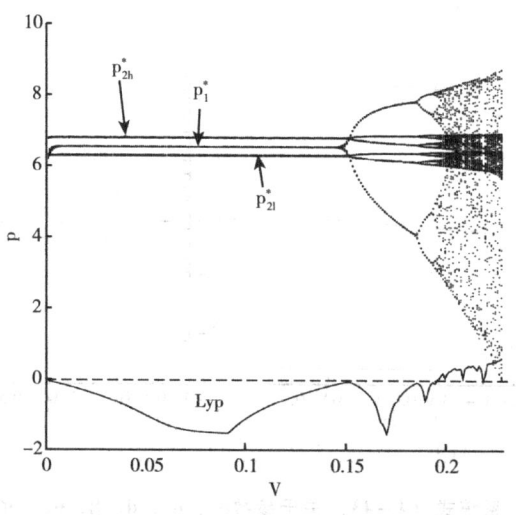

图 4-23 系统 (4-44) 关于 v 的分岔图

图 4-24 和图 4-25 分别为系统式（4-44）关于 c、d 的分岔图，其余参数取值分别为（a, d, α, v, θ, β, ε）=（10, 0.2, 0.2, 0.16, 0.4, 0.2, 0.5）和（a, c, α, v, θ, β, ε）=（10, 2, 0.2, 0.153, 0.4, 0.2, 0.5）。由图可知，价格在 $0<c<1.345$ 和 $0<d<0.181$ 时处于稳定状态，当 c 和 d 逐渐变大，价格逐渐经历 2 周期分岔、多周期分岔，最终出现混沌，最大李雅普诺夫指数在在途中进一步验证了价格演化轨迹。

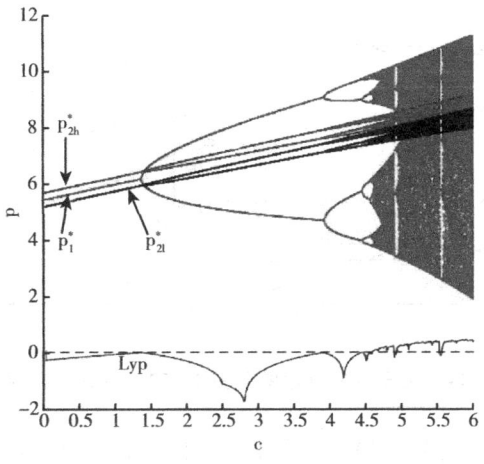

图 4-24　系统（4-44）关于 c 的分岔图

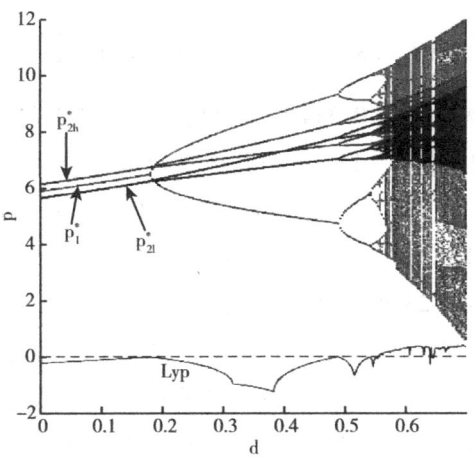

图 4-25　系统（4-44）关于 d 的分岔图

令图4-26 (a, c, d, α, v, β, ε) = (10, 2, 0.2, 0.2, 0.153, 0.2, 0.5), 图4-27 (a, c, d, α, v, θ, ε) = (10, 2, 0.2, 0.2, 0.151, 0.4, 0.5), 分别得到系统式 (4-44) 关于 θ 和 β 的分岔图。企业价格在 $0 < \theta < 0.259$ 时处于稳定状态 (6.57, 6.83, 6.33); 而在图4-27中, 当 β 不断增大并达到0.187时, 价格离散系统由分差转台逐步趋于稳定。

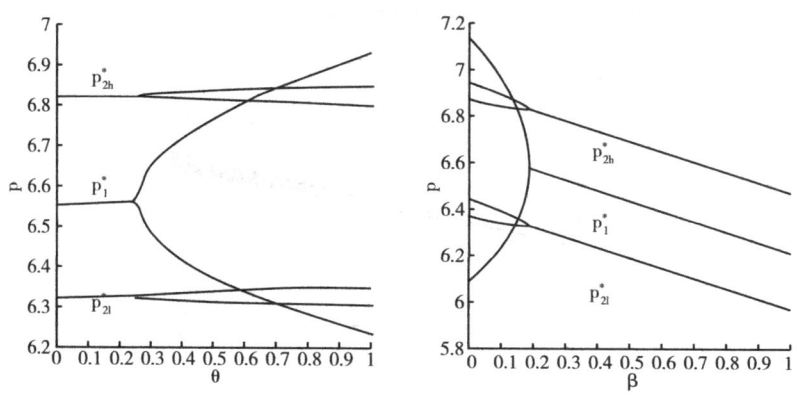

图4-26　系统 (4-44) 关于 θ 的分岔图　　图4-27　系统 (4-44) 关于 β 的分岔图

图4-28为系统 (4-44) 在不同条件下关于 ε 的演化轨迹。当企业2的高边际成本概率 $\theta > \frac{1}{2}$ 时, 价格系统最开始处于稳定状态, 并在 $\varepsilon \geq 0.519$ 后进入分岔和混沌, 如图4-28 (a) 所示。当概率 $\theta < \frac{1}{2}$, 得到了价格系统的相反轨迹, 即当 ε 增大并到达0.344后, 价格从分岔状态趋于稳定, 如图4-28 (b) 所示。图4-28 (a) (b) 中的其他参数取值分别为 (a, c, d, α, v, θ, β) = (10, 2, 0.2, 0.2, 0.1509, 0.6, 0.2) 和 (a, c, d, α, v, θ, ε) = (10, 2, 0.2, 0.2, 0.1511, 0.4, 0.2)。

图4-22至图4-28模拟了在固定其他参数的情况下, 系统 (4-44) 关于命题4.11中的某个参数的稳定区域, 并验证了命题4.12。由图4-22和图4-27可知, 企业2价格调整速度或集群溢出越大越有利于价格市场的稳定。即在企业的长期生产实践中, 边际成本类型未知的企业如果更多地考虑前一期的价格, 将更有利于价格市场的稳定。同时, 集群企业之间的溢出效应越显著, 或者知识交流和学习交流的氛围越强, 越有利于企业成本的降低和价格的稳定。由图4-23至图4-26可知, 企业1的价格调整速度v、

企业成本 c、产品替代 d 或高边际成本的概率 θ 越高,寡头企业的价格就越不稳定。产品成本透明的企业考虑上一期边际利润越多,就越有可能因另一家未知成本类型企业而引起价格波动,当成本较高时,企业不得不提高价格以获得利润。但是,当成本过高时,产品的价格就会越来越难以预测,陷入混乱,价格可能很高也可能很低,如现实中的食品价格暴涨暴跌等事件。产品之间的可替代性越高,市场需求越不可预测,导致价格不稳定。对于边际成本不透明的企业,当其高边际成本的概率增加时,也会导致市场失序。

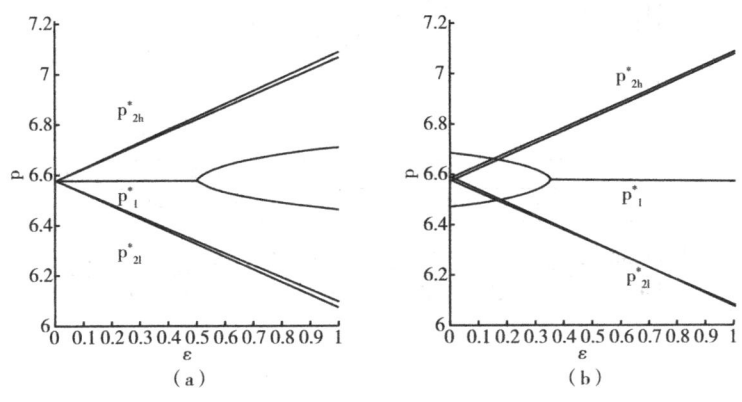

图 4-28 不同条件下系统 (4-44) 关于 ε 的分岔图。(a) θ>1/2;(b) θ<1/2。

奇异吸引子是分析动态系统混沌特性的重要工具,它反映了混沌行为的复杂性和内在规律性,在它的帮助下,可以预测短期内的价格。图 4-29 显示了参数取值为 (a, c, d, α, v, θ, β, ε) = (10, 2, 0.68, 0.2, 0.153, 0.4, 0.2, 0.5) 下价格离散系统 (4-44) 的奇异吸引子。

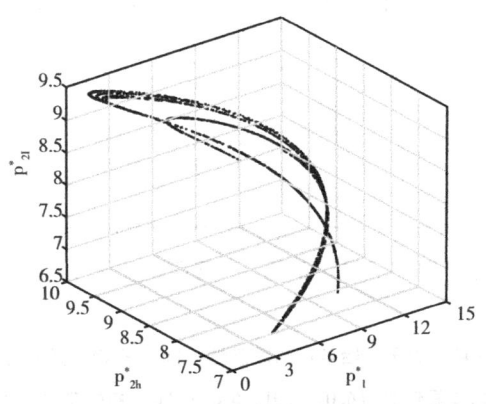

图 4-29 v=0.153 时系统 (4-44) 的奇异吸引子

混沌离散系统最重要的特性之一是对初始条件的敏感性,我们在图 4-30 中模拟这种行为。由图可知,当离散系统处于混沌状态,初始价格 p_1、p_{2h}、p_{2l} 的微小变化,会随着迭代次数的增加形成巨大的差异。其他参数为 (a, c, d, α, v, θ, β, ε) = (10, 2, 0.68, 0.2, 0.153, 0.4, 0.2, 0.5),初始价格为 [$p_1(0)$, $p_{2h}(0)$, $p_{2l}(0)$] = (6.0, 6.0, 6.0)。

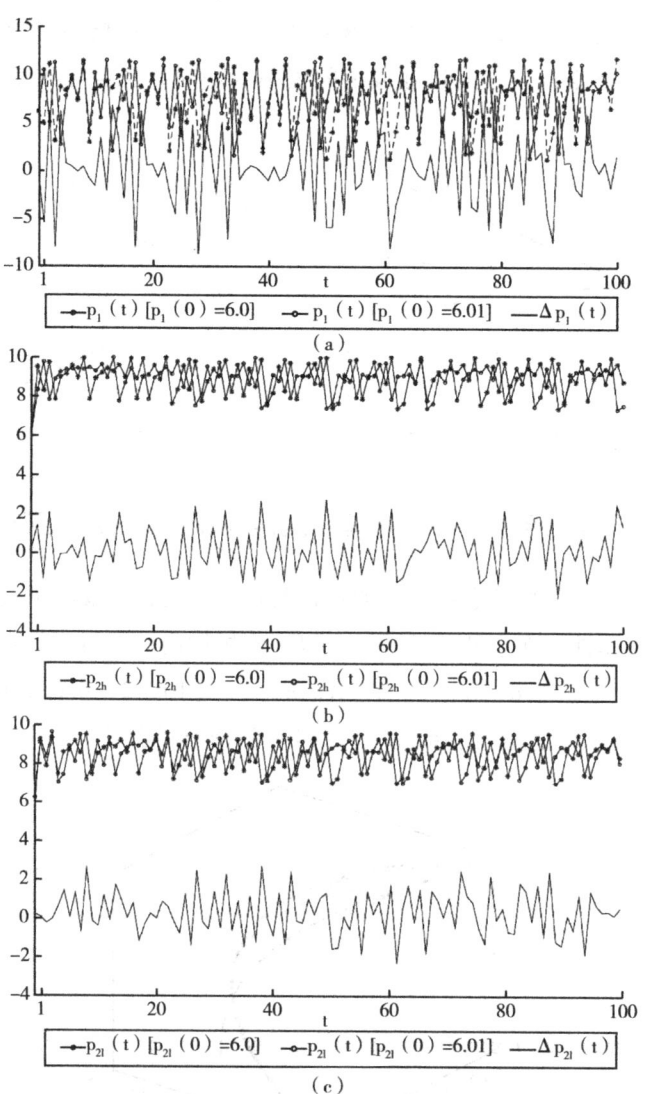

图 4-30 系统(4-44)对于初始条件的敏感性。(a) 初始差异值为 (6.01, 6.0, 6.0);
(b) 初始差异值为 (6.0, 6.01, 6.0); (c) 初始差异值为 (6.0, 6.0, 6.01)

(5) 混沌控制。

由上述理论分析和数值模拟可知，价格调整速度、产品替代率、集群溢出、高边际成本概率等很多因素可能使价格偏离平衡，甚至陷入混乱。由于市场中价格紊乱是意料之外的，甚至是有害的，所以应该采用混沌控制方法来消除其不利影响，使市场摆脱分岔或混沌，回到均衡稳定状态。查新获知，参数变化和反馈是控制混沌的两种有效方法（Elsadany & Awad，2016；Du et al.，2009；Ding et al.，2012；Bai & Gao，2016；Tesoriere，2006；D'Aspremont & Jacquemin，1988；Ott et al.，1990；Kaas，1998；Agiza，1999；Hołyst & Urbanowicz，2012；Amer，2015），从最早的 OGY 方法（Ott et al.，1990；Kaas，1998；Agiza，1999）到改进的线性镇定法（Du et al.，2009）、自适应控制（Ding et al.，2012）、时滞反馈方法（Hołyst & Urbanowicz，2012）以及最近的状态变量反馈和参数变化控制法（Luo et al.，2003；Peng et al.，2019；Pu & Ma，2013）。本小节将采用最新的状态变量反馈和参数变化策略来控制混沌。因此系统式（4-44）变为：

$$\begin{cases} p_1(t+1) = (1-k)\{p_1(t) + vp_1(t)[a+c-\beta(1-d)+d\theta p_{2h}(t)+d(1-\theta)p_{2l}(t)-2p_1(t)]\} + kp_1(t) \\ p_{2h}(t+1) = (1-k)\left\{\alpha p_{2h}(t) + (1-\alpha)\frac{a+c_h-\beta(1-d)+dp_1(t)}{2}\right\} + kp_{2h}(t) \\ p_{2l}(t+1) = (1-k)\left\{\alpha p_{2l}(t) + (1-\alpha)\frac{a+c_l-\beta(1-d)+dp_1(t)}{2}\right\} + kp_{2l}(t) \end{cases}$$

(4-46)

其中 $k>0$ 是控制因子。

图 4-29 给出了系统式（4-44）的奇异吸引子，表示价格处于紊乱状态。保持其他参数取值与图 4-29 一样，我们在系统式（4-44）加入控制因子 k 后，复杂状态会逐渐趋于稳定。图 4-31 模拟了系统式（4-46）关于控制因子 k 的分岔图和最大李雅普诺夫指数，发现价格系统经历了混沌、分岔，并最终在 $k>0.307$ 时保持在稳定状态。图 4-32 给出了 $k=0.4$ 时的均衡价格。

在实践中，正如理论分析所示，我们可以通过改变参数来维持产品价格的稳定。例如，提高透明成本企业的价格调整速度，减缓不透明成本企业的价格调整速度，降低企业的成本，增加产品差异（即减少产品替代），降低企业成本的不透明性，营造集群溢出的良好氛围等。如系统式（4-46）所述，并在

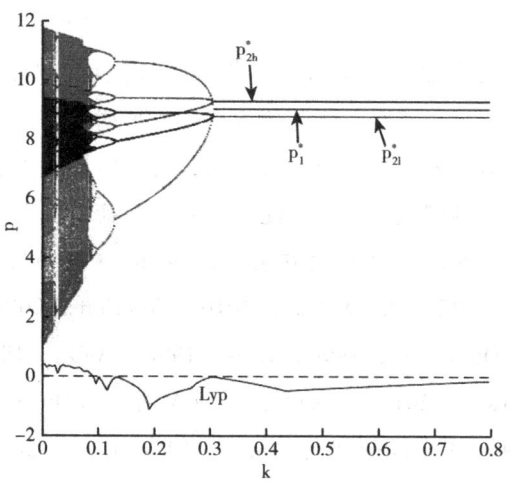

图4-31 系统(4-46)关于k的分岔图

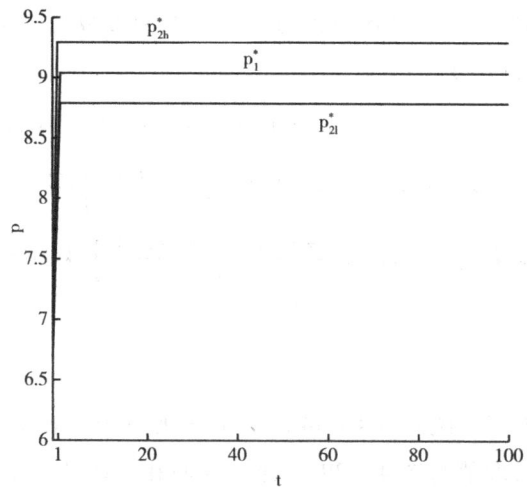

图4-32 k=0.4时系统(4-46)时序图

图4-31和图4-32中得以验证,另一种使市场摆脱混乱的方法是,企业下一期的价格调整应该更多地考虑其自身上一期的价格。

(6)小结及建议。

在存在溢出的集群内,信息不对称对完全理性和有限理性的企业集群的稳定均衡具有重要影响。完全理性情况下,具有私有信息的集群企业的均衡价格与集群溢出负相关,与产品替代率和高边际成本的概率正相关。有限理性情况下，当有限理性双寡头采用不同价格调整策略时，纳什均衡价格只有在满足一定条件时趋于局部稳定，进一步发现，产品替代率或具有私有信息的企业高边际成本的概率越大，价格越可能偏离平衡，导致分叉甚至混乱；而高集群溢出有利于市场价格的稳定。本节的研究进一步明晰了信息不对称对有限理性集群竞争博弈紊乱的运行机理，集群企业或集群管理者可以通过增加信息透明度、增加信息不对称下的产品差异、降低边际成本等措施来稳定产品市场，防止陷入价格紊乱；若产品市场陷入紊乱了，可以将价格尽量参照上期的价格来摆脱混乱，实现市场稳定。

4.5 基于政府或行业协会不作为的集群企业合作困境的形成机理

关于政府在企业集群发展中的作用在理论界主要形成了三种学说：制度供给说（波特，2003；傅京燕，2003）、环境塑造说（仇保兴，1999；鞠晓峰、张帅，2001）、"企业集群代表"说（王珺，2002）。制度供给说认为，制度供给主体是政府在企业集群发展中扮演的一个基本角色，政府通过制定企业集群的相关政策引导企业空间集聚，减免税收、提供公共产品支持等办法强化企业集群的发展与升级。环境塑造说认为，政府不仅能够指导集群企业克服机会主义行为倾向，培育适合企业集群生存和发展的信任环境，而且可以通过打破行业垄断促进专业化分工，塑造合理有序的集群竞争环境。"企业集群代表"说认为，政府通过扮演"企业集群代表"的角色为企业集群的发展引入技术、资源等创新资源，并且在谈判能力和公信力方面比一般企业更具优势。

外部性、信息不对称等所带来的难题导致了市场失灵，然而政府的干预不是万能的，干预不足或过度都可能导致事与愿违的问题和结果，在力图弥补市场失灵带来的损失时，其本身陷入了政府失灵，不可避免地导致了经济效率和社会福利的损失。在作为区域经济实力代表的企业集群普遍存在的今天，政府对企业集群的作用更多地体现在宏观方面，比如集群产业政策的规划和指导，公共产品和公共服务的提供，公平有序的集群环境氛围的倡导等，然而面对介于私人物品和纯公共品之间的具有俱乐部性质的准公共品，政府的作用受到限制，这时便需要一种能够充当企业与政府之间桥梁和纽带作用的新型经济组织，它能综合性地解决市场失灵和政府失灵问题，行业协会便应运而生。集群内企业相互之间既充满着激烈的竞争，同时又呈现出大量的合作关系，这也是行业协会产生的重要原因。在政府对集群企业间产品价格恶性无序竞争或合作研发技术泄露等市场失灵行为管制无果后，作为低成本或无成本费用的第三方治理机构——行业协会的出现便成必然，它能够尽可能地降低交易成本，达成均衡结果，却又不失公平公正性。

集群行业协会是指集群内同行企业自发或在相关部门引导下自愿结成的非营利性组织，该组织谋求的是行业的整体利益以及所有成员的共同利益。集群行业协会主要分为两种：一种是由集群内同行自愿参与、企业自发成立的民办行业协会；另一种则是在政府委托或授权下，由原来的政府行业主管部门组建的，承担部门行业管理职能的官办行业协会。前者主要存在于比较成熟的有一定规模的企业集群，而后者则大多存在于企业集群发展初期。

政府与行业协会在企业集群的发展中是互为辅助的，政府主要对企业集群进行宏观指导和扶助，行业协会虽然功能独立于政府，但是在合法性和资源获取等方面却又依赖于政府，行业协会因其特有的技术资源优势对行业的发展和市场的趋势了解的比政府更为全面。因此在行业标准制定、行业信息传递等方面更为有效，还可以通过协调企业集体行动游说政府改变融资、税收、补贴、工作安全等方面的法规政策或不当管制措施，而政府除了宏观上的规划和指导外，其特有的公信力能够充当企业集群对外事务的发言人。

正是因为政府以及行业协会在企业集群发展的重要作用，因此两者对搭便车、技术泄露等机会主义行为的治理对集群企业合作显得尤为重要，图4-33显示了政府及行业协会对机会主义行为的不作为所导致的集群企业合作困境。

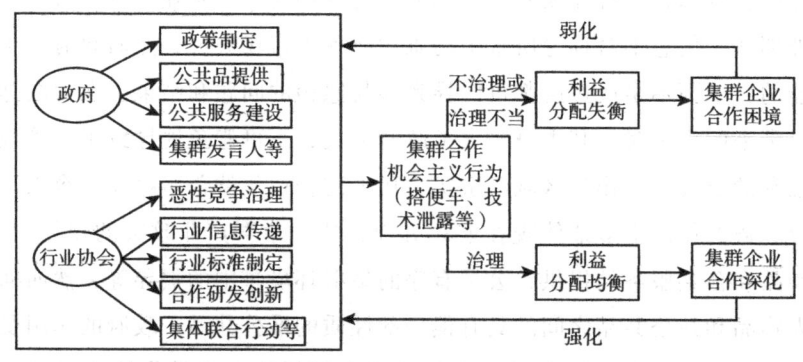

图4-33 政府或行业协会的不作为之于集群企业合作困境的形成机理

政府通过制定集群宏观政策，在完善基础服务设施及提供公共品等方面为集群吸引企业入驻打下坚实的硬件基础。同时在政策上引导研究院所、金融以及咨询等服务机构进入；行业协会对内协调同行企业行为，避免恶性无序竞争，在行业标准制定、科研创新、价格制定等方面满足集群整体利益，对外采取集体联合行动，比如对政府在税收、融资、补贴等方面制定的不当法规政策进行游说，统一应对集群外部事务，比如反倾销诉讼等。当集群企业合作中出现搭便车等机会主义行为时，政府或行业协会应及时制定相关措施，否则会引发利益冲突，导致合作困境，进而弱化政府或行业协会的作用。

4.6 基于社会网络根植性的集群企业合作困境的形成机理

企业集群不仅是一个经济系统，也是一个社会系统，其经济行为根植于当地的社会网络中，集群企业通过扎根于当地的社会关系、制度结构和文化土壤中，能够构建起以信任和承诺为基础的社会网络，加强企业间的相互联系和长期交往，增强企业的核心能力和集群的竞争力。前文已对企业集群社会网络以及企业集群根植性的概念和内涵进行了简要阐述，作为企业集群社会网络的一个根本特征，企业集群社会网络的根植性是指集群企业的经济行为深深嵌入到当地的社会关系、制度结构和文化土壤之中。

企业集群社会网络根植性（鲁开垠，2006）可分为文化根植性、产业根植性、社会资本根植性以及集群模式根植性。文化是由一系列自发生成的习俗、可编码的规则和制度以及惯例组成的，它是一个积累过程，也是一个传播过程。文化根植性是指企业集群受当地文化网络影响，形成了带有自身特设的企业家精神以及统一的价值取向和行为规范，企业家以个人社会关系为基础通过构建企业社会网络来发挥集群竞争优势，形成默契的行为规范有利于调节矛盾纷争、防止恶性竞争以及交易方式的高效化，集群相近的价值取向能够形成强劲的向心力，维持集群组织的稳定（陈道齐、项高标，2010）。产业根植性是指集群企业对集群内专业化分工与有效合作、良好竞争环境以及完善的中介服务等所形成的产业氛围的依赖，它能够促进集群企业间的分工协作以及积极向上的竞争氛围。社会资本根植性是指集群企业对行为主体间的社会关系网络以及集群企业交往中产生的信任、合作规范、集群文化等社会性资源的依赖，它能够促进各种正式和非正式网络关系的形成。集群模式的根植性是指企业集群根据自身特点选择合适的发展模式,我国经典的企业集群发展模式有浙江的"块状经济"温州模式、北京的"混合型"(高新技术)中关村模式,广东的"专业镇"珠江三角洲模式以及河北的传统清河模式。

企业集群社会网络根植性水平反映了集群经济活动嵌入到当地社会环境的程度,从零嵌入到弱嵌入再到强嵌入,其实质区别在于企业经济行为受社会因素的影响程度。零嵌入强调经纪人的完全理性,否认正式非正式关系、制度对经济行为的影响,弱嵌入和强嵌入都注重这种影响,只不过程度不同而已。适度的根植性有利于培育集群的竞争力。此时,在信任的社会网络中企业有强烈的合作愿望,基于共同利益企业会采取集体行动,以求达到共担风险、降低交易成本和减少机会主义行为的目的,同时企业不仅仅考虑经济利益,更多的情感和关系成分也嵌入到经济交往中;如果根植性太弱,群内企业更倾向于与群外的企业、机构进行联系,与本地的企业联系过少,造成对外部资源的严重依赖,失去了企业集聚的初衷,企业最终会离开集群,地方集群也将演变为"空洞集群";如果根植性过强,集群内企业交往更多的依赖已有的社会关系,经济活动也更具有可靠性和可预见性,造成路径依赖和技术锁定,这虽然降低了风险和交易成本,但是集群企业与群外企业、机构的知识信息交流和资源交换过少,会导致集群企业对市场需求变化和技术变化缺乏足够了解,降低了企业知识、技术产生根本性创新的概率,不利于集群竞争优势的长久保持。图4-34显示了企业集群社会网络根植性之于集群企业合作困境的形成机理。

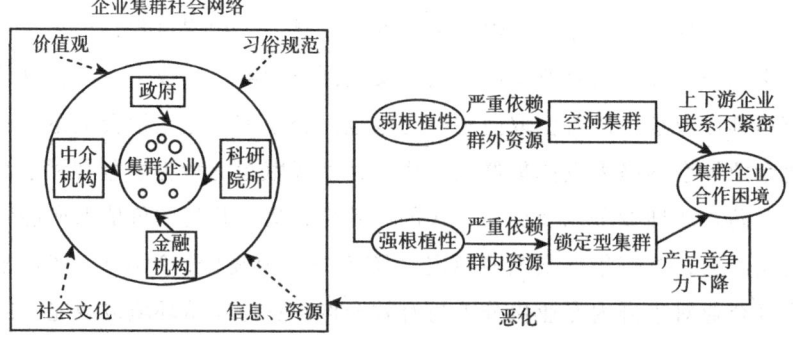

图4-34 社会网络根植性之于集群企业合作困境的形成机理

从图4-34可知,企业集群社会网络的第一层是由集群企业之间的竞争和合作构成的，它是核心网络；第二层是由科研院所、政府、中介机构（行业协会等）以及金融机构等行为主体构成，可称为辅助网络；第三层是集群企业与当地环境的互动，更多的是知识信息的非正式传递。倘若企业集群社会网络根植性太弱，会导致群内企业过于依赖外部资源，与群内企业、机构联系过少，形成空洞集群，同质企业以及产业链上下游企业间的合作联系不够紧密，形成合作困境；而根植性太强又会导致群内企业过于依赖内部关系，与群外企业、机构交往过少，造成技术锁定，形成合作困境，长远角度来看会降低了集群产品的市场竞争力，不利于集群的长远发展，而合作困境的形成会进一步恶化集群社会网络。

第5章

集群企业合作困境治理机制

前面章节对集群内企业间合作面临的困境及其成因和机理进行了简要的分析,针对前述困境,集群管理机构、集群内企业以及当地政府应当如何解决呢?面对知识技术过度溢出、无成本的搭便车、信息不对称等造成的机会主义行为,企业可以对其进行惩罚,然而在直接互惠的企业合作中有成本的惩罚会减少企业集群的整体福利。因此,基于声誉的间接互惠型合作越来越引起研究学者及集群管理机构的注意,企业合作中知识技术的适度溢出能够提高企业利润,同时也有利于防止机会主义行为的出现,政府对机会主义行为的监管也将有利于公平、竞争有序的集群环境的良性发展。针对第4章的集群企业合作困境形成机理分析,本章将从政府或行业协会的惩罚机制、不完全信息下基于声誉的间接互惠机制以及知识外溢对合作困境进行治理。而之后的第6章将从具体的措施来提升集群企业合作,摆脱集群企业合作困境。

5.1 集群企业的协会性治理

5.1.1 无惩罚机制下的合作困境

假设在企业集群中有一项目,有 n 个同质企业参与,比如公共品的建设。将在企业合作中搭便车、不付出成本的企业称之为"背叛企业",对背叛企业进行惩罚会使背叛企业损失一定的利益,同时进行惩罚的企业也要承担惩罚成本。当所有企业完成该项目可获得 R 的收益,要付出的成本为 c。随着背叛企业数量 i 的增加,由于集群中企业之间的集体效率的降低,完成项目的总成本也会增加，令 $c' = c + ai$，系数 a 表示每增加一个背叛企业，引起总成本增加 a，因 $R \geq c'$，所以 $i \leq \min\{[\frac{R-c}{a}], n-1\}$。

如果所有企业都努力合作，则每个企业可获得 $\frac{R-c}{n}$ 的利润，而在无惩罚机制下，假设有 i 个企业背叛，则这 i 个背叛企业承担的成本为 0，而 n-i 个合作企业各自需要承担的成本为 $\frac{c'}{n-i}$，相应的每个背叛企业与合作企业的利润分别为 $\frac{R}{n}$、$\frac{R}{n} - \frac{c'}{n-i}$，在表 5-1 中可以一目了然。从表中可知，在无惩罚机制的情况下，集群中的企业最终都会选择背叛，从而使自己的利润最大化。背叛企业所获得的利润始终要大于合作企业的利润，但最终的稳定策略（背叛，背叛）不可能使项目完成，所有企业的利润为 0。

表 5-1　　　　　　　　　　无惩罚机制下企业支付矩阵

其他 n-1 个企业	合作数量	n-1	n-2	…	n-i	…	n-i'	n-i'-1	…
	背叛数量	0	1	…	i	…	$i' = \min\{[\frac{R-c}{a}], n-1\}$	i'+1	…
某个企业	合作	$\frac{R-c}{n}$	$\frac{R}{n} - \frac{c+a}{n-1}$	…	$\frac{R}{n} - \frac{c+ai}{n-i}$	…	$\frac{R}{n} - \frac{c+ai'}{n-i'}$	0	…
	背叛	$\frac{R}{n}$	$\frac{R}{n}$	…	$\frac{R}{n}$	…	$\frac{R}{n}$	0	…

现实中，由于无惩罚机制导致的企业合作失败比比皆是，有一次性的"囚徒困境"式合作，也有因"搭便车"行为引致的"公共品悲剧"合作，究其根源都是对合作中出现的机会主义行为没有采取有效的措施，惩罚便是其中的一种重要机制（Milinski et al., 2002; Rockenbach & Milinski, 2006），集群内相关产业的行业协会可以成为重要的实施惩罚主体。

5.1.2　协会惩罚机制下的重复合作博弈

从表 5-1 中可以看出无惩罚机制下，集群企业都将选择背叛，而相关研究表明，参与经济活动的成员具有公平偏好性（Fehr & Schmidt，1999；Bolton & Ockenfels，2000；Rabin，2002；Segal & Sobel，2007），因此合作企业会对背叛企业实行惩罚，以防背叛行为的再次发生。企业之间的重复博弈在一定程度上能够支持合作，例如直接互惠（direct reciprocity），它是指固定的双方或多方有着长期的交往，因而双方会考虑现在的行为对将来合作的影响，囚徒困境（prisoners' dilement）就是直接互惠的典型模型。但是，非亲缘性的利他性的合作（non-relative altruistic cooperation）只稳定地存在于小群体中，当群体成员超过一定数量时，合作就难以维持（Rothschild，2009），很多文献都提到了利他性惩罚（altruistic punishment）对群体成员合作的稳定和发展的重要作用（Fehr & Gächter，2002；Boyd et al.，2003；Bowles & Gintis，2004；Nakamaru & Iwasa，2005；Fowler，2005；Nakamaru M，Iwasa，2006）。大量证据也表明，很多人愿意自己承担成本去惩罚非合作者，甚至在一次性交往时也是如此（Fehr & Gächter，2002；Nakamaru M，Iwasa，2006），尽管有时候惩罚成本很高，不能得到预期补偿，但强互惠成员仍然不惜花费个人成本去惩罚那些破坏群体规范的人（Gintis，2000；Bowles & Gintis，2004；韦倩，2010）。因而惩罚已经成为遏止企业合作中机会主义行为出现的重要手段。

对于大多数企业，由于与其他企业进行合作研发能够为双方提供有价值的技术知识补充，增强各自技术能力，使其成为企业技术发展策略的重要组成部分（Ohtsuki，2004；Brandt & Sigmund，2004）。合作研发需要在一定范围内共享企业间无法通过市场交易来获得的隐性知识，这很可能会使参与合作的企业面临核心知识或技术泄露等知识产权风险。更严重的是，某些企业在获得合作伙伴企业的专有技术知识或合作研发中溢出的技术知识后，选择中途退出，导致合作研发失败。

针对合作研发的困境，学者们提出了不同的对策。Che 和 Yang（2012）通过在合作研发中引入带有惩罚性质的投资成本加强专利保护，从而增强企业合作研发的积极性；罗剑锋（2012）通过建立违约惩罚机制模型探讨了违约成本对企业合作进化稳定性的影响；张洪潮、何任（2010）运用演化博弈理论分析了超额收益分配系数及违约成本等因素对非对称企业合作创新进化稳定策略的影响。查新得知，确定违约成本是防止企业合作研发中机会主义行为出现的重要手段。然而国内外有关企业间合作中关于违约成本的研究文献大多没针对企业在空间上相邻,较少对企业集群这一空间集聚的特殊群体中企业间合作研发的机会主义行为进行探讨,亦较少考虑集群中因企业间合作研发所特有的集群合作效应以及企业合作研发过程中知识技术的溢出效应等影响企业研发策略的因素。事实上,由于地理邻近性、分工专业性以及积极消极并存的集体效率性(李亦亮,2006),一方面,集群内企业间通过合作研发更能够实现"共生性"资源信息共享及技术互补,获得非集群内企业合作研发未有的因集群合作效应所带来的超额收益;另一方面,在集群内企业间的合作研发过程中,合作的一方难以抗拒基于知识技术溢出效应的诱惑会选择中途背叛,获得溢出收益。集群合作效应以及溢出效应所带来的收益已成为集群内参与合作的企业降低成本的重要手段。然而,因知识技术溢出而选择中途背叛这一机会主义行为会导致合作的一方利益严重受损,挫伤集群内企业间合作研发的积极性通过确定背叛惩罚金较好地解决了这一难题。本节拟通过在企业集群内引入背叛惩罚金额、集群合作效应、溢出收益等系数,构建实力非对称企业间合作研发的博弈模型,并据此运用演化博弈理论探析背叛惩罚对实力非对称企业合作进化的影响。

(1)模型假设及建立。

①模型假设。

假设 H5-1:在企业集群内有两种类型的企业,实力较强的企业 1 和实力稍弱的企业 2,两种企业作为搭档企业就是否进行合作研发展开博弈,双方有共同的策略空间 {合作,不合作}。企业 1 和企业 2 可以选择各自独自研发,即策略组合(不合作,不合作);也可以双方都选择合作,并且中途不退出,即策略组合(合作,合作);考虑到在合作研发过程中,一方企业因合作研发技术或搭档企业的专有技术的溢出而能获得潜在的预期收益,在受到预期收益的驱使下选择中途背叛,此时双方的策略组合为(合作,不合作)或(不合作,合作)。

假设 H5-2:若企业 1 和企业 2 都选择独自研发,则对应的每一个成员分别获得收益 R_1 和 R_2,由于实力较强企业在知识整合、知识创新以及学习能力等方面较实力稍弱企业更具优越性,可认为 $R_1 > R_2 > 0$;若双方都选择合作研发且中途不背叛,则分别获得 αR_1 和 αR_2,其中 α 为集群合作效应,基于合作中企业资源优势共享及技术的互补性,令 $\alpha > 1$;若企业 2 在合作过程中选择背叛,此时行业协会对背叛企业实行惩罚 P,合作企业获得相应的惩罚金额 P，P > 0，则企业 1 和企业 2 分别获得 $R_1 + P$、$R_2 + R_0 - P$，若企业 1 在合作过程中选择背叛，企业 1 和企业 2 相应分别获得 $R_1 + R_0 - P$、$R_2 + P$，其中 R_0 为企业选择背叛能够获得的溢出收益，为保证企业有中途背叛动机，令 $R_0 - P > 0$。

假设 H5-3：鉴于选择背叛能够获得溢出收益，企业 1 中选择"合作"的企业比例为 x，则采取"不合作"的企业比例为 1-x；企业 2 选择"合作"的企业比例为 y，则采取"不合作"的企业比例为 1-y。企业 1 和企业 2 对应的博弈支付矩阵如表 5-2。

表 5-2　　　　　　　　企业合作博弈支付矩阵

企业 1	企业 2	
	合作	不合作
合作	$\alpha R_1, \alpha R_2$	$R_1 + P, R_2 + R_0 - P$
不合作	$R_1 + R_0 - P, R_2 + P$	R_1, R_2

②模型构建。

根据博弈支付矩阵，对于企业 1 的每一个成员，采取"合作"策略的期望收益为 $u_{1合} = y\alpha R_1 + (1-y)(R_1 + P)$

采取"不合作"策略的期望收益为 $u_{1不} = y(R_1 + R_0 - P) + (1-y)R_1$

则企业 1 成员的平均期望收益为 $\overline{u_1} = x u_{1合} + (1-x)u_{1不}$

所以企业 1 成员的复制动态方程为

$$\frac{dx}{dt} = x(u_{1合} - \overline{u_1}) = x(1-x)(u_{1合} - u_{1不}) = x(1-x)\{[R_1(\alpha-1) - R_0]y + P\}$$

(5-1)

同理可知，企业 2 成员的复制动态方程为

$$\frac{dy}{dt} = y(u_{2合} - \overline{u_2}) = y(1-y)(u_{2合} - u_{2不}) = y(1-y)\{[R_2(\alpha-1) - R_0]x + P\}$$

(5-2)

由式 (5-1)、式 (5-2) 都为 0，即 $\frac{dx}{dt} = 0$，$\frac{dy}{dt} = 0$ 可知企业 1 和企业 2 成员的合作研发动态系统有 5 个奇点，分别为原点 O (0, 0)、A (0, 1)、

B（1，0）、C（1，1）和 D$\left[\dfrac{P}{R_2(\alpha-1)-R_0}, \dfrac{P}{R_1(\alpha-1)-R_0}\right]$，D 点在 $R_2(\alpha-1)=R_0$，$R_1(\alpha-1)=R_0$ 时将另外讨论。

（2）策略的演化稳定性分析。

为简化公式，令 $\pi_1=R_1(\alpha-1)$，$\pi_2=R_2(\alpha-1)$，可以将 π_1、π_2 分别看成为集群内企业合作研发的超额收益，由（5-1）（5-2）式可知该微分动力系统的雅可比矩阵为 $J=\begin{pmatrix}(1-2x)[(\pi_1-R_0)y+P] & x(1-x)(\pi_1-R_0)\\ y(1-y)(\pi_2-R_0) & (1-2y)[(\pi_2-R_0)x+P]\end{pmatrix}$

令 V 为该矩阵的行列式，T 为矩阵的迹，则该矩阵的特征根为 $\varphi_{1,2}=\dfrac{T\pm\sqrt{T^2-4V}}{2}$，以下分析在各系数取值不同情况下奇点的稳定性。

情形 1：$R_0-P\leqslant\pi_2<\pi_1$ 时，系统有 4 个平衡点。

奇点 O（0，0）下的矩阵 J_O，对应的 $T_O^2-4V_O=0$，且迹 $T_O>0$，因此 O（0，0）是不稳定的临界结点[12]。

奇点 A（0，1）下的矩阵 J_A，对应的 $T_A^2-4V_A>0$，且行列式的值 $V_A<0$，因此 A（0，1）是鞍点。

奇点 B（1，0）下的矩阵 J_B，对应的 $T_B^2-4V_B>0$，且行列式的值 $V_B<0$，因此 B（1，0）是鞍点。

奇点 C（1，1）下的矩阵 J_C，对应的 $T_C^2-4V_C>0$，且可求得特征根为 $-(\pi_1-R_0+P)$、$-(\pi_2-R_0+P)$，实部为负，因此 C（1，1）是稳定的临界结点。

情形 1 的相位图如图 5-1，其对应的实例图则为图 5-9，通过分析，只有 C（1，1）是稳定的结点，此时双方都会选择"合作"策略，一起合作研发，集群企业 1 和 2 达到帕累托最优。究其原因有：首先，可能是企业集群内企业合作效应显著，即 α 比较大，集群内企业合作的超额收益 π_1、π_2 使企业 1、2 没有在合作研发过程中背叛退出的利益动机；其次，也可能是溢出收益 R_0 不够具有吸引力，企业选择背叛的机会成本过高；最后，可能是合作研发中的违约成本，即惩罚金额 P 足够大，对背叛者形成了一定的威慑性。这三者是相互影响和制约的，这也表明，惩罚金额 P 的提高有助于集群企业之间合作的顺利展开。

情形 2：$\pi_2<R_0-P<\pi_1<R_0$ 时，系统有 4 个平衡点。

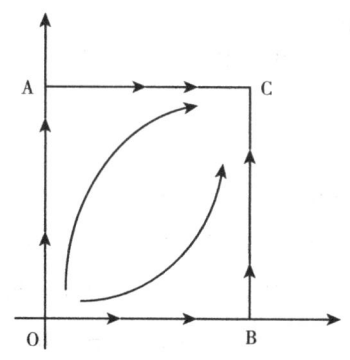 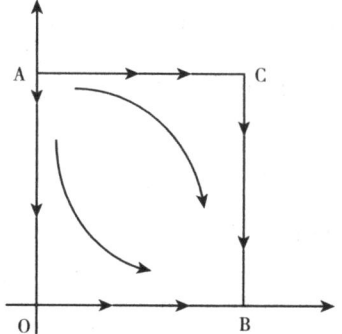

图 5-1 情形 1 复制动态相位图　　图 5-2 情形 2 复制动态相位图

通过与情形 1 相似的分析，可以得知：奇点 O (0, 0) 是不稳定的临界结点，奇点 A (0, 1) 和奇点 C (1, 1) 是鞍点，而奇点 B (1, 0) 则为稳定的临界结点。其相位图见图 5-2，实例图见图 5-8。此时企业 1 和企业 2 的策略选择分别为合作与不合作，溢出收益 R_0 对双方都具有诱惑性，尤其是对于实力稍弱的企业 2，考虑到惩罚金额过高，企业 1 的集群合作超额收益仍大于溢出收益与惩罚金额的差值 $R_0 - P$，因此企业 1 然将会选择合作，而企业 2 由于实力弱，溢出收益超过了其继续合作所带来的超额收益与惩罚金额的总和，使其具备了背叛利益动机。此时，提高惩罚金额将有助于企业 2 意识到背叛所带来的利益损失，最终转为合作。

情形 3：$\pi_2 < R_0 - P < \pi_1 = R_0$ 时，系统有 4 个平衡点。

结论与情形 2 类似：奇点 O (0, 0) 是不稳定的临界结点，奇点 A (0, 1) 和奇点 C (1, 1) 是鞍点，而奇点 B (1, 0) 则为稳定的临界结点。相位图见图 5-3，实例图见图 5-10，然而情形 3 的分析与情形 1 略有差异，由于 $\pi_1 = R_0$，此时
$$\begin{cases} \dfrac{dx}{dt} = x(1-x)P \\ \dfrac{dy}{dt} = y(1-y)\{[R_2(\alpha-1) - R_0]x + P\} \end{cases}$$
，因此无论企业 2 选择合作的企业比例为多少，企业 1 都将选择合作策略，此时企业 1 的集群合作超额收益与溢出收益持平，鉴于惩罚金额的存在，企业 1 将最终选择合作策略。而企业 2 策略的选择则依赖于企业 1 选择合作的概率 x 是否大于临界值 $\dfrac{P}{R_0 - \pi_2}$。当 $x \leq \dfrac{P}{R_0 - \pi_2}$ 时，此时选择合作的收益大于背叛，企业 2 将会选择合作策略；当

$x > \dfrac{P}{R_0 - \pi_2}$ 时,企业 2 选择不合作策略的收益大于选择合作的收益,因此企业 2 会转为选择背叛。鉴于企业 1 最终会选择合作策略,从长期来看,x 必将大于 $\dfrac{P}{R_0 - \pi_2}$,趋于 1,因此奇点 B(1,0)将成为稳定的临界结点。

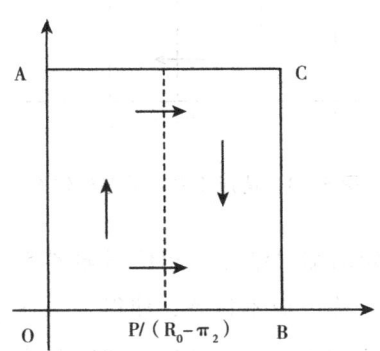

图 5-3 情形 3 复制动态相位图

情形 4:$\pi_2 < \pi_1 = R_0 - P$ 时,系统有无数个平衡点。

相位图见图 5-4,实例图见图 5-7,当 $\pi_1 = R_0 - P$,有

$$\begin{cases} \dfrac{dx}{dt} = x(1-x)(1-y)P \\ \dfrac{dy}{dt} = y(1-y)\{[R_2(\alpha-1) - R_0]x + P\} \end{cases}$$,可知该系统有无数个平衡点,即

O(0,0)、B(1,0)、C(1,1)和线段点集 $\{(x,1) \mid 0 \leq x \leq \dfrac{P}{R_0 - \pi_2}\}$。由于点集 $\{(x,1) \mid 0 \leq x \leq \dfrac{P}{R_0 - \pi_2}\}$ 的纵坐标只要受到稍微地干扰就会导致平衡点的偏离,因此不是进化稳定点,只有 B(1,0)是唯一的稳定点,其他奇点 O(0,0)、C(1,1)都不是稳定点。由于溢出收益过高,或是惩罚金额过低,导致企业 2 具有背叛的利益动机,因此企业 1 最终会选择合作,企业 2 选择背叛。

情形 5:$\pi_2 < \pi_1 < R_0 - P$ 时,系统有 5 个平衡点。

通过与情形 1 相似的分析,可以得知:奇点 O(0,0)和 C(1,1)是不稳定的临界结点,奇点 $D(\dfrac{P}{\pi_2 - R_0}, \dfrac{P}{\pi_1 - R_0})$ 是鞍点,而奇点 A(0,1)和

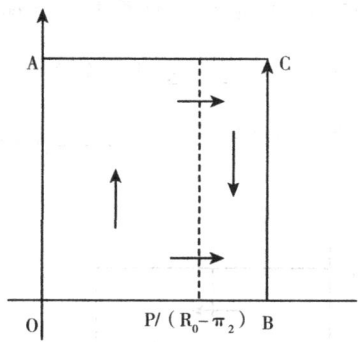

图 5-4 情形 4 复制动态相位图

奇点 B (1, 0) 则为稳定的临界结点。相位图如图 5-5, 实例图见图 5-6。原因可能是集群内企业合作效应不显著, 使得企业合作所带来的超额收益远远低于溢出收益, 也低于溢出收益与惩罚金额的差值; 也可能是惩罚金额过低, 使得溢出收益的诱惑不可抵挡, 最终导致企业的单方背叛, A (0, 1) 和 B (1, 0) 将成为进化稳定点, 其最终趋向于哪种策略组合取决于企业 1 和企业 2 选择合作策略的初始概率。当企业 1 和企业 2 中选择合作的企业比例落在不规则四边形 OACD 内时, A (0, 1) 将成为最终进化稳定点, 企业 1 不合作, 企业 2 合作; 当企业 1 和企业 2 中选择合作的企业比例落在不规则四边形 OBCD 内时, B (1, 0) 成为进化稳定点, 企业 1 合作, 企业 2 不合作。

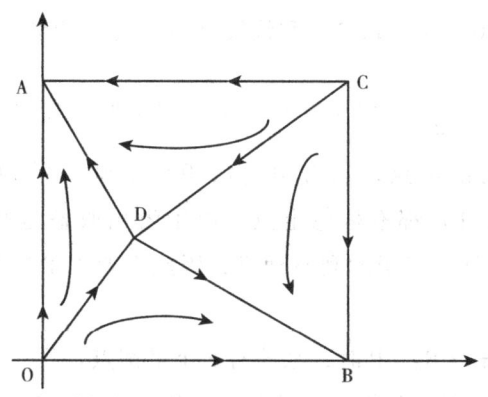

图 5-5 情形 5 复制动态相位图

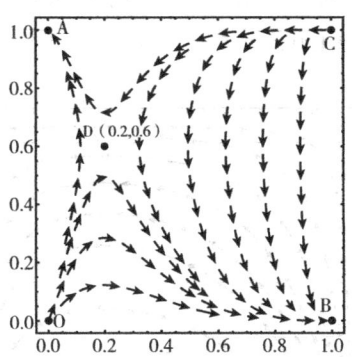

图 5-6　情形 5 下的复制动态实例图 P=0.3

（3）惩罚金额 P 对策略稳定性影响的数值模拟分析。

前面通过建模，运用演化博弈对非对称企业 1 和企业 2 的策略稳定进行了理论分析，为了更直观清晰地考察惩罚金额 P 对策略稳定性的影响，下面进行数值模拟分析。

取 $R_1=5$，$R_2=3$，$\alpha=1.5$，$R_0=3$，令 $P\in(0,3)$，对情形 1、2、4、5 进行模拟，对情形 3 将重新取值。

当 $P\in(0,0.5)$ 时，对应于情形 5，此时 $\pi_2<\pi_1<R_0-P$，A(0,1) 和 B(1,0) 成为进化稳定点。图 5-6 显示的是 P=0.3 时的复制动态图，此时 D(0.2,0.6) 为鞍点。

当 P=0.5 时，对应于情形 4，$\pi_2<\pi_1=R_0-P$，此时只有 B(1,0) 是稳定点，见图 5-7。

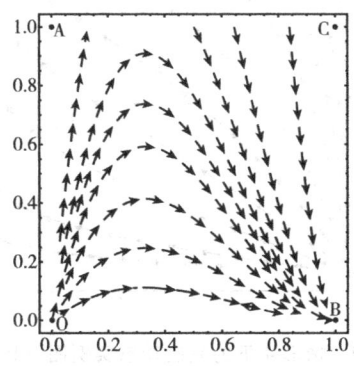

图 5-7　情形 4 下的复制动态实例图 （P=0.5）

当 P∈（0.5，1.5），对应于情形 2，此时 $\pi_2 < R_0 - P < \pi_1 < R_0$，B（1，0）是稳定点，见图 5-8（P=1.0）。

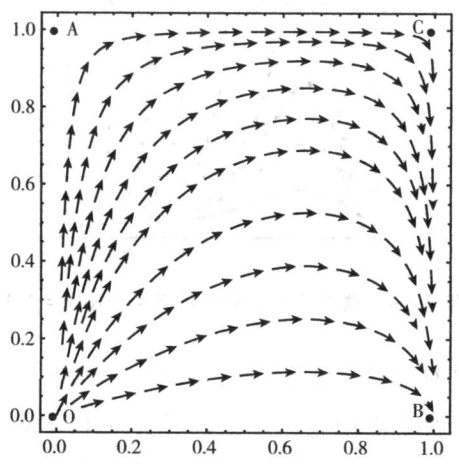

图 5-8　情形 2 下的复制动态实例图（P=1.0）

当 P∈［1.5，3），对应于情形 1，此时 $R_0 - P \leqslant \pi_2 < \pi_1$，由于惩罚金额过高，使得企业不具有背叛的利益动机，此时 C（1，1）是进化稳定点。见图 5-9（P=2.0）。

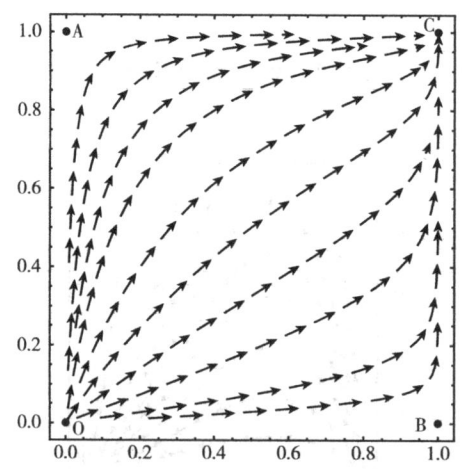

图 5-9　情形 4 下的复制动态实例图（P=2.0）

单独考虑情形 3，取 $R_1 = 5$，$R_2 = 3$，$\alpha = 1.5$，$R_0 = 2.5$，令 $P \in (0, 1)$，此时 $\pi_2 < R_0 - P < \pi_1 = R_0$，此时 $B(1, 0)$ 为稳定点。见图 5-10（$P = 0.5$）。

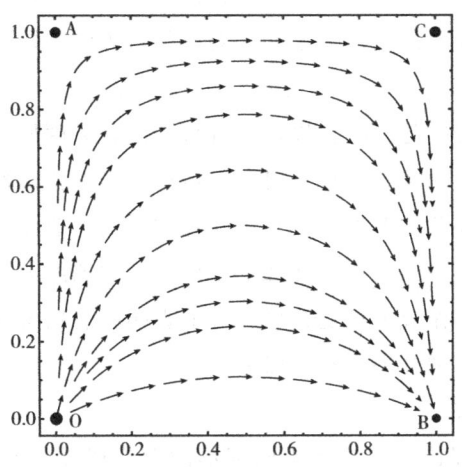

图 5-10　情形 3 下的复制动态实例图（$P = 0.5$）

表 5-3　　　　　P 不同取值范围下个平衡点的进化稳定性

P 的取值范围	对应情形	O (0, 0)	A (0, 1)	B (1, 0)	C (1, 1)	D	$\{(x,1) \mid 0 \leqslant x \leqslant \frac{P}{R_0 - \pi_2}\}$
$P < R_0 - \pi_1$	5	−	+	+	−	*	/
$P = R_0 - \pi_1 < R_0 - \pi_2$	4	−	−	+	−	/	−
$P < R_0 - \pi_2$，$\pi_1 = R_0$	3	−	*	+	*	/	/
$R_0 - \pi_1 < P < R_0 - \pi_2$	2	−	*	+	*	/	/
$P \geqslant R_0 - \pi_2$	1	−	*	*	+	/	/

注意：其中"−"表示不稳定点，"+"表示进化稳定点，"*"表示鞍点，是不稳定点的一种，"/"表示不存在这一平衡点。

综观图 5-6 至图 5-10，在其他系数不变的情况下，通过不断提高惩罚金额 P，使得企业在合作研发过程中背叛的机会成本不断增加，非对称企业的进化稳定策略也在不断变化。详细情况见表 5-3。当惩罚金额 P 比较小，低于溢出收益与实力较强企业超额收益的差值时，此时对背叛行为的惩罚力度无法抵制溢出收益的诱惑，基于经济理性，企业中若有一方合作，另一方必定选择不合作，因为单方合作是一种双方共赢的合作方式；随着惩罚金额的提高，当惩罚金额 P 大于等于溢出收益与实力较强企业超额收益的差值，但小于溢出收益与实力稍弱企业超额收益的差值时，此时对于实力稍弱企业，溢出收益的诱惑力较大，超额收益的吸引力不够，对背叛行为的惩罚力度不强，导致实力稍弱企业背叛，选择不合作，而对于实力较强企业，虽然溢出收益的诱惑不小，然而合作研发时的超额收益以及对背叛的惩罚力度使得实力较强企业不会偏离合作研发，最终只能选择独自研发；最后，当惩罚金额不低于溢出收益与实力稍弱企业超额收益的差值时，对于两种类型的企业而言，相比于合作研发时的超额收益以及对背叛的惩罚强度，溢出收益的诱惑力有限，双方企业都不会选择背叛，双方合作成为稳定策略。综上表明，惩罚金额的适当提高是保证企业之间合作研发顺利开展的有力保障。

（4）经济学意义。

基于演化博弈理论，分析了不同情形的合作研发过程中惩罚金额对实力非对称企业的策略选择及其进化稳定性。在集群企业合作研发过程中，当参与合作的双方对彼此不是很了解时，为防止合作中机会主义行为的出现，而往往会在合同预先制定相应的惩罚措施。倘若惩罚力度过小，企业同样会因机会收益的诱惑而选择背叛，只有当惩罚力度达到一定强度时，溢出收益的诱惑力度不足以诱导企业选择机会主义行为，此时合作研发才能顺利地进行。现实中，由于企业资产规模、创新能力等存在差异，因此在面对产品或技术研发时企业应该选择符合自身发展利益的策略；适度的溢出有助于集群的健康发展，而过度的溢出则会降低企业创新的积极性，遏止集群的创新活力，因此对机会主义行为确定一定的惩罚金额能够保障集群企业合作的顺利展开。

5.1.3 建议

正如王缉慈教授所言，企业集群行为主体的核心是促进行为主体合作的机构，即合作机构。以行会、商会以及同业协会为代表的公共服务机构（又称"合作机构"）在企业集群的创新和转型升级过程中扮演着众多独特的角色。这些合作机构在企业集群中扮演着多重角色，即中介人、监督人和代言人等。其中合作机构的"中介人"作用强调的就是其促使集群中产、供、

第 5 章 集群企业合作困境治理机制

销三方加强互动与合作，促使政、产、学、研、用五方互动与合作的作用。总之，合作机构起着加强行为主体的集体效率和增强协同的作用。企业集群内的行业协会便是一种重要的合作机构，具有监督和引导集群企业健康发展的作用。

行业协会有着政府、企业难以替代的专有优势。首先，它能够帮助群内企业有效应对贸易摩擦和贸易壁垒。由于受资金技术因素的制约，单个或少数几个企业很难有效应对贸易摩擦，而由集群内企业自组织形成的行业协会面对贸易壁垒时，在利益上具有高度一致性；在采取联合行动时也比政府部门更为有效，更了解本行业企业的现状和需求，对会员企业直接负责，因而能够有效地帮助集群内企业应对贸易壁垒和贸易摩擦。温州打火机协会共同应对欧盟 CR 法案便是最好的例证，此举为整个打火机企业集群的发展创造了良好的环境。其次，行业协会能够有效整合集群资源。不少集群内包含众多的中小企业，规模小虽有利于灵活管理，却无法形成规模经济，行业协会具有增强成员企业信任与合作的天然优势，机理企业联合，进行资源整合，优势互补，达到规模经济效应。最后，行业协会还有一个重要的功能，有利于优化和规范企业行为。行业协会成员企业的经常交流使得他们的信息相对透明，从而形成监督氛围。行业内某些企业的机会主义行为更能被其他企业察觉，在受到法律或行业协会的直接惩罚的同时，还要面临声誉毁坏的间接风险，增加了机会成本。

然而，目前大多数集群内的行业协会对企业集群的作用还仅仅停留在向会员发布行业发展情况、数据统计、市场发展趋势和经济预测等信息以及政策宣传等简单业务，尚不能有效发挥"监督人""中介人""代言人"的角色，对企业集群的创新能力提升和转型升级作用非常有限，尤其是在集群内机会主义行为盛行而惩罚机制缺失时。对此，可从以下几个方面促进行业协会的发展。

（1）规范行业协会功能。明确行业协会的职能，并规定其相应的责任和义务，政府应该把一些相对独立的职能委托给行业协会，比如制定行业发展规划、制定行业产品、技术标准等；同时要对其责任和义务边界进行界定，不应承担不必要的责任和履行不必要的义务。

（2）制定惩处机制和程序。针对集群内的违约行为，行业协会应建立有别于法律的惩处机制和程序，对于一些破坏市场秩序的机会行为在给予严重惩罚的同时，将其不良的信誉公告给其他群内企业。防止只顾及短期利益的机会主义行为，促使企业长期合作，有利于培育企业的诚信意识。

（3）健全对协会的监督机制。协会在为成员企业提供必要服务的同时，为防止其权力过大，还应接受成员的监督，可以通过设立监事会来保障行业协会行为的有效性和客观性。

（4）拓宽经费来源。作为非营利性机构的第三方组织，行业协会的经费主要来源会员企业以及政府的补贴，当然也有社会的捐赠等其他渠道。政府应该设立专门的资金扶持行业协会的发展，行业协会也应同时宣传扩大影响，吸引更多企业的加入，同时还可以通过信息咨询、职业培训等有偿服务扩大收入来源。

5.2 基于声誉的间接互惠型合作

惩罚机制虽然能有效地防止机会主义行为的发生，然而这主要体现在重复合作博弈的相识企业之间，且需付出一定的成本。而面对一次性的企业合作则只能通过签订有成本的契约来预防机会主义行为。对此，基于声誉的间接互惠型合作为企业合作提供了新的途径。集群中企业的地理接近增加了企业间的沟通交流，知识、人才的自由流动为企业的创新带来新的活力，集体学习增强了企业创新能力。企业间之所以合作是为了优势互补，资源共享，取彼之长，补己之短，然而企业合作中潜在的机会主义行为使企业在合作伙伴选择时尤为慎重，信息不对称更增加了合作企业的选择难度，一些学者通过对企业声誉进行二元标识及声誉传递为企业策略的选择找到了解决途径。本节将基于声誉机制的间接互惠，分析企业不同情境下的最优策略选择。

5.2.1 声誉决定下外生型集群内企业间最优合作策略研究动因

在企业之间是否合作取决于各自声誉的条件下，一般赋予参与企业二元声誉标识，Good（好）和Bad（坏）。而按参与企业合作策略的不同，可将企业分为三种类型，每种类型的企业对应选择一种策略：合作型企业，无论参与的搭档企业的声誉好坏，其将会一直选择合作，所采用的这种策略被称为 ALLC；背叛型企业，其将会一直选择背叛，具体表现为，搭档为合作型企业时会选择背叛以获得机会主义收益，搭档为背叛型企业或辨别型企业时则无机可乘而收益为零，所采用的这种策略被称为 ALLD；辨别型企业，其会根据参与的搭档企业的声誉好坏来选择是否与之合作，所采用的这种策略被称为 Disc（Discriminator）。同样一般也赋予参与企业二元行为标识：合作（C）和背叛（D），之于辨别型企业，表现为当搭档声誉为 Good 时，企业将会选择合作，反之则背叛。

研究表明（Ohtsuki & Iwasa，2004，2006），获取搭档企业的一阶信息，即其在前一期作为帮助者时的行为选择，可以完全防止背叛型企业的机会主义行为，有利于提高合作的利益。然而只获取一阶信息很可能会导致辨别型企业的声誉被评判失准，如当搭档是辨别型企业，在前一期作为帮助者时的行为选择是背叛，且其前一期的搭档是背叛型企业时，有理由认为辨别型企业的行为选择是正确的、合理的，其声誉不应该被评为坏。为了尽可能减少"正当背叛的辨别型企业声誉为坏"的出现，不少学者选择采取获得二阶、三阶及更高阶层的信息来评判搭档的声誉（Ohtsuki，2004；Brandt & Sigmund，2004；Chalub et al.，2006），不仅仅考虑搭档在前一期的行为选择，而且考虑搭档的搭档在更早一期的行为选择。但是，搜集高阶信息成本较高，且运算比较复杂。为了尽可能准确地评判辨别型企业的声誉，如果采用宽容评定准则（tolerant scoring）（Berger，2011），对搭档企业之前的行为选择进行抽样，抽取任意两期的行为选择，只要搭档企业不是两期都选择背叛，就认为搭档企业的声誉为 Good，反之声誉为 Bad，这样既可以防止背叛型企业的机会主义行为，又能尽可能准确地评判辨别型企业的声誉。

现实中，作为招商引资形成的局部区域内大量产业相关的企业在地理空间上集聚的经济现象，即在政策上被称为新工业园区或新工业开发区而学术上被称为外生型企业集群的经济组织，其集群内企业间由于地理邻近性存在更多的合作机会。然而，集群内企业的资产规模、经营能力等存在差异，因此企业面对合作中出现的利益诱惑所采取策略也不尽相同，基于经济理性，机会主义行为往往由此出现。特别是，由于外生型集群的企业间相互交易历史短，大部分集群内企业间的声誉信息是非对称的。因此，确定准确评判声誉准则的间接互惠机制成为企业间是否合作的关键。通过对企业进行声誉标识，在合作前对搭档企业的声誉进行评判来决定是否与其合作，不仅能够保证集群整体利益不受损，还能最大程度地遏制机会主义行为的产生（Berger，2011）。鉴于此，本节拟针对外生型企业集群中的企业间合作问题。首先，采用宽容评定准则计算出动态声誉下辨别型企业的均衡合作概率 p；其次，基于参与企业的有限理性，运用最优反应动态方法求出三种策略 ALLC、ALLD 及 Disc 的最优反应区域。

5.2.2 动态声誉下辨别型企业的均衡合作概率

合作型、背叛型和辨别型企业在外生型企业集群内所占的比例（即 ALLC、ALLD 和 Disc 三种策略的比例）分别为 x、y 和 z，其中 $x+y+z=1$。假设企业之间的合作在离散时间维度 t 下进行，$t=0,1,2,\cdots\cdots$，在最初两次的行动选择中，合作型企业选择 C、C，背叛型企业选择 D、D，辨别型企业选择两种随机的行动，之后的行动选择不同类型的企业会依据各自的合作策略进行。令合作型企业选择合作的概率为 1，背叛型企业选择合作的概率为 0，令辨别型企业的均衡合作概率为 p。根据辨别型企业的宽容评判准则，令 $p_t = G_t$，p_t 表示在 t 期辨别型企业的合作概率，G_t 表示在 t 期辨别型企业遇到搭档企业声誉为 Good 的概率，可知 $G_t = 1*x + 0*y + g_z(t)*z$，其中 $g_z(t)$ 表示在 t 期一个随机的辨别型企业声誉是 Good 的概率，因此

$$p_t = x + g_z(t)*z \tag{5-3}$$

令 a_t 表示辨别型企业在 t 期之前的平均合作概率，即辨别型企业在过去所有的行动中选择 C 的概率，令 c_t 表示辨别型企业在 $0-(t-1)$ 期中选择 C 的次数，则 $a_t = c_t/t$，根据宽容评判准则：

$$g_z(t) = 1-(1-a_t^2) \tag{5-4}$$

综合式（5-3）和式（5-4），可得

$$p_t = x + a_t(2-a_t)z \tag{5-5}$$

在 $t+1$ 期，辨别型企业选择 C 的概率为 p_t，此时 $a_{t+1} = \dfrac{c_{t+1}}{t+1} = \dfrac{c_t+1}{t+1} = \dfrac{t}{t+1}$ $a_t + \dfrac{1}{t+1}$，辨别型企业选择 D 的概率为 $1-p_t$，此时 $a_{t+1} = \dfrac{c_{t+1}}{t+1} = \dfrac{c_t}{t+1} = \dfrac{t}{t+1}a_t$，所以在 $t+1$ 期之前辨别型企业的平均合作率

$$a_{t+1} = \frac{t}{t+1}a_t + \frac{1}{t+1}p_t \tag{5-6}$$

综合式（5-5）（5-6），可得

$$a_{t+1} = \frac{t}{t+1}a_t + \frac{1}{t+1}[x + a_t(2-a_t)z] \tag{5-7}$$

在式（5-7）中，当 $z=0$ 时，可知序列 $\{a_t\}$ 最后趋向于 x，即 $a_t \rightarrow x$，若 $z>0$ 且 $x>0$，那么序列 $\{a_t\}$ 最后将趋向于唯一的固定点 a，此时 $a = x + a(2-a)z$，即有

$a = 1 - \frac{1}{2z} + \sqrt{(1-\frac{1}{2z})^2 + \frac{x}{z}}$，由式（5-5）可知 p_t 与 a_t 的关系如图 5-11。

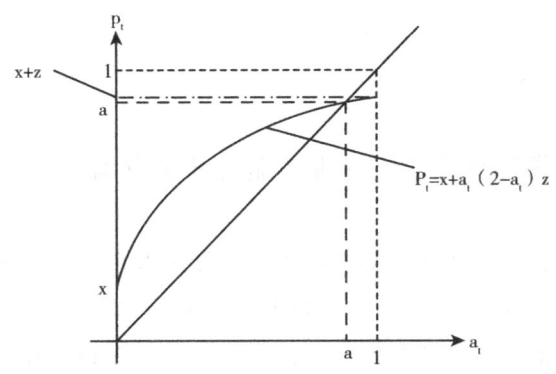

图 5-11　p_t 与 a_t 的关系图

由图 5-11 结合式（5-5）、式（5-6）可知，当 $a_t < a$ 时，$a_t < p_t < a$，进而有 $a_t < a_{t+1} < a$，当 t 期之前辨别型企业的平均合作概率 a_t 小于平均合作均衡概率 a 时，t 期辨别型企业的合作概率 p_t 将会大于其 t 期之前的平均合作概率 a_t，小于平均合作均衡概率 a，并且 t+1 期之前辨别型企业的平均合作概率 a_{t+1} 同样大于其 t 期之前的平均合作概率 a_t 而小于平均合作均衡概率 a；同理，当 $a_t > a$ 时，$a_t > p_t > a$，进而有 $a_t > a_{t+1} > a$，当 t 期之前辨别型企业的平均合作概率 a_t 大于平均合作均衡概率 a 时，t 期辨别型企业的合作概率 p_t 将会大于平均合作均衡概率 a，小于其 t 期之前的平均合作概率 a_t，并且 t+1 期之前辨别型企业的平均合作概率 a_{t+1} 同样大于平均合作均衡概率 a，小于其 t 期之前的平均合作概率 a_t。因此，只要有 $x>0$，无论集群内企业的初始状态（x_0, y_0, z_0）多少，a_t 最终都将趋向于某一固定值 x 或 a。分析同样适用于 p_t，因此当 $z=0$ 时，

$p = x$；当 $z > 0$ 且 $x > 0$ 时，$p = 1 - \frac{1}{2z} + \sqrt{\left(1 - \frac{1}{2z}\right)^2 + \frac{x}{z}}$；当 $z > 0$ 且 $x = 0$ 时，若 $1 - \frac{1}{2z} \leq 0$，即 $z \leq \frac{1}{2}$，$p = 0$，若 $z > \frac{1}{2}$，$p = 2 - \frac{1}{z}$。

综上所述，可求得采用宽容评定准则的辨别型企业的均衡合作概率为

$$p = \begin{cases} x & \cdots\cdots z = 0 \\ 1 - \frac{1}{2z} + \sqrt{\left(1 - \frac{1}{2z}\right)^2 + \frac{x}{z}} & \cdots\cdots z > 0 \end{cases} \quad (5-8)$$

特别地，在集群内无合作型企业时，即 $x = 0$，辨别型企业的均衡合作概率将变为

$$p = \begin{cases} 0 & \cdots\cdots z \leq \frac{1}{2} \\ 2 - \frac{1}{z} & \cdots\cdots z > \frac{1}{2} \end{cases} \quad (5-9)$$

5.2.3 最优反应动态下企业的最优策略区域

基于企业的有限理性和快速学习能力，可认为企业策略的变化是一个最优反应动态过程（Gilboa & Matsui, 1991），即在与搭档企业合作时，企业会根据搭档企业之前的行动选择迅速做出行动决定。假设企业双方都合作时可以获得 R 的收益，付出 c 的成本；当一方企业选择合作，另一方选择背叛，则合作方企业得不到收益，且必须付出 c 的成本，而背叛方由于机会主义行为能够获得 R_1，鉴于集群效应与机会主义的利益动机，令 $R - c < R_1 < \min\{R, 2(R-c)\}$；若双方都选择背叛，则获得收益都为 0。三种策略的博弈支付矩阵如表 5-4。

表 5-4　　　　　　　　三种策略的博弈收益矩阵

	AllC	AllD	Disc
AllC	R-c, R-c	-c, R_1	R-c, R-c
AllD	R_1, -c	0, 0	0, 0
Disc	R-c, R-c	0, 0	p(2-p)(R-c), p(2-p)(R-c)

由表 5-4 可知，企业选择 AllC 策略的收益

$$U(AllC) = x(R - c) - yc + z(R - c) \qquad (5-10)$$

企业选择 AllD 策略的收益

$$U(AllD) = x R_1 \qquad (5-11)$$

企业选择 Disc 策略的收益

$$U(Disc) = x(R - c) + zp(2 - p)(R - c) \qquad (5-12)$$

当且仅当 $U(AllC) \geq U(AllD)$ 且 $U(AllC) \geq U(Disc)$ 时，AllC 为企业的最优反应策略；同理，当且仅当 $U(AllD) \geq U(AllC)$ 且 $U(AllD) \geq U(Disc)$ 时，AllD 为企业的最优反应策略；当且仅当 $U(Disc) \geq U(AllC)$ 且 $U(Disc) \geq U(AllC)$ 时，Disc 为企业的最优反应策略。结合式（5-8）至式（5-12），得到以下分析。

当 $z > 0$ 时，通过计算可得到以下结论，

当且仅当 $\dfrac{c - zR}{R - R_1} \leq x \leq \dfrac{\left(z - \dfrac{c}{R}\right)\left(1 - \dfrac{c}{R} - z\right)}{z}$，AllC 为企业的最优反应策略，即当集群中合作型企业、背叛型企业及辨别型企业的比例满足前述关系式时，ALLC 将是集群企业的最优策略，选择 ALLD 和 Disc 的企业收益处于劣势，基于经济理性，其他类型的企业在下一时段将会逐渐转变策略，采用 ALLC，此时合作型企业的比例将提高，ALLD 策略更容易入侵，进而引发 Disc 策略的增加，因此三种企业类型的比例关系也将不断发生变化，企业最优策略的选择也将发生变更，后面分析类似，不再赘述；当且仅当 $\dfrac{(R - c)[(2z - 1)R_1 + R - c]}{z R_1^2} \leq x \leq \dfrac{c - zR}{R - R_1}$，AllD 为企业的最优反应策略；当且仅当 $\dfrac{\left(z - \dfrac{c}{R}\right)\left(1 - \dfrac{c}{R} - z\right)}{z} \leq x \leq \dfrac{(R - c)[(2z - 1)R_1 + R - c]}{z R_1^2}$，Disc 为企业的最优反应策略。可知对于集群企业的任一初始状态 (x_0, y_0, z_0)，在 R、c、R_1 给定的情况下，(x_0, y_0, z_0) 只会出现在一种反应区域中（在最优反应区域的边界衔接处，两种策略均最优），即只对应于一种最优的反应策略。因此，给定某一时刻集群内各种类型企业的比例情况，可以找到对应的最优反应策略。上文为一般的结论，下面将对其边界进行分析。

当 $y = 0$ 时，$x + z = 1$。即不存在背叛型企业时，集群内只有合作型企业和辨

别型企业,要使 Disc 为企业的最优反应策略,必须满足 $\dfrac{\left(z-\dfrac{c}{R}\right)\left(1-\dfrac{c}{R}-z\right)}{z} \leqslant$

$x \leqslant \dfrac{(R-c)[(2z-1)R_1 + R - c]}{zR_1^2}$,求得 $z \geqslant 1 - \dfrac{R-c}{R_1}$,并且辨别型企业的收益始终大于合作型企业的收益,即 Disc 始终优于 AllC。并且此时背叛型企业的 ALLD 也不能入侵 Disc。经验证,在此边界上不存在 ALLC 为最优反应策略的区域(线段)。

当 $x=0$ 时,$y+z=1$。集群内只有背叛型企业和辨别型企业,要使 Disc 为企业的最优反应策略,必须满足 $\dfrac{\left(z-\dfrac{c}{R}\right)\left(1-\dfrac{c}{R}-z\right)}{z} \leqslant 0 \leqslant$

$\dfrac{(R-c)[(2z-1)R_1 + R - c]}{zR_1^2}$,求得 $\dfrac{1}{2}\left(1-\dfrac{R-c}{R_1}\right) \leqslant z \leqslant \min\left\{\dfrac{c}{R}, 1-\dfrac{c}{R}\right\}$ 或 $z \geqslant$

$\max\left\{\dfrac{1}{2}\left(1-\dfrac{R-c}{R_1}\right), \dfrac{c}{R}, 1-\dfrac{c}{R}\right\}$。要使 AllC 为企业的最优反应策略,必须满足

$\dfrac{c-zR}{R-R_1} \leqslant 0 \leqslant \dfrac{\left(z-\dfrac{c}{R}\right)\left(1-\dfrac{c}{R}-z\right)}{z}$,可求得 $\left\{\dfrac{c}{R} \leqslant z \leqslant 1-\dfrac{c}{R} | R > 2c\right\}$。即当 $R > 2c$ 时,企业采用 AllC 策略能够获得最高的收益,AllC 为企业最优策略;而当 $R \leqslant 2c$ 时,AllC 不是企业的最优反应策略。

当 $z=0$ 时,$x+y=1$。集群内只有合作型企业和背叛型企业,要使 AllD 为企业的最优反应策略,必须满足 $U(AllD) \geqslant U(AllC)$ 且 $U(AllD) \geqslant U(Disc)$,结合式 (5-10)、式 (5-11)、式 (5-12),可以得到 $x \leqslant \dfrac{c}{R-R_1}$ 且 $x <$

$\dfrac{2(R-c)}{R_1}$,由于 $R-c < R_1 < \min\{R, 2(R-c)\}$,因此必然成立,因此在没有辨别型企业时,背叛型企业将完全占据优势,AllD 策略将会占据整个集群。

通过上述分析,可以得到单纯形中三个策略各自的最优反应区域。结合数值模拟,令 $R=3c$,$R_1=2.5c$。图 5-12 为三维图形中三种策略的最优反应区域在 $x-z$ 平面上的投影,其中实心黑点表示相应区域的最优反应策略稳定点,而空心点则表示该策略不稳定。黑色区域为 ALLC 的最优反应区域,深灰色和棕色则分别为 DISC 和 ALLD 的最优反应区域,模拟图亦印证了上述的理论分析。

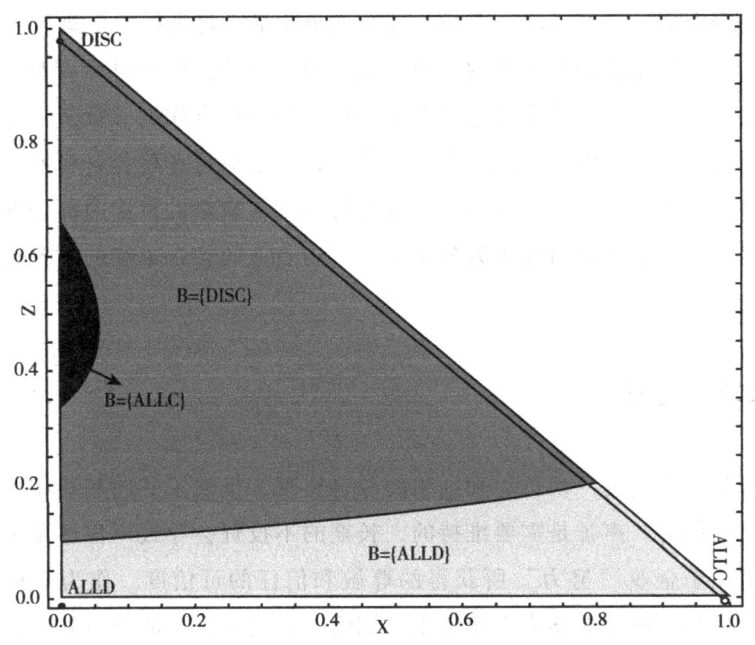

图 5-12　$R=3c$，$R_1=2.5c$ 下三种策略的最优反应区域

5.2.4　模型管理学解释

结合随机抽样，采用宽容评定准则推导出了集群内辨别型企业的均衡合作概率，运用最优反应动态方法描述了集群内具备快速学习能力的有限理性企业合作策略变更的过程。研究表明，当集群内存在辨别型企业时，若合作型、背叛型、辨别型企业的比例满足 $\dfrac{c-zR}{R-R_1} \leqslant x \leqslant \dfrac{\left(z-\dfrac{c}{R}\right)\left(1-\dfrac{c}{R}-z\right)}{z}$，此时 ALLC 将是集群企业的最优策略；若三者比例满足 $\dfrac{(R-c)[(2z-1)R_1+R-c]}{zR_1^2} \leqslant x \leqslant \dfrac{c-zR}{R-R_1}$，ALLD 将是集群企业的最优策略；若三者比例满足 $\dfrac{\left(z-\dfrac{c}{R}\right)\left(1-\dfrac{c}{R}-z\right)}{z} \leqslant x \leqslant \dfrac{(R-c)[(2z-1)R_1+R-c]}{zR_1^2}$，Disc 将是集群企业的最优策略。当集群企业不存

在辨别型企业时,选择 ALLD 策略的背叛型企业最终将占据整个集群。

现实中,外生型企业集群内企业间交往时声誉信息的非对称以及自身实力的差异使得企业间合作策略的选择有所不同。集群内合作型、背叛型、辨别型企业及对应三种策略的比例随时间发生变化,企业应选择符合自身发展的最优策略,这对将要进入集群的外部企业或是将要变更策略的集群内部企业而言显得尤其重要,而本节的研究正为外生型集群内企业间合作策略的选择提供了理论依据。

5.2.5 建议

声誉是企业过去一切行为和结果的综合体现,反映了其向利益相关者提供价值产出的能力。声誉是需要维持的,长期的不投资会导致声誉逐步消失,声誉的价值在于企业"努力"所获得的尊敬和信任的可信度。作为一种重要的信任激励机制,声誉能够为企业带来长期收益,它是企业能否与其他企业进行合作的重要衡量标准。鉴于声誉对企业的长短期利益的重要性,企业可从以下几点来维持和增强声誉。

(1)构建良好的声誉文化。企业集群应加强合作文化宣传,鼓励企业合作,增强企业间的信任,避免企业因只顾及短期利益而采取机会主义行为,形成一种基于声誉的长期的信任文化氛围。

(2)建立信息共享平台。除提供服务咨询、行业数据统计、行业发展规划等信息外,信息平台还应对企业的合作情况进行统计,对合作中各企业的行为选择以及最终的合作成果进行记录和标识,及时发现集群中一些企业的机会主义行为,对其进行直接经济制裁的同时将其声誉进行传递,减少其潜在的长期利益获取。比如,在外生型企业集群中,由于企业间无合作交往历史,对彼此不够熟悉,此时信息平台中的企业交易信息便显得尤为重要。

(3)强化机会主义行为中的协会和政府职能。当集群企业相互无交往历史及信息获取不完善时,企业的合作情况便会应时而异,基于个体利益,企业会根据集群内的合作氛围选择不同的行为,机会主义行为盛行时将会选择不合作或背叛,此时将会导致道德风险、违约行为等合作困境的出现,此时行业协会或政府应制定相应的惩处措施和程序,充当"中介人"和"仲裁机构"的监督功能,引导企业合作顺利开展。

5.3 机会主义的政府性规制

在集群发展初期,受企业数量和产品市场地位的限制,行业自组织协会无法形成,面对企业合作中出现的机会主义行为,倘若政府不加以管制,集群内搭便车、道德风险等合作困境将会恶性循环,严重扰乱公平、竞争有序的集群环境,而良好的市场环境是企业集群得以发展的前提。不健全的市场竞争秩序会扰乱产品市场,诱发机会主义行为,企业间的互相欺骗及信用缺失加速了假冒伪劣、低质高价产品的出现,市场出现紊乱。作为经济运行的监督者及协调者,地方政府应承担起惩罚不法行为的重任,维护公平竞争良好市场秩序促使企业走出"囚徒困境"。政府监管的有效性必须注意两点:第一,不仅要设计合理的惩罚措施,还应确保惩罚的可置信程度,加大执法力度,切实保障法律法规的权威性;第二,将不守信企业的信用记录传递给集群内其他企业,不守信者会因害怕声誉的损失而选择守信。通过政府对公平、公正的市场环境的维护,能够大大降低企业合作中机会主义行为出现的可能性,促进企业集群的良性发展。

在企业合作中,合作参与企业可以选出一些成员来对合作进行监督,然而这种行为在重复的双边互动情景下是不稳定的,并且有时候成本很高,因此人们经常会借助第三方的力量来促进契约的执行(Williamson,1979;Bendor & Swistak,2001)。政府作为企业合作的第三方监管机构,可以通过设计合理的惩罚措施来防止搭便车等行为的出现,例如公共物品建设中的预防搭便车的惩罚机制。

5.3.1 模型假设

有 n 个企业参与集群中一公共品建设项目,当公共品建设完成后,集群将获得 R 的公共品共享价值,若所有企业都参与,则付出的总成本为 c。随着背叛企业数量 i 的增加,由集群中企业之间的集体效率会降低,完成项目的总成本也会增加,令 $c' = c + ai$,系数 a 表示每增加一个背叛企业,引起总成本增加 a，因 $R \geq c'$，所以 $i \leq \min\{[\frac{R-c}{a}], n-1\}$。

如果所有企业都努力合作，则每个企业可获得 $\frac{R-c}{n}$ 的利润，假设有 i 个企业背叛，则这 i 个背叛企业承担的成本为 0，而 n-i 个合作企业各自需要承担的成本为 $\frac{c'}{n-i}$，相应的每个背叛企业与合作企业的利润分别为 $\frac{R}{n}$、$\frac{R}{n} - \frac{c'}{n-i}$，政府对背叛企业实行惩罚，使每个背叛企业遭到 k' 的损失，政府将所获得的总惩罚金额的 ik' 的比例 s 分配给其余 n-i 个合作企业，$(1-s)ik'$ 为第三方进行惩罚所花费的成本。因此背叛企业的利润为 $\frac{R}{n} - k'$，合作企业的利润为 $\frac{R}{n} - \frac{c+ai}{n-i} + \frac{sik'}{n-i}$。

5.3.2 模型分析

所以，在政府监管下企业选择合作的条件为 $\frac{R}{n} - \frac{c+ai}{n-i} + \frac{sik'}{n-i} \geq \frac{R}{n} - k'$，即

$$k' \geq k'_{min} = \frac{c+ai}{n-(1-s)i} \quad (5-13)$$

由 (5-13) 可得到以下推论。

推论 5.1：背叛企业 i 增多，则第三方为了保证企业合作而对背叛企业设定的最低惩罚金额 k'_{min} 将会变大。

证：$c+ai$ 随 i 的增大而增大，$n-(1-s)i$ 的增大而减小，因此 k'_{min} 随 i 的增大而变大，证毕。

推论 5.2：项目合作所需的总成本 c 越大，则所要求的最低惩罚金额 k'_{min} 也将变大。

推论 5.3：系数 a 越大，即每多一企业背叛所引起的总成本的增加幅度越大，则所要求的最低惩罚金额 k'_{min} 也将变大。

推论 5.4：第三方对合作企业给予总罚金的比例 s 越大，抑或说对背叛企业进行惩罚所需的惩罚成本 $(1-s)ik'$ 越小，则所要求的最低惩罚金额 k'_{min} 将变小。

企业选择背叛的条件为：$\frac{R}{n} - k' \geqslant \frac{R-c}{n}$，即 $k' \leqslant k'_{max} = \frac{c}{n}$ (5-14)

由（5-14）可知，企业选择背叛所允许的第三方对其实行的最高惩罚金额 k'_{max} 与项目合作所需的总成本 c 成正比，与企业的数量 n 呈反比。（5-13）和（5-14）中的 k′ 是没有交集的，因而不存在一个 k′ 使一些企业在满足合作条件的前提下进行背叛。

集群中机会主义的发生，与集群企业间的关系不够紧密不无相关。集群内基础设施共享、专业化人才和信息知识的自由流动本是集群吸引外部企业入驻以及留住已驻企业的竞争优势，然而糟糕的基础设施和经济服务大大降低了集群的吸引力。因此集群应该夯实基础设施建设，完善经济服务体系。对于外生型企业集群，政府应该发挥主导作用，在保障基础设施建设的同时，在信息平台建设、人才流通、资金融通、政策畅通等方面也应加以完善；对于内生型企业集群，行业协会应该发挥重要作用，制定合理的奖惩制度和程序保障公共品建设。

5.4 知识外溢性的多元经济补给

集群资源的有限性使得企业生态位重叠部分，在进行有序分配和竞争后，应该寻找新的生态位，比如知识溢出带来的范围经济，从另一种程度来寻找新的利润点，集群新的增长点。生态位理论（niche theory）最早应用在种间关系、群落结构及种群进化的研究中，Hutchinson 认为生态位是每种生物对环境变量（温度、湿度、营养等）的选择范围，因为环境变量是多维的，称为超体积，所以把生态位定义称为超体积生态位（hyper-volumeniche）。其中，生态位宽度和生态位重叠是描述一个物种的生态位状况与物种生态位间关系的重要数量指标。国内外对企业集群的企业生态位的研究也已有一定的成果，Peter 等提出企业生态位分离的概念：有差异的产品和服务存在一组广泛可能性；并提供了四个用于一般制造商获得竞争优势途径的基本战略配置：生态位分离（nichdifferentiator）、广泛的差异（broad differentiator）、成本领先（cost leader）、竞争者跟随（lean competitor）。杨蕙馨等借助生态位理论，分析企业在集群中结构位置的不同对企业成长的不同作用，并探讨企业优势生态位与企成长的内在机理（刘晓燕、阮平南，2007）。李勇、郑垂勇（2007）提出了企业生态位的概念，提倡企业通过生态位分离来实现生态位共生，从而避免由于生态位的严重重叠而引起的过度竞争。可从优化空间布局和产品多元化两方面的建议。

（1）优化空间布局，推进产业错位发展。

在企业集群快速发展过程中势必会积累一些深层次的矛盾和问题，主要表现在产业布局分散、低水平重复建设、同质化竞争加剧、创新能力不足、招商引资缺乏统筹等方面。集群内的资源环境承载能力毕竟是有限的，不同企业的资源禀赋也各不相同，缺少合理规划必然会导致浪费和重复建设，高投入低产出和产能过剩等。加上世界经济总体低迷、部分产业全国性产能过剩等矛盾加剧，带来集群企业效益下滑。

要解决这一问题，需要集群所在地政府统筹规划，优化布局，实现效益最大化和效率最优化；坚持差异化布局、错位发展重点区域，提升集群竞争力。遵循产业发展规律，充分发挥市场在资源配置中的决定性作用并更好发挥政府作用。对一般竞争性产业，要尊重市场规律，引导产业集中、集聚、集约发展；对电子信息、新兴战略性等目前尚在培育发展中的产业，发挥各地特色和优势，因地制宜，加快发展；对资源环境依赖性强和邻避效应突显的产业，应统筹规划、合理布局，营造良好的发展氛围，提高资源配置效率。

（2）积极创新，实行产品多元化。

资源以及产品市场容量的有限性导致了企业的竞争，集群内企业出现生态位重叠，对重叠部分实现有序分配和竞争能够为企业创造一个公平的市场环境，但是扩大企业的生态位宽度同样是企业可持续发展的重要途径，盲目的扩张企业的业务范围具有很大的风险型，然而知识技术溢出带来的衍生产品可成为企业新的利润增长点，即集群合作效应中产生的范围经济。发掘新的产品市场，在已有产品和技术上进行衍生产品创新能够在可控风险下扩展企业业务，已成为企业竞争战略中的重要策略。创新是企业发展的源泉，是企业实行范围经济以及拓宽产业链的推动力。首先，政府首先应该树立积极创新的集群文化和建设有利创新的经济社会环境；其次，从制度上引导、激励集群内企业创新，例如设立基金对创新行为进行奖励等；再次，是帮助有创新意愿的企业解决遇到的问题，如帮助资金不足的企业联系金融机构融资等；最后，是鼓励企业间联合创新，更好地发挥集群外部性的优势。企业合作创新中知识外溢带来的范围经济产品是企业产业链扩展的重要途径，是竞争日趋激烈的产品市场的一抹"绿色"，因此企业应该利用现有技术，充分利用享有产业价值链上的剩余资源，通过联合创新，实行多元化经营来挖掘新产品市场。

第6章

集群企业合作困境解决路径

受管理体制落后、政策法规法制不完善、信息沟通不畅、个体理性和整体理性冲突等宏观环境以及企业自身因素的影响，集群企业在合作过程中往往面临着搭便车、道德风险、规模不经济等合作困境，如何增强集群内企业间的合作成为当地政府、集群管理者及群内企业亟待解决的难题？对此，本章从推进效率提升的分工结构、构建低成本的服务体系、重构多赢格局的价值链、配置合作创新的一体化资源以及扩张规模经济的价值网络六条路径来增强集群企业合作，及时走出企业合作困境。

6.1 基于效率提升的分工结构推进

分工的本质是一种生产结构，分工的发展与深化实质就是生产结构带有拓扑性质的变动，分工结构主要分为横向分工结构、纵向分工结构以及混合分工结构（张传蓉，2008）。横向分工则是指同质位链条的分解。同质位是指在价值创造过程中处于相同层面或具有完全对等权力的生产环节。从产品生产角度来看，横向分工最终产生两个结果：同质产品的差异化以及异质产品的多样化。也正因为如此，营销理论诞生了差异化战略和多样化战略。纵向分工是指按照权力上下级关系或技术关联上下游关系所进行的链条式分解。价值链侧重于子系统之间顺序式的上下游关系，因而波特所提出的价值链分解问题其实就是纵向分工的另一种表述。从基本构成层面，价值链可划分为原材料、零部件采购，生产市场营销、批零服务等前后联系的价值增值环节。混合分工是纵向分工与横向分工共存的有机结合。与横向和纵向分工结构不同，混合分工结构是网络型的，而非线型的。

推进企业集群分工结构有以下几个作用（李亦亮，2006）。

①推进分工结构有利于企业群生产规模向最适规模逼近。最适规模是最终产品单位生产成本最低时的产量规模。在既定的技术条件下，不同产品的最适规模是不同的；同一产品的不同零部件或不同工艺阶段的最适规模也是不同的。推动分工演进可使产品的零部件或不同生产环节达到完美匹配，减短工期。

②推进分工结构有利于降低群外企业入群的投资壁垒。集群内的企业实施的是专业化生产，只从事某些工艺、零部件、服务的生产和提供活动。因而大部分企业生产规模小，对资源的需求较低，推进企业集群的分工结构为企业实现专业化生产提供了基础，可以降低群外企业入群的投资壁垒，使企业集群得到更快的发展。

③推进分工结构有利于防止企业集群中柠檬市场的出现。企业集群中的柠檬市场是由于集群分工不够发达造成的。市场方面，顾客要花费较高成本搜索产品信息；集群企业方面，由于单个承担了最终产品生产的几乎所有环节，这就为企业实施机会主义行为提供了巨大的诱惑和可能性。通过推进产业结构，形成专业化分工可以很好地防范柠檬市场出现，一方面，专业化分工使最终产品的生产环节分散在不同企业，中间产品生产企业的资产高度专用性使得柠檬市场很少出现在中间产品交易中；另一方面，由于企业只承担有限的生产环节，要获得上下游环节生产企业的信任，声誉成为重要的无形资产，这也大大降低了柠檬市场出现的概率。

④推进分工结构有利于集群企业产业链的拓宽和延伸。推进分工结构使得集群企业只从事自己具有相对优势的生产环节，而这种发达的分工为集群企业的产业链拓宽和延伸提供了基础条件。当集群企业实行多元化经营，进入与既有产业相关的新产业时，可以在分享企业集群专业化分工带来的经济利益基础上共享既有产业价值链上的模块，因而仅需投入少量资源。随着企业集群生产规模扩张、内部竞争加剧，既有产业利润会日益变薄，进军新产业为大势所趋，必然带来集群企业产业链的拓宽和延伸。产业链的拓宽和延伸既能提高集群资源的利用率，充分利用既有产业价值链上的剩余资源，又能通过多元化经营降低企业及集群整体的风险。

推进集群企业的分工结构带动了效率的提升，可以从以下几个方面付诸实践：

①细化产品生产环节,推动产品向最适生产规模逼近。产品生产环节的细化有利于集群企业的专业化生产,而最适生产规模能够实现企业的高效生产,从而推进并完善集群企业的分工结构。

②扩展集群企业的产业链。产品的供应渠道应多源化,防止供应商单一造成产品缺货风险,多个供应商的存在保证了公平的市场竞争,在降低投资壁垒的同时,完善了产业链的纵向分工。同样,要延伸产品的销售渠道,加快产品进入市场的推进速度,而不仅是在集群内部企业之间。

③实现产品差异化与多样化经营。资源的稀缺以及共性技术的易于模仿促进了集群企业生产方式的转变,传统的同质产品生产获利甚少,市场的个性化需求加剧了这一困境,企业越来越注重消费者的个性需求,异质化产品和多元化产品更加符合市场需求,同时推进了集群的横向分工。

分工是交易效率提高的产物,其结果带来了经济效率的提升。亚当·斯密认为,正是由于企业间的分工,才使企业集群具有了单个企业或是整个市场都无法拥有的效率优势。然而企业内过细的分工极有可能导致规模过小、组织成本过高等一系列弊端,纯粹的市场分工又使得企业间的交易成本过高。企业集群的存在在保证专业化分工的效率的同时还能进一步促进分工与专业化,从而反过来促进企业集群发展,形成良性循环,这种良性循环将提高集群效率和增加集群收益(胡晓鹏,2004)。

6.2 基于溢出效应的产品差异化调整

产品差别化是指同一产业内不同的竞争企业生产的同类商品,由于其在物理性能、销售服务、消费者偏好和信息提供等方面存在着差异,导致相互间不完全替代关系的状况。早在17世纪,英国资产阶级古典政治经济学创始人配第就发现了世界各国国民收入水平的差异和经济发展的不同阶段,并将原因归于产业结构的不同。生产要素会流向利润高的产业和企业,企业集群既有的产业或产品由于生产规模扩张、市场竞争加剧,会导致规模不经济,利润会日益微薄,必然会催生新产业和差异化的新产品,由于新产业和差异化的新产品与原有的价值链模块能够拟合,因而降低了企业的经营风险,集群企业的多元化经营同样能降低企业集群系统的整体经营风险。

第 4 章已论述，合作研发中集群企业间适度的溢出有利于企业利润的提高，而过度的溢出会导致企业困境。而对于集群中生产差异化产品的双寡头企业，集群范围中的溢出越高，越有利于产品市场价格的稳定和企业利润的提高。下面对这一机理进行分析。

6.2.1 差异化产品下集群知识技术溢出对价格均衡影响的研究动因

经典的 Bertrand 竞争认为寡头企业的产品同质无差异，寡头企业通过选择一个高于边际成本低于竞争企业产品价格的价格来获得全部收益，最后导致寡头双方选择等于边际成本的价格，利润为零。然而现实情况是产品相互之间或多或少存在差别，各自的价格定位亦有所不同，即 Bertrand 悖论。此外，现实中寡头企业是有限理性的，寡头企业产品的价格不是从一开始就确定的，是根据产品自身及替代品的市场需求供给来决定的。有限理性的寡头企业通过采用不同的机制对价格进行调整，以达到自身利润的最大化。有关调整机制的研究大多数集中在 Cournot 竞争中的产量调整，根据寡头企业有限理性程度以及所掌握信息完善度的不同，采用 Naïve、Adaptive、GD、LMA 等的调整机制。

迄今为止，国内外有关 Bertrand 竞争的文献大多以寡头企业完全理性为前提，侧重从委托代理（刘莉等，2008）、产品替代（谭德庆、刘光中，2004；赵德余等，2006）、产品差异化策略及融资策略（赵德余等，2006；杨广青等，2006）等方面分析。在将有限理性引入 Bertrand 竞争的为数不多的国内外文献中，学者们主要从产品差异化、价格调整策略等方面对产品价格的稳定性进行探讨（Zhang et al., 2009；Xin & Chen，2011；卢亚丽，2012）。如卢亚丽（2012）采用有限理性策略与适应性策略，研究了两寡头企业主从型 Bertrand 价格博弈模型的动力学性质；Zhang 等（2009）在研究有限理性的 Bertrand 寡头竞争中，认为提高价格调整速度可能会改变 Nash 均衡点的稳定性，导致分岔和混沌的发生。查新获知，基于寡头企业之间竞争而不合作的一般特征，已有文献考察的产品单位成本大多固定不变，因而忽略了企业间因知识、技术溢出带来的产品单位成本降低。

集群中企业间的地理邻近、人才的自由流动以及良好的信息共享氛围造成了知识、技术等溢出的不可避免，一些企业往往因此受益，单位产品成本得以大幅度降低，集群溢出成为企业集群发展中获得竞争优势的重要原因（Marinao & Pilar，2005）。集群的溢出效应是空间集聚的企业集群区别于一般性企业间竞合关系的重要特征。因此，在由寡头企业主导的企业集群中探讨企业间的知识、技术溢出对产品价格动态演化的影响应该能达到提升 Bertrand 竞争模型的应用价值和丰富其理论内涵。为此，本节拟研究在一个由双寡头企业主导的企业集群中，有限理性的寡头企业通过采用不同机制 Naïve 和 GD 对差异化产品的价格进行不断调整，构建起具集群溢出的双寡头 Bertrand 竞争博弈模型，利用该模型，从演化角度分析集群溢出对价格动态系统的影响，探析集群溢出对维持双寡头产品价格稳定的重要性。

6.2.2 不同调整机制下集群双寡头价格演化模型构建

企业集群内有垄断双寡头，企业1和企业2，双方生产可替代的产品，企业1生产产品1，企业2生产产品2。产品1和产品2的市场需求函数为

$$Q_i = a_i - b_i p_i + d p_j \tag{6-1}$$

$a_i > 0$，$b_i > 0$，$i, j = 1, 2$，$i \neq j$，其中参数 d 表示产品1和产品2互相之间的替代程度，d 越大表示产品1和2之间的可替代性越强。

企业 i 的成本函数为：

$$C_i = \frac{c_i}{1+\theta} Q_i \tag{6-2}$$

c_i 为企业 i 的边际成本，θ 为集群溢出水平，$\theta \geq 0$。可知企业 i 的利润函数为

$$\pi_i = \left(p_i - \frac{c_i}{1+\theta}\right) Q_i \tag{6-3}$$

则边际利润为

$$\frac{\partial \pi_i}{\partial p_i} = a_i - 2b_i p_i + d p_j + \frac{b_i c_i}{1+\theta} \tag{6-4}$$

由 $\frac{\partial \pi_i}{\partial p_i} = 0$，可知企业 i 产品价格的最优反应函数为：

$$p_i = \frac{a_i + d p_j + \frac{b_i c_i}{1+\theta}}{2 b_i} \tag{6-5}$$

基于有限理性，假设企业1采用 Naïve 价格调整机制，即企业1认为产品2下一期的价格与当期一样，因此将依据最优反应函数对价格进行调整，即企

业1的价格调整动态系统为：

$$p_1(t+1) = \frac{a_1 + d\,p_2(t) + \frac{b_1 c_1}{1+\theta}}{2b_1} \tag{6-6}$$

假定企业2采取 GD 价格调整机制，即它将根据当期边际利润调整产品下一期的价格，若边际利润为正（负），企业2将会增加（减少）产品下一期的价格，其价格动态调整机制可表示为：

$$p_2(t+1) = p_2(t) + \alpha p_2(t)\left[a_2 - 2b_2 p_2(t) + d\,p_1(t) + \frac{b_2 c_2}{1+\theta}\right] \tag{6-7}$$

由公式（6-6）（6-7）得知集群内 Bertrand 竞争中不同价格调整机制下的离散动态系统：

$$\begin{cases} p_1(t+1) = \dfrac{a_1 + dp_2(t) + \dfrac{b_1 c_1}{1+\theta}}{2b_1} \\ p_2(t+1) = p_2(t) + \alpha p_2(t)\left(a_2 - 2b_2 p_2(t) + dp_1(t) + \dfrac{b_2 c_2}{1+\theta}\right) \end{cases} \tag{6-8}$$

6.2.3 集群溢出对双寡头价格均衡的影响分析及讨论

要深入地分析系统（6-8）中价格的演化轨迹，先求出系统（6-8）的均衡点。令

$$\begin{cases} p_1 = \dfrac{a_1 + dp_2 + \dfrac{b_1 c_1}{1+\theta}}{2b_1} \\ \alpha p_2\left(a_2 - 2b_2 p_2 + dp_1 + \dfrac{b_2 c_2}{1+\theta}\right) = 0 \end{cases} \tag{6-9}$$

可求得两个均衡点 $E_1\left(\dfrac{a_1 + \dfrac{b_1 c_1}{1+\theta}}{2b_1},\ 0\right)$ 及 $E_2(p_1^*,\ p_2^*)$，其中

$$p_1^* = \frac{a_2 d + 2a_1 b_2 + 2b_1 b_2 \dfrac{c_1}{1+\theta} + db_2 \dfrac{c_2}{1+\theta}}{4b_1 b_2 - d^2},$$

$$p_2^* = \frac{a_1 d + 2a_2 b_1 + 2b_1 b_2 \frac{c_2}{1+\theta} + db_1 \frac{c_1}{1+\theta}}{4b_1 b_2 - d^2}$$

E_1 表示的是垄断均衡，双寡头竞争状态不会演变为垄断状态，双寡头并存状态将一直保持下去。对于垄断企业，只有在价格为正时才有经济意义，因此要使$E_2(p_1^*, p_2^*)$为非线性系统（6-8）的 Nash 均衡点，必须有$p_1^* > 0$以及$p_2^* > 0$，即

$$4b_1 b_2 - d^2 > 0 \tag{6-10}$$

下面将探讨均衡点 E_1 和 E_2 的局部稳定性，系统（6-8）的雅可比矩阵为：

$$J = \begin{bmatrix} 0 & \frac{d}{2b_1} \\ \alpha d p_2 & 1 + \alpha\left(a_2 - 4b_2 p_2 + dp_1 + \frac{b_2 c_2}{1+\theta}\right) \end{bmatrix} \tag{6-11}$$

均衡点局部稳定时对应的雅克比矩阵必须满足以下条件：有两个特征实根 φ_i，$i = 1, 2$，且$|\varphi_i| < 1$。将E_1点坐标代入，可得其雅可比矩阵为：

$$J(E_1) = \begin{bmatrix} 0 & \frac{d}{2b_1} \\ 0 & 1 + \alpha\left(a_2 + d\frac{a_1 + \frac{b_1 c_1}{1+\theta}}{2b_1} + \frac{b_2 c_2}{1+\theta}\right) \end{bmatrix}$$

可知其特征根为 $\varphi_1 = 0$，$\varphi_2 = 1 + \alpha\left(a_2 + d\frac{a_1 + \frac{b_1 c_1}{1+\theta}}{2b_1} + \frac{b_2 c_2}{1+\theta}\right)$，因 $\varphi_2 > 1$，因此均衡点 E_1 为鞍点。

将E_2点坐标代入，可得其雅可比矩阵为：

$$J(E_2) = \begin{bmatrix} 0 & \frac{d}{2b_1} \\ \alpha d p_2^* & 1 + \alpha\left(a_2 - 4b_2 p_2^* + dp_1^* + \frac{b_2 c_2}{1+\theta}\right) \end{bmatrix}$$

矩阵的迹 $T = 1 + \alpha\left(a_2 - 4b_2 p_2^* + dp_1^* + \frac{b_2 c_2}{1+\theta}\right)$

行列式 $V = -\frac{\alpha d^2 p_2^*}{2b_1}$

矩阵对应的特征多项式为：$P(\varphi) = \varphi^2 - T\varphi + V$

要使E_2局部稳定，除了满足条件(6-10)外，应有判别式$\Delta = T^2 - 4V > 0$，并且满足Jury条件：$\begin{cases} 1 + T + V > 0 \\ 1 - T + V > 0, \\ 1 - V > 0 \end{cases}$ 经证明可知$\Delta = T^2 - 4V > 0$，$1 - T + V > 0$，$1 - V > 0$，因此E_2局部稳定的条件为$1 + T + V > 0$，为了考察集群溢出θ对价格离散动态系统（6-8）的演化影响，将原始系数代入后分析可得到命题6.1。

命题6.1：当$\theta < \dfrac{\alpha(2b_1b_2c_2 + db_1c_1)(d^2 + 4b_1b_2)}{4b_1(4b_1b_2 - d^2) - \alpha(d^2 + 4b_1b_2)(da_1 + 2a_2b_1)} - 1$时，价格演化处于混沌或分岔状态，不存在Bertrand-Nash均衡价格；当$\theta = \theta^* = \dfrac{\alpha(2b_1b_2c_2 + db_1c_1)(d^2 + 4b_1b_2)}{4b_1(4b_1b_2 - d^2) - \alpha(d^2 + 4b_1b_2)(da_1 + 2a_2b_1)} - 1$时，均衡点$E_2$正经历翻转分岔；当$\theta > \dfrac{\alpha(2b_1b_2c_2 + db_1c_1)(d^2 + 4b_1b_2)}{4b_1(4b_1b_2 - d^2) - \alpha(d^2 + 4b_1b_2)(da_1 + 2a_2b_1)} - 1$时，价格演化处于稳定状态，此时存在Bertrand-Nash均衡价格$E_2(p_1^*, p_2^*)$。

由命题可知，$\theta > \dfrac{\alpha(2b_1b_2c_2 + db_1c_1)(d^2 + 4b_1b_2)}{4b_1(4b_1b_2 - d^2) - \alpha(d^2 + 4b_1b_2)(da_1 + 2a_2b_1)} - 1$为离散系统（6-8）的稳定区域。若$\theta^* = \dfrac{\alpha(2b_1b_2c_2 + db_1c_1)(d^2 + 4b_1b_2)}{4b_1(4b_1b_2 - d^2) - \alpha(d^2 + 4b_1b_2)(da_1 + 2a_2b_1)} - 1 > 0$，会导致当$\theta \in [0, \theta^*)$时，价格演化处于混沌或分岔状态。在现实经济中，即使在无集群溢出的情况下，集群内寡头企业也不希望价格处于混沌状态。实际生活中有$\theta \geq 0$，因此当$\theta^* \leq 0$，即满足条件（6-12），寡头企业的价格演化将会一直处于稳定状态。

$$\alpha(2b_1b_2c_2 + db_1c_1)(d^2 + 4b_1b_2) \leq 4b_1(4b_1b_2 - d^2) - \alpha(d^2 + 4b_1b_2)(da_1 + 2a_2b_1) \tag{6-12}$$

6.2.4 数值模拟及分析

离散动态系统方程一般不存在解析解，为了更形象地描述集群溢出θ对集群内寡头企业产品价格演化轨迹的影响，特在本节采用数值模拟进行分析。取初始值$[p_1(0), p_2(0)] = (2.0, 2.5)$，在满足稳定区域的系数取值下，价格初始值的不同不会影响集群溢出临界值 θ^*。在 Matlab 编程中，令迭代次数 N = 500。图 6-1、图 6-2、图 6-3、图 6-4 显示的是价格离散系统随集群溢出 θ 变化的动态演化图，其中 $a_1 = 2, a_2 = 2, b_1 = 0.6, b_2 = 0.5, c_1 = 1.5, c_2 = 2, d = 0.2$，图 6-1 中 $\alpha = 0.72$，图 6-2 中 $\alpha = 0.6$，图 6-3 和 6-4 中 $\alpha = 0.5$。

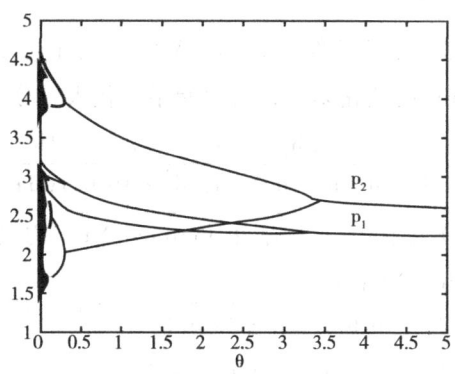

图 6-1　$\alpha = 0.72$ 时系统分岔图

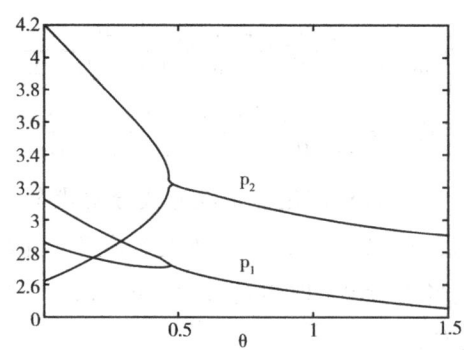

图 6-2　$\alpha = 0.6$ 时系统分岔图

图 6-1 中，当集群溢出 $\theta < 3.336$ 时，寡头企业的产品价格处于分岔混沌情形，当 $\theta \geqslant 3.336$，产品价格步入稳定市场，此时不同的集群溢出对应不同的 Nash 均衡价格，在 $\theta^* = 3.336$ 时，有 Bertrand-Nash 均衡价格 $(p_1^*, p_2^*) = (2.288, 2.688)$。

图 6-2 中集群溢出临界值 $\theta^* = 0.465$，存在 Bertrand-Nash 均衡价格 $(p_1^*, p_2^*) = (2.716, 3.226)$。当集群溢出 $\theta < 0.465$ 时，价格处于混沌或倍周期分

岔情形，当 θ≥0.465，寡头企业的产品价格步入稳定市场，此时存在 Nash 均衡价格。

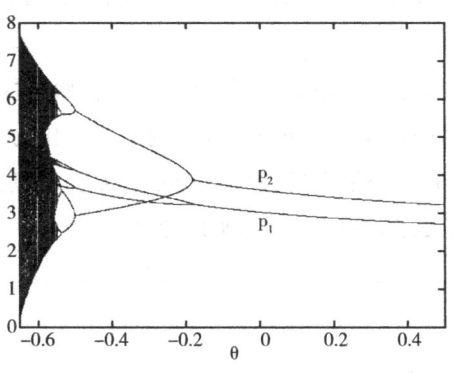

图 6-3　α=0.5 时系统分岔图

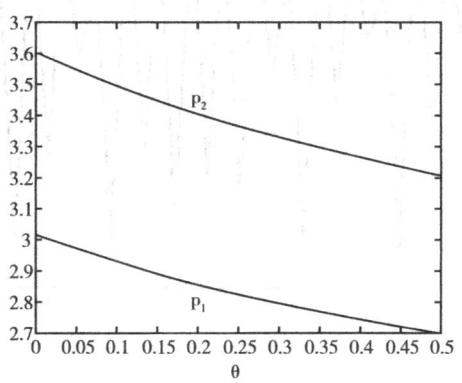

图 6-4　α=0.5，θ≥0 时系统分岔图

图 6-3 和图 6-4 中临界值 $\theta^* = -0.184$，对应的 Bertrand-Nash 均衡价格 $(p_1^*, p_2^*) = (3.230, 3.871)$，由于正常情况下集群溢出 θ≥0，因此寡头企业的产品价格一直处于稳定情形，存在 Nash 均衡价格，见图 6-4。例如，在 θ=0 时有 Bertrand-Nash 均衡价格 $(p_1^*, p_2^*) = (3.017, 3.603)$。

综观上述 4 图，可知初始条件的取值决定了寡头企业产品价格的动态演化轨迹，在其他系数相同的情况下，价格调整速度 α 以及集群溢出 θ 共同决定了价格离散系统的演化轨迹。价格调整速度 α 的取值将决定集群内寡头企业产品的价格演化在无集群溢出或很小的集群溢出（即 θ=0 或在 0 附近）

下是否处于稳定状态,图6-1、图6-2、图6-4中,集群溢出在原点附近时,价格演化分别处于混沌、倍周期分岔以及稳定状态。进一步由式(6-12)计算可知,当 $\alpha \leq 0.53712$ 时,寡头企业产品的价格演化轨迹将会一直处于稳定状态。

价格离散系统的非线性特征决定了价格演化对初始条件的敏感性。图6-1、图6-2、图6-3显示的是 α 以及 θ 取值不同对价格演化的影响。同样,其他系数初始取值的微小差异也会带来后续价格调整的差异,见图6-5。图6-5中初始值分别为(3.0,2.5)以及(3.0001,2.5)。

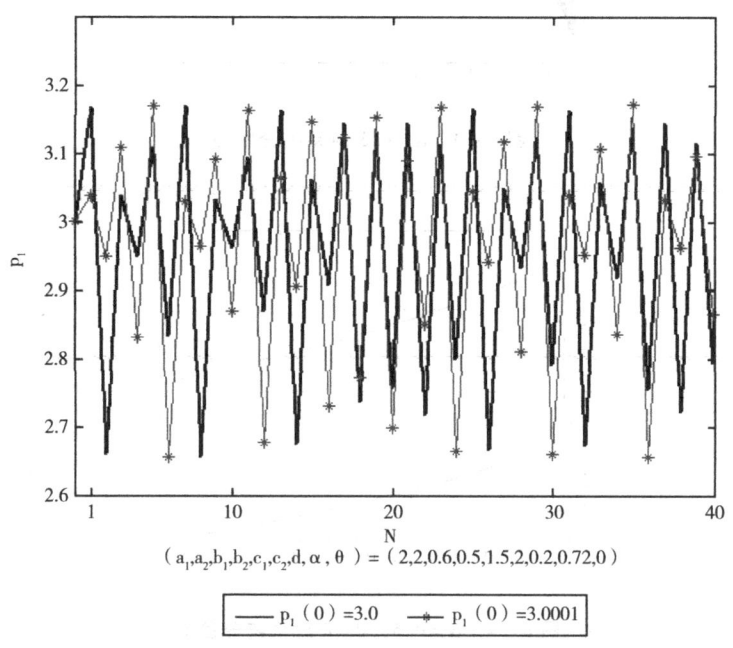

$(a_1,a_2,b_1,b_2,c_1,c_2,d,\alpha,\theta) = (2,2,0.6,0.5,1.5,2,0.2,0.72,0)$

—— $p_1(0)=3.0$ $*$ $p_1(0)=3.0001$

图6-5 基于初始值微小差异的价格演化趋势

可以看出,离散动态系统中替代程度、价格调整速度、集群溢出及产品单位成本等系统参数共同决定着价格的动态演化轨迹及其最终状态。若系统参数的取值满足 Nash 均衡存在的稳定区域,价格最终将处于稳定状态,价格的初始取值的不同不会影响价格演化的最终结果;若系统参数的取值不满足 Nash 均衡存在的稳定区域,则价格演化最终处于分岔或混沌状态,价格的初始取值的细微差别可能导致价格演化的不小差异。

通过图6-1和图6-2不难发现集群溢出对于维持产品价格市场稳定的重

要性。当集群溢出水平达到一定程度，会促使原本混沌或分岔的价格市场趋于稳定。因此，即使寡头企业固有的不易变更的系数初始取值使得价格演化会处于混沌或分岔状态，但集群内企业特有的集群溢出可能会使价格演化趋于稳定。只要图 6-1 集群溢出 $\theta \geqslant 3.336$，图 6-2 中 $\theta \geqslant 0.465$，集群内寡头企业的价格演化就将处于稳定状态。集群溢出对价格演化的影响同样可以通过混沌吸引子来描述，见图 6-6、图 6-7、图 6-8，$a_1 = 2$，$a_2 = 2$，$b_1 = 0.6$，$b_2 = 0.5$，$c_1 = 1.5$，$c_2 = 2$，$d = 0.2$，$\alpha = 0.72$，$N = 200$，θ 的取值分别为 0、0.2、3.4。图 6-9 显示了价格调整速度和集群溢出的稳定区域图，其中 $a_1 = 2$，$a_2 = 2$，$b_1 = 0.6$，$b_2 = 0.5$，$c_1 = 1.5$，$c_2 = 2$，$d = 0.2$，横坐标 θ 理论上可趋于正无穷，后续区域图中并未给出。它清晰地表示随着集群溢出的增大，稳定状态下价格调整速度的可选择区间更大，符合 Jury 条件的稳定区域变大。

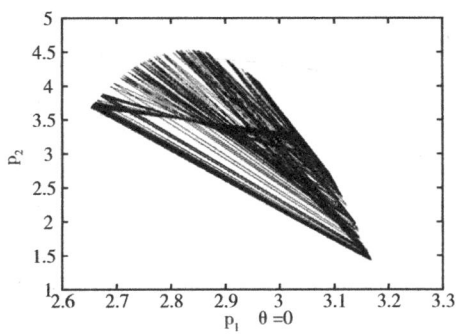

图 6-6　$\theta = 0$ 时的混沌吸引子

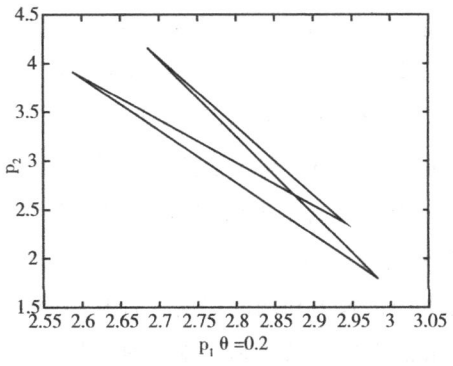

图 6-7　$\theta = 0.2$ 时的混沌吸引子

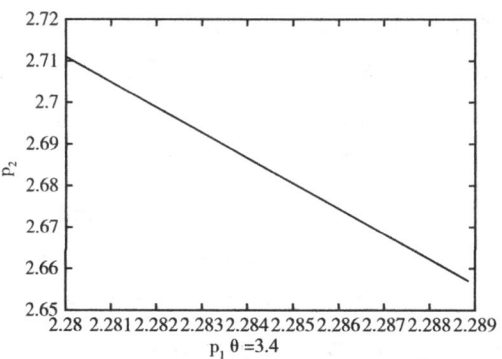

图 6-8　θ=3.4 时的混沌吸引子

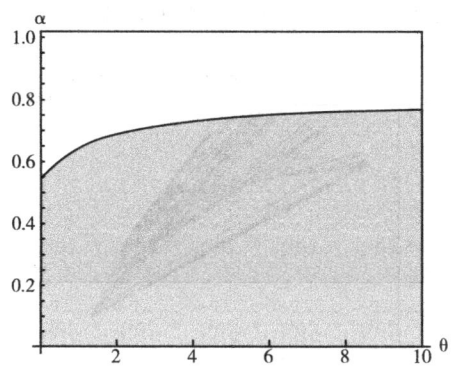

图 6-9　关于 α 和 θ 的稳定区域

集群溢出对稳定产品市场的重要作用亦可体现在企业的利润中。事实上，只有当企业获得较稳定的正利润时，市场才能得以稳定。图 6-10、图 6-11 显示的是企业 1 和企业 2 在不同的集群溢出 θ=0、0.2、3.4 下的利润，其他参数 $a_1=2$，$a_2=2$，$b_1=0.6$，$b_2=0.5$，$c_1=1.5$，$c_2=2$，$d=0.2$，$\alpha=0.72$，此时集群临界水平为 $\theta^*=3.336$。在无集群溢出时，市场处于混沌状态，企业的利润起伏不定，甚至为负；当集群溢出 θ=0.2，分岔状态下的产品市场产品价格的不稳定使得利润依旧波动很大；当集群溢出增大到 θ=3.4，产品价格处于均衡，稳定的市场带来了利润的提高，且利润明显好于前面两种情况。

可以看出，当集群溢出低于某一临界水平时，集群内产品价格将处于分岔或混沌状态，致使企业无法对产品价格进行准确预测，进而导致市场失灵；当集群溢出超过临界水平时，集群内产品价格步入稳定状态，集群企业可以根据自身的价格调整机制准确预测价格，进而决定产量，此时企业的利润较混沌或分岔状态时有了很大的提高。

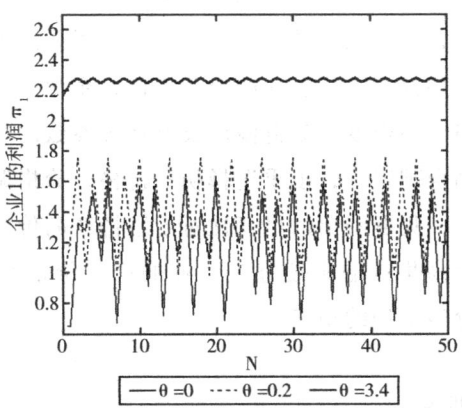

图 6-10　企业 1 在不同集群溢出下的利润

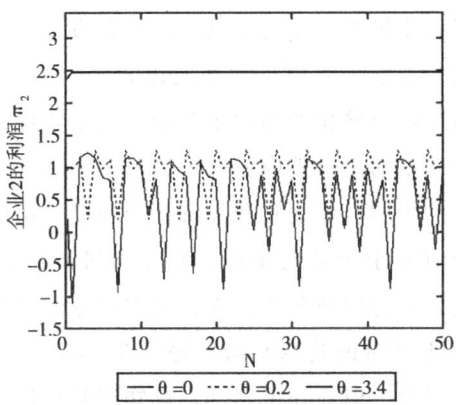

图 6-11　企业 2 在不同集群溢出下的利润

6.2.5　模型管理学意义

价格动态系统中产品价格的演化轨迹取决于系统参数的取值。在 Nash 均衡存在的稳定区域，价格初始取值的不同不会影响价格演化的最终结果，但在分岔或混沌状态下，价格的演化轨迹则敏感依赖于价格的初始取值。

在双寡头企业主导的企业集群中，提高集群溢出有助于 Bertrand-Nash 均衡价格存在的稳定区域的增大，有助于价格演化从混沌或分岔状态趋向稳定状态，从而对维持集群内双寡头企业产品价格的稳定具有重要作用。

现实经济社会中，经济系统的非线性特征决定了产品市场对初始条件的敏感性，对于具有有限理性双寡头企业的企业集群，企业的产品价格演化轨迹取决于边际成本、价格调整速度、集群溢出及价格等参数的取值。因此，集群内双寡头企业要对产品合理定位，慎重选择初始价格、价格调整速度等参数。相比其他参数的固定性，集群溢出的可变性对于维持产品价格的稳定作用更为独特，集群可以通过提高集群溢出使寡头企业的产品价格在市场上具备竞争优势，也有利于产品价格市场的稳定。

6.2.6 对应措施

在龙头企业主导的企业集群中，产品差异化在积极响应市场和消费者需求的同时，也为产品多元化拓宽产业链提供了技术和市场经验的支持。

（1）加强差异化产品企业集群中的知识共享。

鉴于集群溢出对生产差异化产品的集群企业的重要性，集群可从以下几个方面增强集群企业合作中的溢出效应：

①构建积极创新的集群合作文化和经济社会环境。集群管理者及集群内企业管理者应明文标识有利于企业与企业、企业与科研机构或高校等合作的章程，增强企业员工的合作意识及分享意识，树立良好的集群合作氛围。

②在企业集群内建立知识共享平台。经常举办企业间的科技和人才交流会，为知识共享搭建平台。倡导知识共享，对知识共享行为的企业和个人给予表扬和激励，消除知识共享的心理障碍。

③加强学习能力。知识技术的吸收与转化与企业员工的学习能力息息相关，合作中的溢出要转化为生产力必须经过吸收者的加工升级，形成自己特有的不易被外人模仿的隐性知识。因此集群内企业要不时组织培训，增强员工的新技术接受能力和学习能力。

④产品多元化经营。在差异化产品下，一定范围下提高集群中企业合作的溢出效应有利于价格的稳定及利润的增加，因此在现实中应该鼓励集群企业的多元化经济，鼓励企业开发新的关联产品，增广收入渠道，开辟新的产品市场。

（2）建立试点示范，壮大龙头企业数量。

龙头企业在企业集群中具有特殊的地位，对集群协作系统构建、集群演进和产业升级都有一定作用。它是集群技术创新和产品研发的中心，是集群品牌价值所在、市场开拓的先导。对于集群内的中小企业，龙头企业既是隐性知识的重要来源，也是自身未来成功的典范。龙头企业对集群的作用和意义是多方面的，包括其投资的外部效应、知识的扩散效应、创新的带动效应、品牌的促进效应。

但如果集群内龙头企业数目太少，一则会使产业结构单一，易受外部环境冲击；二则龙头企业可能会利用其特殊地位压制集群内中小企业。例如压低外包价格、缩短期限等；在与政府或其他第三方机构的交往中，龙头企业也可能利用其话语权损害集群整体利益来达到自身利益最大化。

为了集群的健康，管委会/地方政府一方面应该鼓励龙头企业生产，在政策上给予优惠和一定的倾斜，在服务上鼓励龙头企业扎根到集群体系中，充分发挥其对集群内其他企业的示范、促进作用；另一方面也要积极引入更多龙头企业，并通过建立良好的协作机制帮助集群内的中小企业共同成长，发掘帮助本地企业成长为龙头，避免寡头企业挤占小企业发展空间，阻碍集群产业升级。

6.3 基于低成本的服务体系构建

企业集群服务体系是指专门为集群内企业服务而建立起来的专业化、社会化网络。其目的是通过提供良好的公共环境来克服企业集群劣势，发挥企业集群优势，促使企业集群不断发展壮大，企业集群服务体系的构建对促进企业集群甚至整个区域经济可持续发展有着重要的意义。企业集群服务体系的建立有利于强化企业集群发展的政策支持和协调服务，完善传统性基础设施、技术性基础设施（如科研机构、信息技术开发和服务中心及质检中心等）及文化性基础设施（如集群文化、信用体系等）；有利于加大企业集群公共产品的供给力度，防止公共品建设的市场失灵现象；有利于引导企业集群内部的有序化竞争，减少恶性竞争和非法竞争；有利于形成企业集群所需的生态环境，增强集群竞争优势。

毋庸置疑，良好的基础设施是外生型集群（工业园区）吸引成员企业的重要方面，从"三通一平""五通一平"到"七通一平"再到"九通一平一厂一站"（通供水、排水、电网、公路、铁路、通讯、供热、供气和雨污管网），达到场平，建立固废处理厂和消防站，在硬件基础设施上政府和园区管委须为入住企业提供愈加完善的基础设施服务。在硬件基础设施不断完善的同时，地方政府和管理部门以及集群管理者也应重视软环境的营造，努力用更加完善的服务帮助企业解决落户、生产、经营中遇到的一系列问题。针对这一趋势，政府及园区可以借鉴乌鲁木齐国家高新区的七通一平软环境要求，在硬件基础条件已具备的情况下，为企业服务所要达到的信息灵通、资金融通、人才流通、服务沟通、政策畅通、法制顺通、生活便通的一个全新概念。

然而纵观国内大多数企业集群（产业园、高新技术开发区、工业园等），其服务体系普遍存在服务体系意识不强、集群法制环境不健全、建设资金短缺、保障措施落后、产业关联性不强、信息服务平台欠缺以及创新服务体系不健全等难题，对此，提出以下几点有关企业集群服务体系构建的策略。

（1）增强政府和集群管理者的企业集群服务体系意识。政府应该充分认识到企业集群服务体系对企业集群的重要性，而不仅仅是将产业链上的企业聚集在一起，还应与集群管理者一同对企业集群进行合理规划和引导。

（2）健全企业集群法规法制。政府应该制定相应有利于企业集群发展的优惠政策并保证其得以实施，公开公正公平地处理企业集群发展中的各种经济纠纷，使企业集群在税收政策、土地使用等方面能真正享受公平待遇。

（3）正确引导企业集群服务体系建设方向。不少企业集群的服务体系倾向于发展高科技产业，注重短期效果，重视大型企业、忽视中小型企业，导致集群发展不平衡，严重损害集群的可持续发展。政府应该正确引导集群服务体系建设，从企业集群长远发展的角度，鼓励服务体系关注有潜力的中小型企业，对中小企业给予信息技术咨询以及优惠政策扶持等方面的服务。

（4）构建公共服务平台及信息服务平台，共享集群资源。充分发挥政府对区域内资源的协调配置能力，联合商会、行业协会等中介服务组织共享集群内信息、技术、人才及金融等方面的资源，为企业创造公平竞争的集群环境。通过培育多层次、服务功能齐全的中介服务市场，建立信息共享平台，加强信息共享平台的软硬件建设，建立以"基础设施为依托，信息数据为核心，网络服务为平台"的企业集群信息系统，实现企业集群资源及技术信息的共享。

（5）强化产业关联，完善集群产业关联服务体系。培育本地优势企业，促进本地上下游和互补企业的发展，加强关联产业的本地根植性，是外来企业在本地生根，大力培育、完善产业链，促进关联产业同步发展。

（6）提高自主创新能力，优化集群创新环境。大力培育发展科技中介机构，并加强其能力建设，完善创新服务体系建设，为集群企业的发展搭建坚实的科技服务平台。构建以"政府投入为引导、企业投入为主体、金融资本为支撑、社会资本积极参与"的多元化科技投入体系，加快科技成果的转化，为企业创造良好的融资研发环境。

（7）引入社会资本，多元化投资。在建设投资来源方面要从过去单一的政府投资发展到多种投资模式并存（政府引导、依赖市场运作、BT模式等），引入社会资本，拓展资金来源，缓解地方政府财政支持力度有限的困难，确保园区基础设施建设的顺利开展。与此同时，投资模式多元化也为社会资本提供了一个新的投资渠道，促进了地方经济的有序发展。

6.4 基于多赢格局的价值链重构

价值链的概念是美国学者迈克尔·波特于1985年在其所著的《竞争优势》一书中首次提出，波特认为，企业的竞争优势来源于企业在设计、生产、营销、交货等过程及辅助过程中所进行的许多相互分离的活动，所有这些活动都可以用价值链表示出来。价值链分为基本活动和支持活动两类，基本活动包含：生产、营销、运输和售后服务等。支持活动包含：物料供应、技术、人力资源或支持其他生产管理活动的基础功能等。集群内部也同样存在着价值链，即集群价值链。Humphrey和Schmitz将集群价值链结构分为以下四种类型：短距离市场型价值链、准等级型价值链、等级型价值链和网络型价值链。

不同的产业有着适合于自己的价值链类型，短距离市场型价值链适应于劳动密集型行业，准等级型价值链在资本密集型行业较普遍，等级型价值链集群适应于核心企业主导的企业集群，网络型价值链结构则盛行于高技术企业集群，因此并非所有企业都应该进化成网络型价值链，但是价值链的基本思想就是以市场和客户需求为导向，以核心企业为龙头，以提高竞争力、市场占有率、客户满意度和获取最大利润为目标。因此不论哪种类型的价值链重构都可以从以下几点着手。

（1）以市场需求为导向。企业集群的生产经营要以市场需求为导向，追求顾客的满意度与忠诚度，向顾客提供优于竞争对手并且不易被竞争对手所模仿的、为顾客所看重的消费者剩余价值的能力，形成集群持续的差异化竞争优势。

（2）确定合理的企业规模。集群企业的规模是由集群运作资源的多少和内部业务量的大小所决定的。价值链理论通过对企业价值创造活动的细分，为确定合理的企业规模提供了一条切实可行的途径。集群内企业可以根据自身的资源聚焦于竞争优势环节，去除弱势环节。

（3）业务流程重组。业务流程是指为特定顾客或市场提供特定产品或服务而实施的一系列精心设计的活动。重新审视企业的价值链，通过成本比较，确定企业在哪些环节具有优势，并在此基础上，以市场需求为出发点进行价值链的分解与整合，改造原有流程的路径、工作环节和步骤划分，最终实现业务流程的最优化。同时集群企业在价值链重构过程中要考虑与集群中其他企业的价值链的匹配。

（4）培育核心能力。企业参与的价值活动中，并非每一环节都创造价值，只有某些特定的价值活动才创造价值，这些战略环节即形成企业核心能力的环节。企业要保持竞争优势，就是要保持价值链上某核心环节的优势。通过价值链分析确定核心能力，及时全面掌握市场信息及自身资源状态，培育价值链上的关键环节以获得重要的核心能力，从而巩固企业的竞争优势。

6.5 基于合作创新的一体化资源配置

资源配置是指对相对稀缺的资源在各种不同用途上加以比较做出的选择，经济学的本质便是资源的有效配置。资源的有限性、相对稀缺性迫使企业去寻找一种以最少的资源消耗、获得最佳的经济效益的配置方式。资源配置有两种极端方式：价格机制和计划机制。分别对应于市场和企业，两种方式各有利弊，市场通过价格机制配置资源时，无法规避的一个难题就是交易成本的增加。将交易成本内部化的企业通过计划机制配置资源虽然降低了交易成本，但却产生了另一个难题，管理成本的增加。而企业集群作为市场和企业之间的一个中间组织形式，其资源配置方式是一种兼具市场机制和计划机制的混合配置方式，它通过集群内企业的正式交换降低了市场机制下的交易成本，又比企业更灵活地协调生产，摆脱科层制度下管理成本过高带来的经济不规模，它将企业集群作为一个整体，对集群资源系统协调，统筹推进。

在现代经济运行的过程中，资源配置并非通过某种单一的手段进行调控，而是通过市场和政府的共同作用，直接或间接地配置相关资源需求。企业集群自我发展的过程中也会存在市场失灵问题，如过度拥挤、产品的"柠檬市场"、技术锁定以及外部不经济等。集群企业成员关系复杂，每个企业所处的生产环节也不尽相同，而一个微弱环节出现问题随着"牛鞭效应"的放大，可能导致整个集群的不可逆损害，这时要使集群健康持续发展，政府的干预便必不可少。例如，集群中有些企业为了降低生产成本，利用集群的品牌效应，生产劣质产品在市场上以次充好，损害了集群不易建立的声誉；更有甚者，某些企业竞相跟随，形成不良竞争，扰乱了产品市场，对集群形象造成了难以修复的破坏。此时政府应该制定相应措施，严惩不法企业，并制定相关政策协助集群企业的良性发展。除此以外，政府还在许多其他方面发挥积极健康的导向作用。尤其是对政府主导型企业集群来说，其生成和演化过程中政府一直发挥着十分重要的作用，其政策扶持是集群发展的制度保障，弥补企业集群的市场失灵和制度失效。

然而由于客观条件的限制，政府干预并非总是有效，它同市场一样，也存在着效率缺失的问题，使其非但不能有效的弥补企业集群发展过程中的市场失灵，反而限制了企业集群自我运行机制对资源的优化配置。因此政府所起到的作用主要应该是帮助协调，比如规范市场行为、提供优惠政策等，不能本末倒置，将政府作为主导动力。这就需要政府掌握经济专业知识，对集群企业的发展和市场上的风云变幻有着清晰的认识和准确的判断；也需要政府和集群内企业充分沟通，倾听他们的意见和建议，择其善者而从之。加强统筹规划，将市场规律作为主要基础，以政府颁发的政策为辅助，推动企业集群的健康高效演进。

创新是企业生存和发展的灵魂，然而集群内大多数企业的规模不大，资金、人才等创新资源有限，只有通过与其他企业的合作才能取得市场竞争优势。集群组织成员之间是平等的、自愿地结合在一起的，组织的活动是通过自主的和非强制的方式开展的，有利于信息交流，整合和分配资源。合作企业间的资源互补、相互信任以及信息流动使得企业可以更加有效地利用价格机制来配置资源，而在合作过程中又可以按照合作企业的计划进行资源配置。

合作创新是帮助创新能力较弱资源水平较低企业进入创新领域的一条重要路径。政府、集群及企业可以从以下方面促进给予合作创新的一体化资源配置。

①塑造有利于一体化资源配置的合作创新文化。学习是创新的基础，知识的积累是创新能否成功的关键。因此，要在企业集群中建立学习型组织，弘扬创新文化，加强创新文化建设。

②建立资源数据共享平台和行业创新服务平台。资源数据是协同创新的基础，政府应重视建立资源数据共享平台，并鼓励和支持高校、科研院所与企业，加快信息化、网络化建设，完善科技项目库、科技成果库、产学研信息库等各类数据库，提高自主创新资源的利用效率。数据共享平台的建立有利于整合企业、高校和科研院所等各创新主体资源，实现资源共享和二次优化配置，促进创新主体之间的协作和合作。此外通过建立一些共生的行业创新平台，为创新提供融资的风投、创投，包括资本市场、金融体系等多渠道的创新投融资的金融服务体系。

③建立行业协会，加强政府规制，完善知识产权制度。合作创新中最容易出现机会主义、道德风险等合作困境。对此，集群应该完善相关的知识产权保护制度，建立行业协会对合作进行监督，将机会主义企业记录并传播，减少机会主义行为的出现，政府制定相关的惩处制度并保证其执行力，严惩机会主义企业。

④鼓励和支持合作创新，优化资源配置。在宣传创新文化的同时，政府可以通过直接创新补贴手段鼓励企业合作创新，也可以间接引导企业间的合作创新。鼓励企业相互之间或与科研机构、高校的合作创新，整合优势资源，增强企业在创新活动中的竞争力，进而提升企业创新能力。

⑤完善集群创新网络结构，加强集群创新网络成员协同性。在金融支持、政策支持、人才支持等方面建立健全区域创新网络，完善财税、金融政策，建立人才培养体系，为集群创新提供有力支撑。积极引导企业突破传统

的企业边界思维,积极同供应商、客户甚至竞争对手建立良好的网络关系,自觉扎根并参与本地网络的建设;适当转换政府角色,使其充当好市场环境、政策环境、信息环境等软环境的建设者,进而影响或引导创新的直接参与者进行创新活动;有力加强对大学和科研机构与企业之间合作进行技术创新的环境营造和政策扶持,推进以合作研究和委托研究为主体的技术创新模式,使高校和科研机构成为企业集群内创新的知识源泉;充分发挥中介服务的纽带作用,有效协调与规范企业市场行为,促进资源合理配置,推动企业间交流、相互融资、技术合作,衔接政府、大学与研究机构、企业之间的相互联系。

企业协同的核心在与价值的创造,协同最明显的效益在于其能带来成本的节约。提倡发挥政府宏观调控作用,引导企业发展,合理配置资源,营造良好的创新环境,吸引各类社会资源进入相关高新技术领域的研发和配套环节,避免资源浪费和重复创新;培育集群内企业间的合作意识,通过共享行业知识和信息、共担风险开发新技术和新产品、资源互补开拓新市场、垂直合作完善产业链等方式实现成员企业双赢发展;建立知识中心和技术中心,重点围绕影响企业集群技术能力发展的关键技术和共性技术,进行产学研的合作研发;培育和健全一批科技中介机构,促进集群内科技资源的合理流动和有效调节,促进信息的及时准确传递,帮助创新成果实现有效转化等。

6.6 基于规模经济的价值网络扩张

价值网络是指能够给企业带来有形或者无形的价值创造或者价值增值的各种利益相关主体构成的一种关系网络。利益主体包括企业、合作者、竞争者、潜在进入者、供应商、顾客、政府以及其他社会机构等相关主体,这种网络是一种可扩大、收缩、增加、减少、变换和变形的复杂关系网络。这些主体之间联系紧密、交流密切、信息传播流畅,对网络环境依赖性强,并不断地与网络环境交换信息和资源。价值网络是由不同的价值链交错联结而形成的,集群企业中纵向与横向企业之间价值链的联结,以及与政府、金融服务机构等相关主体构成的关系网络形成了企业集群的价值网络。企业集群价值网络的一大特点就是最终产品的生产不是通过一家企业完成,而是靠多家企业的相互配套协作,甚至有许多企业只是从事生产价值链条上一个单一环节的生产,也即企业间的分工代替了企业内部分工。生产同一产品的上下游企业之间相互吸引,提供配套产品和服务的企业在集群价值网络中找到了众多的客户,企业从集群价值网络的众多配套企业中享受到了专业化分工、成本降低以及产品创新的好处,这种正反馈吸引着越来越多的企业加入集群价值网络,通过对企业间价值链的协调,实行规模生产,实现规模经济效应。

基于规模经济的价值网络通过网络联结能够降低企业交易成本、通过规模经济降低生产成本,其重要性不言而喻,下面从横向价值网络扩张和纵向价值网络扩张两个维度来提升企业集群的价值网络。

①横向价值网络扩张。横向价值网络扩张是指加强横向同类企业共同进行生产、研发等活动,多发生于多个企业之间或企业与高校、科研院所的价值联结行为,这类价值联结具有类似于"团队生产"的特征。加强产学研合作以及企业间的合作创新有助于横向价值网络的延展。

②纵向价值网络扩张。纵向价值网络扩张是指加强价值链上下游企业之间的合作,主要表现为处于价值链下游企业,与上游企业、科研院所或大学的价值联结增强;或者处于价值链上游企业、科研院所或大学,与下游企业的价值联结增强。增强价值链上下游企业间或企业与科研院所、高校等的合作有利于延伸纵向价值链。

第7章

贸易摩擦背景下集群企业合作困境分析及应对措施

7.1 背景

企业集群又被称为"块状经济",已成为区域发展和产业布局的重要模式,对区域经济增长起着显著的促进作用(周兵等,2003)。享誉世界的国外著名企业集群有美国硅谷电子产业、德国慕尼黑汽车业、法国巴黎的时装业、印度班加罗尔地区的软件业等;国内熟知的产业集群区域有珠江三角洲地区、浙东南地区、长江三角洲地区、环渤海湾地区。企业集群是民营经济最为显著的特征,亦是其发展的重要载体,它已成为浙江省、广东省等沿海省份的重要经济主体。统计资料显示(见表7-1),2014~2018年浙江省、广东省的民营经济增加值不断增加,在两省 GDP 所占比重皆在 50% 以上,其中浙江省更是高达65%。私营经济是民营经济最主要组成部分,浙江省 2014~2017 年个私经济在 GDP 中占比均在 60% 左右(分别为 59.4%、59.5%、60.5%、61.0%)。近年来广东省规模以上私营企业工业总产值占规模以上企业工业总产值比重均达到 20% 以上,浙江省则高达 40% 以上。产业集群在两省经济发展中的举足轻重作用不言而喻,在国内其他省市(区)经济发展的重要性也将逐年彰显。

表7-1　　　2014~2018年浙江省、广东省相关经济指标

单位：亿元或亿美元（*）

指标	省份\年份	2014	2015	2016	2017	2018
民营经济增加值（比重%）	浙江	26112.5（65.0）	27876.2（65.0）	30807.9（65.2）	33856.4（65.4）	36809.1（65.5）
	广东	35070.6（51.7）	38846.2（53.4）	42578.8（54.2）	48339.1（53.9）	52611.6（54.1）
规模以上私营工业企业总产值（比重%）	浙江	27270.9（40.7）	27789.1（41.6）	28399.1（41.2）	26430.1（39.9）	28277.9（40.5）
	广东	24478.1（20.4）	26898.6（21.6）	30631.1（22.9）	31839.5（23.5）	30867.6（22.4）
对外经济贸易私营企业出口值（比重%）	浙江	1814.8*（66.4）	12020.7（70.0）	12846.9（72.7）	14403.8（74.1）	15954.2（75.3）
	广东	2222.8*（34.4）	2411.5*（37.5）	2476.5*（41.4）	2759.3*（44.3）	2995.3*（46.3）

数据来源：浙江省、广东省统计局数据及计算整理。

备注：2011年前浙江省委政策研究室最早关于产业集群的统计界定被国内其他省市（区）研究部门广泛引用，有10家以上企业在相近空间生产同类或相关产品，年产值上亿元的区块。但近年来随着民营经济实力增强，产业集群的统计界定尚未形成统一标准。本项目将规模以上私营工业企业总产值比重、对外经济贸易私营企业出口值作为产业集群产值和出口额的最重要参照指标。

我国产业集群虽依靠着劳动力成本、土地租金、能源价格低廉以及税收优惠等政策取得了突飞猛进的发展，却仍然存在着"集"而不"聚"、产业层次和产品附加值偏低、分工协作水平不高、企业创新能力不强、专业性外部服务水平较弱等困境，不少学者对此进行了研究，并从集群网络构建、技术创新能力提升、产业转型升级等方面提出了困境解决对策。党的十九大报告提出要"促进我国产业迈向全球价值链中高端，培育若干世界级先进制造业集群"，提出"深化供给侧结构性改革""支持传统产业优化升级""加强对中小企业创新的支持"，中央系列重要讲话精神为产业集群发展注入强心剂的同时，也为集群管理者推动我国低技术产业集群的转型升级和高新技术产业集群的长远健康发展提出了重大思考。

随着中国逐步走进世界舞台中央，国际贸易摩擦问题越发引人关注。加入世界贸易组织以来，我国产业集群积极融入国际分工体系，集群产品出口总值逐年提升，2018年最为依赖产业集群发展的浙江省对外经济贸易私营企业出

口值占对外出口总值的比例高达 75.3%。与此同时,资源与环境约束日益凸显、贸易伙伴间产业同构现象日渐突出,反倾销、反补贴、保障措施等贸易摩擦事件烽火迭起,2016 年中国遭遇来自 27 个国家(地区)发起的 119 起贸易救济调查案件,数量达到历史高点。截至 2017 年,中国已连续 23 年成为全球遭遇反倾销调查最多的国家,连续 12 年成为全球遭遇反补贴调查最多的国家;涉案产品种类逐渐增多,已从劳动密集型产品延伸到了技术密集型产品领域;涉及的地域范围逐步增大,除与欧、美、日等贸易战日益升温外,与印度等发展中国家和新兴市场的贸易摩擦也逐步凸现;贸易保护手段不断翻新,贸易保护措施在频繁应用反倾销、反补贴、保障措施等传统贸易保护手段的同时,不断变换知识产权保护、绿色壁垒、劳工标准、技术壁垒等贸易壁垒。受贸易摩擦影响,近年来中国对外贸易顺差逐年缩小,由 2015 年创历史新高的 5945.04 亿美元收窄至 2018 年 3517.6 亿美元,出口总额几无增长,2014 年为 23422.9 亿美元,2018 年为 24866.8 亿美元;集群企业的发展也面临着现实的重重困难,主要表现在因关税大幅增加引发的成本上升及订单减少、贸易摩擦的长期性复杂性导致企业投资愿望的降低、部分竞争力弱的外向型企业停产转产、工人失业等方面。因此,贸易摩擦影响下产业集群的困境治理越来越受到理论研究者和企业实践者的关注与重视。

贸易摩擦从来都是和国际贸易如影随形的,走入世界舞台的贸易大国必然会遭遇贸易摩擦问题,英国在处理贸易摩擦时主要以时代背景和经济环境为依据,审时度势地利用好贸易保护政策和贸易自由政策;第二次世界大战后日本在持续近半个世纪的日美贸易摩擦中采取了颁布贸易法令、扩大对外直接投资、多元化出口市场、建立贸易摩擦预警机制、扩展多边贸易等措施;第一次世界大战前及第二次世界大战后,德俄贸易关系与两国政治走向紧密联动,关税成为两国进行政治报复、反报复的重要工具(马跃,2013)。各国贸易摩擦处理历史经验为我国提供了良好借鉴。但是中国的迅速崛起也使世界其他国家感到了威胁和挑战,"中国威胁论"甚嚣尘上,一段时期内,中国与他国的贸易摩擦频繁将不可避免,贸易摩擦数量日益增多,涉案产品种类及涉及的地域范围逐渐增大,贸易保护手段亦不断翻新(李娟,2014)。因此,研究中国特色背景下的贸易摩擦问题显得尤为必要和紧迫。不少文献(杨培强等,2014;李娟,2014;Mao & He,2017;Huber & Winkler,2019)讨论了政府管理部门、行业协会、企业、专业机构等主体的贸易摩擦解决方式与途径,然而已有文献大多从宏观方面进行分析,在政府、企业、行业协会等主体处理贸易摩擦过程中,针对关税、技术创新、多边贸易等因素对产业集群发展的作用机理的微观探讨却显不足。

7.2 贸易摩擦背景下企业合作困境原因

7.2.1 产业同构

产业同构也称产业趋同,是指经济发展过程中不同区域间的产业在组成类型、数量比例、空间分布、关联方式等方面的演进变化逐渐趋于一致,结构差异逐步缩小的现象。伴随着生产要素稀缺性的转变,劳动、土地对经济发展的制约相对有限,资本在农产品、纺织品、钢铁等传统产业的影响虽然巨大,但传统产业在国与国之间、国家内部区域之间的产业同构现象越发严重。伴随信息与技术的迅猛发展以及经济全球化进程的愈演愈烈,科技内涵的单一性、科技模式的趋同已逐渐凸显。以致国与国之间在关乎国计民生的农业、国防科技以及能带来高额回报的高新科技产业等行业出现产业同构的现象,在加速产业内贸易发展的同时,也引发了全球性的贸易大战,贸易摩擦此起彼伏。下面将通过矩阵博弈分析产业同构的形成机理。

假设有 A、B 两个国家,因资金有限只能投资发展两个产业中的一个。两个产业分别为传统产业 T 和高新产业 N,同时假设企业投资高新产业能获得高额利润,而投资传统产业获得利润较少,两国生产的产品同质无差异。因生产要素差异,国家 A、B 的比较优势产业分别为传统产业和高新产业。在生产过程中,不知道对方的产业选择决定。因此博弈矩阵见表 7-2。

表 7-2 产业同构博弈矩阵

		B	
		高新产业	传统产业
A	高新产业	10, 10	14, 12
	传统产业	13, 15	2, 2

因此，两国之间的产业组合存在两个纳什均衡（高新产业，传统产业）和（传统产业，高新产业），但由于双方不知彼此的产业选择，而基于对高利润的追逐，两个国家均选择高新产业的初始选择概率较高。假设国家 A 选择高新产业和传统产业的概率分为 p 和 1-p，国家 A 选择高新产业和传统产业的概率分为 q 和 1-q。因此国家 A、B 的期望收益分别为：

$E_A = 10pq + 14p(1-q) + 13(1-p)q + 2(1-p)(1-q) = 2 - 15pq + 12p + 11q$，

$E_B = 10qp + 15q(1-p) + 12(1-q)p + 2(1-q)(1-p) = 2 - 15pq + 10p + 13q$。

最大化各自的收益，令 $\partial E_A/\partial p = \partial E_B/\partial q = 0$，可得到最优策略概率 $(p,q) = (2/3, 4/5)$。因此 A、B 两国选择不同的产业组合（高新产业，高新产业）、（高新产业，传统产业）、（传统产业，高新产业）和（传统产业，传统产业）的概率分别为 8/15、2/15、4/15、1/15，因此两国产业同构的概率为 0.6，大于两国产业异构的 0.4 概率，这也解释了国家间产业同构的原因。其中两国均选择高新产业的概率高达 8/15，远高于其他产业组合，这也印证了当前世界各国普遍存在的一种现象。即在土地、劳动力、资本等生产要素市场供给充足的情况下，越来越多的国家或地区选择投资发展高新技术产业。

高新技术产业因为利润高，投资商趋之若鹜，但随着市场需求的日渐萎缩，高新产业的回报率呈下降趋势，投资高新技术产业的风险不断上升。尤其涉及前期研发投入高、产业回报期长的产业。传统产业虽然利润率低，但作为关系国计民生的农业、钢铁、国防科工等战略产业，安全性更为各国所关注。

7.2.2 贸易保护主义

贸易保护主义是指在对外贸易中实行限制进口以保护本国商品在国内市场免受外国商品竞争，并向本国商品提供各种优惠以增强其国际竞争力的主张和政策。在限制进口方面，主要是采取关税壁垒和非关税壁垒两种措施。前者主要是通过征收高额进口关税阻止外国商品的大量进口；后者则包括采取进口许可证制、进口配额制等一系列非关税措施来限制外国商品自由进口。不同于早期重商主义限制出口、鼓励进口积累财富的目的，当前贸易保护的主要目的是为了保护国内市场免受进口商品的竞争，促进国内生产力发展，而重点保护对象则是涉及民生、影响国家独立自主和经济发展的农业、国防工业等战略产业。

伴随着生产要素的全球自由流动，国际分工体系日趋完善。自改革开放以来，尤其是加入世贸组织（WTO）以后，我国依靠着低廉的土地租金、人力成本吸引了大批外商投资建厂，浙江、广东等沿海地区在服装、小商品等传统产业构建起来完善的产业链。而在高新技术产业方面，我国仍然处于价值链低端，主要负责高新技术产品的组装、加工等附加值低的生产环节。随着国家对高新技术产业的大力扶持、培育，我国企业在新能源光伏、机电等行业已在全球形成强大竞争力，出口屡创新高。依靠人口红利，我国对外贸易顺差持续增长，这也引起了美国、欧盟等发达国家的贸易保护主义抬头，近年来与我国发生贸易纠纷的国家中印度、巴西等发展中国家所占比例不断增多。贸易保护领域除了一直与摩擦纠纷的服装、小商品、钢铁等传统劳动密集型产业外，也延伸至通信设备、光伏、工程机械等高科技产业。贸易壁垒的门槛越来越高，绿色壁垒、技术壁垒等非关税壁垒形式层出不穷。贸易摩擦纠纷呈现愈演愈烈趋势，这严重损害了两国的利益。下面通过简单博弈分析贸易保护主义对两国利益的损害。

假设有 A、B 两国竞争力非对称，双方的策略集均为 ｛贸易保护，贸易自由｝。A 国在贸易博弈中属于"强势者"，B 国属于"弱势者"。两国的一次行博弈简要表达如表 7-3 所示。

表 7-3　　　　　　　　　　　　贸易保护博弈矩阵

		B	
		贸易保护	贸易自由
A	贸易保护	8，5	9，4
	贸易自由	7，6	10，8

表 7-3 中存在两个纯策略纳什均衡（贸易保护，贸易保护）、（贸易自由、贸易自由）。比较可知，第二个策略是前一个均衡的帕累托效率改善，然而现实中基于"最低收益"强势国 A 很可能会选择贸易保护策略，因为选择自由贸易可能获得更低的收益 7，而选择贸易保护则会获得不低于 8 的收益。同理弱势国 B 会很有可能选择贸易保护策略，尤其是知道 A 国可能采取贸易保护行为时。因此，最终国与国之间构建起贸易保护壁垒，均做出了"损人不利己"的贸易保护主义行为。

7.2.3 全球价值链分工下的利益冲突

"价值链"这一概念是由迈克尔·波特（Porter）1985年首次提出，价值链是指最终商品或服务在形成的过程中，由同一企业内部或者是不同企业之间通过分工生产而联结起来的从原料到最终消费品的所有环节或阶段。全球价值链分工则是指多个国家或地区分工连续生产一种产品，在生产过程中伴有进口中间产品和出口最终产品的国际分工形式，是知识经济和经济全球化条件下所产生的新型国际分工模式。

经济全球化、国际产业转移、国际直接投资、信息技术革命等是全球价值链分工发展的动因，且全球价值链分工呈现空间布局加速延展、贸易结构不断高级化、利益分配日趋复杂的特点（宋春子，2014），但比较优势仍然是分工的基础。在产业间分工、产业内分工国际分工阶段，国际分工的利益分配主要进出口商品的数量、种类、产地、企业产权等因素，而在当前的全球价值链分工阶段，利益分配主要取决于该国对价值链的控制能力及其在价值链分工中所处的价值链环节，若占据附加值较高的环节，则处于优势地位。微笑曲线便形象地描述了产业链各环节的附加值（朱有为、张向阳，2005），研发、售后服务、营销、品牌等在微笑曲线两端属于高附加值环节，而零部件制造、组装加工等低附加值产业链环节则处于微笑曲线底端，盈利能力较低。

在全球价值链分工体系中，发达国家往往因知识技术、营渠道销等优势占据产业链高端环节，而拥有初级劳动要素的发展中国家更多负责生产和加工等低利润环节，这种天然的"不公平"导致国际利益分配的严重不平衡，迫使发展中国家或第三世界国家尽量摆脱"低端锁定"困境，延伸产业链价值环节，而发达国家则希望继续依靠资本、人力、技术等高级要素占据价值链高附加值环节。随着发展中国家产业体系的日渐完善、人力资本的不断充实，在国家扶持、培育政策的引导下，产业链环节开始不断向微笑曲线的两端拓展，发达国家仍然希望主导高附加值环节，甚至不惜采用贸易保护政策，构建贸易壁垒，发展中国家通过提高进口税等形式实施反制裁，于是贸易摩擦、贸易纠纷不断涌现，近10多年来中国与欧美等发达国家的贸易摩擦便是最好的印证。

7.3
贸易摩擦背景下传统集群企业参与国际贸易的价格博弈

改革开放以来，我国传统产业集群依靠着劳动力、土地成本、能源价格低廉，税费优惠等措施，近年来随着人口红利的消失，资源与环境的约束越发明显，贸易摩擦问题日益加重，集群发展面临着复杂多变的内外部双重困境：(1) 集群内部。"集"而不"聚"现象仍然存在、集群产业层次和附加值偏低、分工协作水平不高、企业创新能力不强、专业性外部服务水平低（孙亚忠等，2007）。(2) 集群外部。国际贸易摩擦问题日益突出（李娟，2014）、资源与环境的约束日益明显、全球价值链低端锁定亟待突破（徐元、于洪平，2014）。基于国内大部分传统企业集群价值链低端锁定的现状，本节通过引入贸易关税、中间品定价势力，产品可替代性等系数，构建包含由一体化企业、中间品生产企业和最终品生产企业组成的国家贸易竞争模型，探究各系数对三方利润的影响。

借鉴文献（谢申祥、蔡熙乾，2018）的价值链上下游竞争模型，假设在两国贸易中，A 国拥有完整产业链的一体化企业 1 以及中间品生产企业 2，B 国拥有最终品生产企业 3，其中企业 3 的最终品必须通过购买企业 2 的中间品才能完成最终市场销售，并且假定两国生产的最终产品（即企业 1 和企业 3 生产的产品）在第三国 C 进行差异化价格竞争。B 国对 A 国的中间产品实行进口关税 r，最终品生产企业 3 的利润会受到影响，竞争形式会发生变化。为简化计算，另假设 3 个企业的产品的生产成本为 0，最终产品生产仅需 1 件中间产品。m 为中间品价格，m 由企业 2 和企业 3 双方谈判决定，即由目标函数 $\max_{m}(\alpha\ln\pi_2 + (1-\alpha)\ln\pi_3)$ 确定，其中 $\alpha \in [0,1]$ 代表中间品生产企业 2 的谈判势力，α 越大，表示企业 2 的谈判势力越强。

令反需求函数为 $q_i = 1 - p_i + d p_j$，i, j = 1, 3，i ≠ j，其中 $d \in [0,1]$ 表示企业 1 和企业 3 产品的可替代性，d 越大表示商品之间的可替代性越高，因此各企业的利润函数分别为：

$$\pi_1 = p_1 q_1 = p_1 - p_1^2 + d p_1 p_3 \tag{7-1}$$

$$\pi_2 = m q_3 = m(1 - p_3 + d p_1) \tag{7-2}$$

$$\pi_3 = (p_3 - m - r)q_3 = (1 + m + r)p_3 - p_3^2 + dp_1p_3 - (m + r)dp_1 - m - r \quad (7-3)$$

一体化企业 1 和最终品生产企业 3 在市场上同时开展 Bertrand 竞争，即令 $\frac{\partial \pi_1}{\partial p_1} = \frac{\partial \pi_3}{\partial p_3} = 0$，可得到均衡价格：

$$p_1^* = \frac{2 + d + d(m + r)}{4 - d^2}, \quad p_3^* = \frac{2 + d + 2(m + r)}{4 - d^2} \cdots \quad (7-4)$$

对目标函数 $\max_{m}(\alpha \ln \pi_2 + (1 - \alpha)\ln \pi_3)$ 求解，$m^* = \frac{[2 + d - (2 - d^2)r]\alpha}{2(2 - d^2)}$。由 $m > 0$ 可知 $2 + d - (2 - d^2)r > 0$。将 m 值代入公式 (7-1)(7-2)(7-3)(7-4)，可得到以下均衡值：

$$q_1^* = p_1^* = \frac{1}{2 - d} + \frac{\alpha d}{2(2 - d)(2 - d^2)} + \frac{(2 - \alpha)dr}{2(4 - d^2)},$$

$$p_3^* = \frac{1}{2 - d} + \frac{\alpha}{(2 - d)(2 - d^2)} + \frac{(2 - \alpha)r}{4 - d^2},$$

$$q_3^* = \frac{2 - \alpha}{2}\left(\frac{1}{2 - d} + \frac{d^2 - 2}{4 - d^2}r\right),$$

$$\pi_1^* = (p_1^*)^2 = \left[\frac{1}{2 - d} + \frac{\alpha d}{2(2 - d)(2 - d^2)} + \frac{(2 - \alpha)dr}{2(4 - d^2)}\right]^2,$$

$$\pi_2^* = \frac{\alpha(2 - \alpha)}{4}\left[\frac{2 + d}{2 - d^2} - r\right]\left[\frac{1}{2 - d} - \frac{2 - d^2}{4 - d^2}r\right],$$

$$\pi_3^* = (q_3^*)^2 = \left[\frac{2 - \alpha}{2}\left(\frac{1}{2 - d} + \frac{d^2 - 2}{4 - d^2}r\right)\right]^2。$$

下面主要分析 α、d、r 系数对均衡价格及各企业利润的影响，具体情况见表 7-4。

表 7-4 传统企业集群国际贸易中价格、利润与各系数的相关性

参数		d	r	α
中间品价格 m^*	$\frac{[2 + d - (2 - d^2)r]\alpha}{2(2 - d^2)}$	正相关	负相关	正相关
企业 1 的利润 π_1^*	$\left[\frac{1}{2-d} + \frac{\alpha d}{2(2-d)(2-d^2)} + \frac{(2-\alpha)dr}{2(4-d^2)}\right]^2$	正相关	正相关	正相关
企业 2 的利润 π_2^*	$\frac{\alpha(2-\alpha)}{4}\left[\frac{2+d}{2-d^2} - r\right]\left[\frac{1}{2-d} - \frac{2-d^2}{4-d^2}r\right]$	正相关	负相关	正相关
企业 3 的利润 π_3^*	$\left[\frac{2-\alpha}{2}\left(\frac{1}{2-d} + \frac{d^2-2}{4-d^2}r\right)\right]^2$	正相关	负相关	负相关

由表 7-4 可知，企业 2 的中间品价格与产品的可替代性相关，产品的可替代性越高，中间品价格越高；中间品价格与进口关税税率负相关，关税越高中间品价格越低；中间品生产企业 2 的谈判势力越强，价格越高。各企业利润对商品间的可替代性、进口关税、谈判势力的相关性则不尽相同。当一体化企业 1 和最终品生产企业 3 的产品可替代性越大，三个企业的利润均增加，这也印证了市场企业更多围绕相似或同质产品的竞争；当提高进口关税时，受到关税影响的企业 2 和企业 3 利润均会减少，而由于企业 3 成本的增加，企业 1 在 C 国市场的获利能力增加；中间企业的中间品价格谈判势力会严重影响其自身和最终品生产企业的利润，当价格谈判势力越大，中间品价格越高，中间品生产企业的利润增加，最终品企业的利润则会由于生产成本的增加而减少，使得企业 3 的最终品在 C 国的竞争离下降，企业 1 的利润得到提升。

任意加征关税，不仅会导致被征收关税的中间品生产企业的利润减少，征收国的最终产品生产企业的利益也会遭受损失。现实中，处于价值链高端的一些国外生产企业往往在中间品价格谈判中处于强势地位，且其价格谈判势力存在不断增强的趋势，例如阿迪、耐克等世界著名运动品牌，其产品的生产往往是在中国、泰国、印度、巴基斯坦等一些发展中国家进行，最终贴上自己的品牌作为最终品在世界各国进行销售，这些服装巨头价格谈判势力强劲，进一步压榨了发展中国家的中间品生产商的利润。

7.4 贸易摩擦背景下高新技术集群企业参与国际贸易的价格博弈

随着中国高新技术的发展，国内的科技企业已不再局限于价值链低端，逐渐向价值链高端迈进。为了继续抢占高新技术产业连高端，掌控核心控制权，以美国为首的西方国家不惜通过增加核心中间产品的出口税，继续打压必须进口中间产品才能完成最终品生产的国内高科技企业，进一步压缩其利润空间，甚至不惜通过禁售中间品这种违背国家贸易规则的、损人不利己的霸权行为达到其不可告人的目的，美国举全国之力打压华为，禁售国内高科技企业芯片便是这种行为赤裸裸的印证。下面将延续前述传统产业的博弈分析，对贸易摩擦背景下高新技术企业的价格博弈展开研究。

第7章 贸易摩擦背景下集群企业合作困境分析及应对措施

同样假设在两国贸易中，A 国拥有完整产业链的一体化企业 1 以及中间品生产企业 2，B 国拥有最终品生产企业 3，其中企业 3 的最终品必须通过购买企业 2 的中间品才能完成最终市场销售，并且假定两国生产的最终产品（即企业 1 和企业 3 生产的产品）在第三国 C 进行差异化价格竞争。A 国对其本国企业 2 的中间产品实行出口关税 r，导致中间品生产企业 2 及最终品生产企业 3 的利润受到影响。为简化计算，同样假设 3 个企业的产品生产成本为 0，最终产品生产仅需 1 件中间产品。m 为中间品价格，m 由企业 2 和企业 3 双方谈判决定，即由目标函数 $\max\limits_{m}(\alpha\ln\pi_2 + (1-\alpha)\ln\pi_3)$ 确定，其中 $\alpha \in [0, 1]$ 代表中间品生产企业 2 的谈判势力，α 越大，表示企业 2 的谈判势力越强。

令反需求函数为 $q_i = 1 - p_i + dp_j$，$i, j = 1, 3$，$i \neq j$，其中 $d \in [0, 1]$ 表示企业 1 和企业 3 产品的可替代性，d 越大表示商品之间的可替代性越高，因此各企业的利润函数分别为：

$$\pi_1 = p_1 q_1 = p_1 - p_1^2 + dp_1 p_3 \tag{7-5}$$

$$\pi_2 = mq_3 = m(1 - p_3 + dp_1) \tag{7-6}$$

$$\pi_3 = (p_3 - m)q_3 = (1 + m)p_3 - p_3^2 + dp_1 p_3 - dmp_1 - m \tag{7-7}$$

一体化企业 1 和最终品生产企业 3 在市场上同时开展 Bertrand 竞争，即令 $\dfrac{\partial \pi_1}{\partial p_1} = \dfrac{\partial \pi_3}{\partial p_3} = 0$，可得到均衡价格：

$$p_1^* = \frac{2 + d + dm}{4 - d^2},\quad p_3^* = \frac{2 + d + 2m}{4 - d^2}\cdots \tag{7-8}$$

对目标函数 $\max\limits_{m}(\alpha\ln\pi_2 + (1-\alpha)\ln\pi_3)$ 求解，$m^* = \dfrac{[2 + d - (2 - d^2)r]\alpha}{2(2 - d^2)} + r$。由 $m > r$ 可知 $2 + d - (2 - d^2)r > 0$。将 m 值代入公式 (7-5)、式 (7-6)、式 (7-7)、式 (7-8)，可得到以下均衡值：

$$q_1^* = p_1^* = \frac{1}{2 - d} + \frac{\alpha d}{2(2 - d)(2 - d^2)} + \frac{(2 - \alpha)dr}{2(4 - d^2)},$$

$$p_3^* = \frac{1}{2 - d} + \frac{\alpha}{(2 - d)(2 - d^2)} + \frac{(2 - \alpha)r}{4 - d^2},$$

$$q_3^* = \frac{2 - \alpha}{2}\left(\frac{1}{2 - d} + \frac{d^2 - 2}{4 - d^2}r\right),$$

$$\pi_1^* = (p_1^*)^2 = \left[\frac{1}{2 - d} + \frac{\alpha d}{2(2 - d)(2 - d^2)} + \frac{(2 - \alpha)dr}{2(4 - d^2)}\right]^2,$$

$$\pi_2^* = \frac{\alpha(2-\alpha)}{4}\left[\frac{2+d}{2-d^2}-r\right]\left[\frac{1}{2-d}-\frac{2-d^2}{4-d^2}r\right],$$

$$\pi_3^* = (q_3^*)^2 = \left[\frac{2-\alpha}{2}\left(\frac{1}{2-d}+\frac{d^2-2}{4-d^2}r\right)\right]^2。$$

下面主要分析 α、d、r 系数对均衡价格及各企业利润的影响，具体情况见表 7–5：

表 7–5　　高新企业集群国际贸易中价格、利润与各系数的相关性

参数		d	r	α
中间品价格 m^*	$\dfrac{[2+d-(2-d^2)r]\alpha}{2(2-d^2)}+r$	正相关	正相关	正相关
企业 1 的利润 π_1^*	$\left[\dfrac{1}{2-d}+\dfrac{\alpha d}{2(2-d)(2-d^2)}+\dfrac{(2-\alpha)dr}{2(4-d^2)}\right]^2$	正相关	正相关	正相关
企业 2 的利润 π_2^*	$\dfrac{\alpha(2-\alpha)}{4}\left[\dfrac{2+d}{2-d^2}-r\right]\left[\dfrac{1}{2-d}-\dfrac{2-d^2}{4-d^2}r\right]$	正相关	负相关	正相关
企业 3 的利润 π_3^*	$\left[\dfrac{2-\alpha}{2}\left(\dfrac{1}{2-d}+\dfrac{d^2-2}{4-d^2}r\right)\right]^2$	正相关	负相关	负相关

比较发现，表 7–5 中 3 个企业与可替代性、进口关税、谈判势力的相关性与表 7–4 完全相同。表 7–5 中的中间产品价格等于表 7–3 的中间产品价格加上出口关税，因而不同于表 7–4 中间品价格随进口关税增加而减少，此时中间品价格随出口关税增加而增加。表 7–5 中间品价格与可替代性和谈判势力依然正相关。

当企业 1 和 3 商品间的可替代性越大，产品的市场需求与价格均会增加，最终三个企业的利润均会变大；当对中间品生产企业 2 征收的出口关税增加时，受关税影响的企业 2 和企业 3 因成本增加而导致利润较少，企业 1 的市场竞争力获得加强；当中间品生产企业的谈判势力越大，中间品的定价越占优势，导致最终品生产企业的利润减少。

结合实际，由于国内高新技术企业仍多数处于产业价值链低端，更多是选择进口国外中间品完成最终产品的生产，然后与国外的一体化企业一起垄断销售。然而国外进口的中间品价格谈判势力非常强劲，比如芯片的定价。因此，导致国内最终品的生产受制于人，再加上国外对高科技中间产品出口的征税，致使国内高科技企业举步维艰。

7.5 贸易摩擦背景下企业集群发展困境的应对措施

7.5.1 政府的牵头带动

新冠肺炎疫情和贸易摩擦双重冲击下的产业链体系完善。生产要素的自由流动促使经济全球化趋势不断加强，全球产业分工越来越细，各个国家聚焦于产业链中自身拥有比较优势的一个或多个环节。然而，自 2016 年美国奉行优先战略以来，以美国为首的西方国家开始以产业链安全为由，将部分产业链搬回本国或转移至东南亚各国，推行产业链"去中国化"，贸易保护主义抬头。2019 年年底的新冠肺炎疫情的全球蔓延更是加速了产业链回流趋势。面对新冠肺炎疫情和贸易摩擦双重冲击下的全球产业链重构趋势，政府相关部门应提前部署，推动集群企业完善券产业链体系（袁振邦、张群群，2021）。一是要稳定保持低端价值链，引导低端制造业向中西部转移；二是强化提升中端价值链，强化人工智能、互联网、云计算在制造业、建筑业等领域的应用，打造数字经济；三是要补齐短板抢占高端价值链，强化科技攻关，提升创新投入与创新力度，提高企业在全球价值链的核心主导权。

强化政府服务功能。集群企业是我国对外出口的主要经济载体，自加入WTO 以来，我国集群产品的贸易摩擦纠纷呈现与日俱增的不良演变趋势，政府应在以下方面做好对应措施。一是政府要密切关注国际贸易摩擦新动态，及时与行业协会、集群企业沟通，转告相关信息动态，为各企业提供公平贸易信息、政策咨询、法律援助等方面的服务；二是构建贸易摩擦预警机制。及时关注我国与贸易国家的交易动态，跟踪、监控、分析我国企业的产品出口数据，及时预测能引起的贸易摩擦，提前做好相关准备；三是协助构建快速反应机制。针对部分中小企业应对反倾销、反补贴等贸易摩擦无能为力的情况，政府应积极推动集群与在法律、经贸等方面拥有专业人才的国内外应诉机构合作，协调解决贸易摩擦问题；四是强化国际交流，协商贸易摩擦解决机制。政府的政治、经济地位往往是国际贸易交往的强大支撑，因此政府应设立贸易摩擦相关部门，及时与贸易摩擦发起国进行交流与对话，努力打造符合双边利益、实现互利共赢的全面产业体系。

7.5.2 行业组织的协调

设立规范的行业协会。成立由集群龙头企业牵头组织的行业协会，及时收集、分析、发布行业国内外相关信息，针对集群内企业在市场中可能存在的低价恶性价格竞争、集群企业合作过程中的中途背叛等损害集群利益的行为予以严厉惩罚，将相关企业纳入信誉黑名单，并争取将纳入相应政府或知名企业、机构的信用体系，最大程度杜绝集群品牌效应的损害。

构建完善的贸易摩擦处理机制。随着新冠疫苗的问世和疫苗注射的逐渐推广，疫情开始缓解，新冠肺炎疫情进入长期化，世界各国经济正在逐步复苏。面对国内部分行业的产能过剩以及国家大环境下的外汇资产过剩，集群企业要抓住"一带一路"等机遇，通过"产能合作"将国内的先进富余产能转移到国外，既促进了国内相关配套设备、产品的出口，实现国内产业升级，又促进相关国家工业化进程，实现互利双赢。然而在国际贸易过程中，部分国家由于生产要素的严重不对称，难免存在贸易逆差，引发贸易摩擦纠纷。伴随着我国的改革发展历程，尤其是进入WTO以后，我国"走出去"的企业因所谓的"价格倾销"等莫须有罪名遭受贸易摩擦纠纷，利益受到严重损害，国内企业不能一味退让，忍气吞声，任由部分国家通过不公平贸易壁垒构建起的贸易保护主义抬头，应在国际贸易的框架下拿起法律武器及时反击，行业协会应倡导集群企业协力合作，与相关政府部门以及法律机构通力合作，协调解决贸易纠纷，同时构建贸易摩擦预警机制，精心准备、提前预防将要面临的贸易摩擦。

7.5.3 集群企业的自身创新发展

打造品牌效应，抢占价值链高端。探索技术创新、工艺创新，基于质量提升积极响应用户个性化、多元化市场需求，提升售前、售中、售后全方位服务质量。加强品牌宣传，打造品牌价值，国内大多传统产业尤其，摆脱劣质产品的企业形象，摆脱价值链低端；为维持品牌效应，同时应该注重防伪标志的使用，杜绝假冒伪劣产品的"柠檬市场"效应。

注重产业异构，差异化提升企业效益。充分认识自身资源要素优势，有的放矢地选择符合自身可持续发展的产业和产品，注重与国内外企业产品的差异化竞争，避免陷入产业同构窘境。

加强企业间的合作。在开拓国外市场方面，要根据自身实力，结合人文、政治、经济等国外投资环境，充分了解财税政策，慎重选择国外市场进入模式，择情选择合资、独资等合作方式，尤其是进入存在产业同构趋势企业的国家。避免陷入低价恶性竞争，国内集群企业可采用合作方式进入其他国家，强化风险预防和抵抗能力。

第 8 章

结论及展望

8.1 结论

本书在厘清企业集群理论及集群企业合作相关理论的基础上,简述了集群企业合作特性及合作演化机制,分析了集群企业合作困境的成因及内在机理,针对合作困境给出了解决方式与解决途径,并对贸易摩擦和新冠肺炎疫情双重冲击新形势下的集群企业合作困境给予了相应的建议。主要研究结论如下:

①在梳理集群企业合作困境的基础上,从企业、政府、市场及社会多个角度分析了合作困境的形成原因,并通过建模及数值模拟阐述了集群企业合作困境形成的内在机理。研究发现,集群企业、集群政府管理部门、市场环境、社会环境多方因素影响集群企业合作,在有限理性的集群企业竞合博弈中,信息不对称、技术溢出过度均可能导致产品市场的紊乱,进而降低企业合作的动力,形成合作困境。

②从多个角度提供了集群企业合作困境的治理机制。首先,通过惩罚措施对集群企业在一次性合作与重复合作中的机会主义行为进行规制,研究发现,适度的惩罚有利于企业合作的开展,防止"搭便车"等机会主义行为的出现。其次,利用基于声誉的间接互惠机制,解决信息不对称情况下外生型集群企业合作困境,并给出了不对策略的最优反应区间。最后,针对集群资源的有限性,创造公平的市场环境实现集群企业生态位重叠部分有序竞争,并通过基于知识外溢的多元化经济扩大集群企业的生态位宽度,延长集群的产业链。

③以多种方式提供了集群企业的合作路径。从推进专业化分工结构、调整

差异化产品结构、构建低成本服务体系、重构多赢格局的价值链、优化一体化资源配置及扩张规模经济的价值网络六个方面提高集群企业合作方式集聚化程度。并通过建模和数值模拟得出,在生产差异化产品的双寡头企业主导的集群中,集群分为内企业合作溢出越高,越有利于产品市场价格的稳定及企业利润的提高。

本书的研究结果对现实经济具有一定的启发意义。经济系统的非线性复杂特征决定了产品市场对初始条件的敏感性,因此在现实经济社会的产量竞争中,特别是对集群内的核心企业而言,要对自身产品进行合理定位,慎重选择产量(价格)、产量(价格)调整速度等参数。此外,鉴于溢出效应对防止或延迟混沌市场发生的重要作用,集群企业应不断学习加强自身能力,而类似于现实中园区管委会的集群管理者或企业协会的集群企业自组织更应鼓励集群内企业间的合作,加强集群内的知识共享氛围,鉴于过度溢出容易导致产品市场紊乱,集群应当加强知识产权保护,严惩机会主义行为。在价格竞争中,相比其他参数的固定性,集群溢出的可变性对于维持产品价格的稳定作用更为独特,集群可以通过提高集群溢出使寡头企业的产品价格在市场上具备竞争优势,同时也有利于产品价格市场的稳定。

在对集群企业合作的机会主义行为治理方面,由于现实中企业资产规模、创新能力等存在差异。因此,在面对产品或技术研发时企业应该选择符合自身发展利益的策略;适度的溢出有助于集群的健康发展,而过度的溢出则会降低企业创新的积极性,遏止集群的创新活力,因而对机会主义行为确定一定的惩罚金额能够保障集群企业合作的顺利展开。在外生型集群企业合作中,声誉信息的非对称以及自身实力的差异使得企业间合作策略的选择有所不同,集群内合作型、背叛型、辨别型企业及对应三种策略的比例随时间发生变化,此时企业应谨慎选择符合自身发展的最优策略。

8.2

展望

受制于主观上的能力局限和客观上的资源约束,本书的研究还存在以下不足:

(1)在数学建模过程中,大都基于双寡头主导的企业集群,假设市场上产品产量是由这两个寡头企业决定的,因而在实际应用中具有一定的局限性,对于高科技企业集群能够起到一定的解释作用,但是对于全国普遍存在的制造加工业企业集群就缺乏信度,比如服装业。对于三个或多个龙头企业的产量竞争有待进一步的研究,此时企业合作的溢出效应的衡量及其对企业产量(价格)演化的影响将是另一番情景。

(2)在第 6 章的重复合作博弈的机会主义惩罚过程中,本书认为第三方行业协会惩罚是无成本的,具体的惩罚金额只发生在背叛企业与合作企业之间,这在现实中有一定的局限性,有成本惩罚有待于进一步研究。

(3)受限于集群企业资料收集的难度约束,本书偏于模型构建及数值模拟,未有集群企业实例辅证,这也是笔者今后的努力方向之一。

附录 1

附录 1A：

$$\Delta = T^2 - 4V > 0, \quad \alpha\left[\frac{7\delta}{8} + \rho - \frac{1}{2}\sigma(\delta+\rho)\right] > 0, \quad \frac{3}{2} - \sigma + \alpha\left[\frac{1}{2}\sigma(\delta+\rho) - \frac{\delta}{8}\right] > 0$$

证：

$$\Delta = T^2 - 4V = \left(\frac{3}{2} - \sigma\right)^2 + \left[\alpha\left(\frac{3\delta}{4} + \rho\right)\right]^2 - 2\alpha\left(\frac{3\delta}{4} + \rho\right)\left(\frac{1}{2} + \sigma\right) + \alpha\left(2\delta\sigma + 2\rho\sigma - \frac{\delta}{2}\right) = \left[\frac{3}{2} - \sigma - \alpha\left(\frac{3\delta}{4} + \rho\right)\right]^2 + \alpha\left(\frac{\delta}{4} + \rho + \frac{\sigma\delta}{2}\right)$$

由条件（4-32）及 σ、δ、ρ、$\alpha > 0$ 可知 $\Delta = T^2 - 4V > 0$，即证。

$1 - T + V = \alpha\left[\frac{7\delta}{8} + \rho - \frac{1}{2}\sigma(\delta+\rho)\right]$，将 σ、δ、ρ 关于 q_1^*、q_2^* 的表达式代入可得 $1 - T + V = \frac{4\alpha(2a - c_1' - c_2')^2}{5b} > 0$，即证。

$1 - V = \frac{3}{2} - \sigma + \alpha\left[\frac{1}{2}\sigma(\delta+\rho) - \frac{\delta}{8}\right]$，其中 $\frac{3}{2} - \sigma = \frac{2(a - 3c_1' + 2c_2') + 5(a - c_2')}{4(2a - c_1' - c_2')}$，

$\frac{1}{2}\sigma(\delta+\rho) - \frac{\delta}{8} = \frac{(2a - c_1' - c_2')[6(a - 3c_2' + 2c_1') + 10(a - c_2')]}{25b}$，由条件（4-32）可知 $\frac{3}{2} - \sigma > 0$，$\frac{1}{2}\sigma(\delta+\rho) - \frac{\delta}{8} > 0$，因此 $1 - V = \frac{3}{2} - \sigma + \alpha\left[\frac{1}{2}\sigma(\delta+\rho) - \frac{\delta}{8}\right] > 0$，即证。

附录 1B：

1. $\Delta_G = B^2 - 4AD < 0$，对于任意 c_1'，必有 $G(c_1') > 0$，经济含义：$\Delta_G < 0$ 时，对于企业 1 任意的溢出效应 $\theta_{12} \geq 0$，企业双方产量最终趋于稳定，存在 Nash 均衡产量；双方最终都不会进入分岔混沌市场。

2. $\Delta_G = B^2 - 4AD > 0$，$0 < c_1' \leq c_1$

若 $G(c_1') = 0$ 有两个正实根，$D > 0$ 且 $B < 0$，此时两个根 $\tau_{1,2} = \dfrac{-B \pm \sqrt{B^2 - 4AD}}{2A}$，对应 $\theta_{12} = \dfrac{c_1}{\tau_{1,2}} - 1$。因此，当 $\Delta_G > 0, D > 0, B < 0$，$\dfrac{-B + \sqrt{B^2 - 4AD}}{2A} \leq c_1$ 时，若企业 1 的溢出效应 $\theta_{12} > \dfrac{2Ac_1}{-B - \sqrt{B^2 - 4AD}} - 1$ 或 $0 \leq \theta_{12} < \dfrac{2Ac_1}{-B + \sqrt{B^2 - 4AD}} - 1$，存在 Nash 均衡产量，若 $\dfrac{2Ac_1}{-B + \sqrt{B^2 - 4AD}} - 1 \leq \theta_{12} \leq \dfrac{2Ac_1}{-B - \sqrt{B^2 - 4AD}} - 1$，企业双方产量演化最终处于分岔混沌状态；

若 $G(c_1') = 0$ 有正负两实根，即 $D < 0$，取 $\tau_2 = \dfrac{-B + \sqrt{B^2 - 4AD}}{2A}$，即 $\theta_{12} = \dfrac{2Ac_1}{-B + \sqrt{B^2 - 4AD}} - 1$，因此，当 $\Delta_G > 0, D < 0, \dfrac{-B + \sqrt{B^2 - 4AD}}{2A} \leq c_1$ 时，若企业 1 的溢出效应 $0 \leq \theta_{12} < \dfrac{2Ac_1}{-B + \sqrt{B^2 - 4AD}} - 1$ 时，存在 Nash 均衡产量，若 $\theta_{12} \geq \dfrac{2Ac_1}{-B + \sqrt{B^2 - 4AD}} - 1$，企业双方产量演化最终处于分岔混沌状态。

3. $\Delta_G = B^2 - 4AD = 0$，此时 $G(c_1') = 0$ 有唯一的实根 $\tau = \dfrac{-B}{2A}$

若为正实根，则 $B < 0$。因此，当 $\Delta_G = 0, B < 0$ 且 $\dfrac{-B}{2A} \leq c_1$ 时，若企业 1 的溢出效应 $0 \leq \theta_{12} \neq \dfrac{2Ac_1}{-B} - 1$，存在 Nash 均衡产量；

若为负实根，则 $B > 0$。因此，当 $\Delta_G = 0$ 且 $B > 0$ 时，对于企业 1 任意的溢出效应 $\theta_{12} \geq 0$，存在 Nash 均衡产量，并且长期博弈后企业双方不会进入分岔混沌市场。

附录1C：

命题 4.5：$\Delta_W < 0$，对于企业 2 的任意溢出效应 $\theta_{12} \geq 0$，存在 Nash 均衡产量；$\Delta_W > 0, Q > 0$ 且 $\dfrac{-N + \sqrt{N^2 - 4MQ}}{2M} \leq c_2$ 时，若企业 2 的溢出效应 $\theta_{21} > \dfrac{2Mc_2}{-N - \sqrt{N^2 - 4MQ}} - 1$ 或 $0 \leq \theta_{21} < \dfrac{2Mc_2}{-N + \sqrt{N^2 - 4MQ}} - 1$，存在 Nash 均衡产量，

若 $\dfrac{2Mc_2}{-N+\sqrt{N^2-4MQ}}-1 \leq \theta_{12} \leq \dfrac{2Mc_2}{-N-\sqrt{N^2-4MQ}}-1$，企业双方产量演化最终处于分岔混沌状态；$\Delta_W>0$，$Q<0$ 且 $\dfrac{-N+\sqrt{N^2-4MQ}}{2M} \leq c_2$ 时，若企业 2 的溢出效应 $0 \leq \theta_{21} < \dfrac{2Mc_2}{-N+\sqrt{N^2-4MQ}}-1$ 时，存在 Nash 均衡产量，若 $\theta_{21} \geq \dfrac{2Mc_2}{-N+\sqrt{N^2-4MQ}}-1$，企业双方产量演化最终处于分岔混沌状态；$\Delta_W=0$，$B<0$，$\dfrac{-N}{2M} \leq c_2$ 时，若企业 2 的溢出效应 $0 \leq \theta_{21} \neq \dfrac{2Mc_2}{-N}-1$，存在 Nash 均衡产量；$\Delta_G=0$，$B>0$ 时，对于企业 1 任意的溢出效应 $\theta_{12} \geq 0$，存在 Nash 均衡产量。

注意命题 4.5 中，$W(c_2') = Mc_2'^2 + Nc_2' + Q$，其中 $M=38\alpha$，$N=-(17a\alpha+59\alpha c_1'+70)$，$Q=53a\alpha c_1'+3\alpha c_1'^2-18\alpha a^2-20c_1'+90a$

附录 2

附录 2A：命题证明

命题 4.7 证明：

如果在条件（4-35）的前提下，$Ep_2 = 0$ 或 $Ep_2 = \dfrac{\theta[a+c-\beta(1-d)+\varepsilon+dp_1]}{2}$ 都不成立，那么命题 4.7 得证。

情况 1：如果 $Ep_2 = 0$，由（4-38）（4-40）式可知 $p_2 = \dfrac{\theta[a+c-\beta(1-d)+\varepsilon+dp_1]}{2}$，进而可推出 $(2+d)[a+c-\beta(1-d)] < -2\varepsilon$，与条件（4-35）相违背，因此 $Ep_2 = 0$ 不成立。

情况 2：如果 $Ep_2 = \dfrac{\theta[a+c-\beta(1-d)+\varepsilon+dp_1]}{2}$，从（4-35）（4-38）式可推出 $Ep_2 \geqslant \dfrac{\beta(1-d)-a-c}{d}$，因此由（4-40）式可知 $p_1 = \dfrac{(2+\theta d)[a+c-\beta(1-d)]+\theta d\varepsilon}{4-\theta d^2}$，进而容易得知在条件（4-35）下 $p_1 < \dfrac{\beta(1-d)-a-c}{d}$ 无法成立。因此 $Ep_2 = \dfrac{\theta[a+c-\beta(1-d)+\varepsilon+dp_1]}{2}$ 也不成立。

因此，只存在 $Ep_2 = \dfrac{a+c-\beta(1-d)+(2\theta-1)\varepsilon+dp_1}{2}$，并且这个很容易证明。

命题 4.8 证明：

首先，如果 $Ep_2 \geqslant \dfrac{\beta(1-d)-a-c}{d}$ 且 $p_1 > \dfrac{\beta(1-d)-a-c_1}{d}$，由（4-38）（4-40）式有 $p_1 = \dfrac{(2+\theta d)[a+c-\beta(1-d)]+\theta d\varepsilon}{4-\theta d^2}$，（4-39）式已解。

其次，由（4-37）式可知，当 $p_1^* \geqslant \dfrac{\beta(1-d)-a-c_1}{d}$ 时，

$$p_2^*(c_2) = \begin{cases} \dfrac{(2+d)[a+c-\beta(1-d)] + (2+\theta d^2 - d^2)\varepsilon}{4-d^2}, & c_2 = c_h \\ \dfrac{(2+d)[a+c-\beta(1-d)] + (\theta d^2 - 2)\varepsilon}{4-d^2}, & c_2 = c_l \end{cases}$$，即等式

(4-42) 成立。

这也就意味着要使命题4.8成立,只需要证明 $Ep_2^* \geq \dfrac{\beta(1-d)-a-c}{d}$ 和

$p_1^* \geq \dfrac{\beta(1-d)-a-c_l}{d}$ 都成立。 $Ep_2^* = \theta p_{2h}^* + (1-\theta)p_{2l}^* \geq \dfrac{\beta(1-d)-a-c}{d}$ 等价于

$(2+d)[a+c-\beta(1-d)] + (\theta^2 d^2 + 2\theta - 1)d\varepsilon \geq 0$, 在条件 (4-35) 前提下,

不等式显然成立。 $p_1^* \geq \dfrac{\beta(1-d)-a-c_l}{d}$ 等价于 $(2+d)[a+c-\beta(1-d)] +$

$(\theta d^2 - 2)\varepsilon \geq 0$, 同样容易由 (4-35) 式推出。

命题4.8即证。

命题4.9 证明：

证明均衡点 $(p_1^*, p_{2h}^*, p_{2l}^*)$ 的稳定,一种方法便是求系统 (4-43) 在均衡点的雅可比矩阵的特征根,系统 (4-43) 的雅可比矩阵为:

$$J = \begin{bmatrix} \alpha_1 & \dfrac{d\theta(1-\alpha_1)}{2} & \dfrac{d(1-\theta)(1-\alpha_1)}{2} \\ \dfrac{d\theta(1-\alpha_2)}{2} & \alpha_2 & 0 \\ \dfrac{d\theta(1-\alpha_2)}{2} & 0 & \alpha_2 \end{bmatrix}$$

因此特征多项式为:

$$f(\lambda) = |\lambda I - J| = \begin{bmatrix} \lambda - \alpha_1 & -\dfrac{d\theta(1-\alpha_1)}{2} & -\dfrac{d(1-\theta)(1-\alpha_1)}{2} \\ -\dfrac{d\theta(1-\alpha_2)}{2} & \lambda - \alpha_2 & 0 \\ -\dfrac{d\theta(1-\alpha_2)}{2} & 0 & \lambda - \alpha_2 \end{bmatrix}$$

$$= \dfrac{\lambda - \alpha_2}{4}[4\lambda^2 - 4(\alpha_1 + \alpha_2 a)\lambda + 4\alpha_1\alpha_2 - d^2(1-\alpha_1)(1-\alpha_2)]$$

由特征多项式容易获得三个特征根,分别为: $\lambda_1 = \alpha_2$, $\lambda_2 =$

$$\frac{\alpha_1+\alpha_2+\sqrt{(\alpha_1+\alpha_2)^2-4\alpha_1\alpha_2+d^2(1-\alpha_1)(1-\alpha_2)}}{2}, \lambda_3=\frac{\alpha_1+\alpha_2-\sqrt{(\alpha_1+\alpha_2)^2-4\alpha_1\alpha_2+d^2(1-\alpha_1)(1-\alpha_2)}}{2},$$

显然 $|\lambda_1|<1$，当且仅当 $\lambda_2<1$ 且 $\lambda_3>-1$ 时命题 4.9 成立。

$\lambda_2<1$ 等价于 $d^2(1-\alpha_1)(1-\alpha_2)<4(1-\alpha_1)(1-\alpha_2)$，$\lambda_3>-1$ 则等价于 $4(1+\alpha_1)(1+\alpha_2)>d^2(1-\alpha_1)(1-\alpha_2)$，对于 $\alpha_i\in(0,1)$ 以及 $d\in[0,1]$，上述两式显然成立。

即证。因此系统（4-43）的贝叶斯纳什均衡始终局部渐近稳定。

命题 4.11 证明：

边界均衡点 E_2 的雅可比矩阵为：

$$J=\begin{bmatrix} 1-2vp_1^* & \theta dvp_1^* & (1-\theta)dvp_1^* \\ \dfrac{d\theta(1-\alpha)}{2} & \alpha & 0 \\ \dfrac{d\theta(1-\alpha)}{2} & 0 & \alpha \end{bmatrix}$$

特征多项式为：

$$f(\lambda)=|\lambda I-J|=\begin{bmatrix} \lambda-1+2vp_1^* & -\theta dvp_1^* & -(1-\theta)dvp_1^* \\ -\dfrac{d\theta(1-\alpha)}{2} & \lambda-\alpha & 0 \\ -\dfrac{d\theta(1-\alpha)}{2} & 0 & \lambda-\alpha \end{bmatrix}$$

$$=(\lambda-\alpha)\left[\lambda^2-(2vp_1^*-1-\alpha)\lambda-\alpha(2vp_1^*-1)-\frac{(1-\alpha)vp_1^*d^2}{2}\right]$$

特征根分别为 $\lambda_1=\alpha$，$\lambda_2=\dfrac{-(2vp_1^*-1-\alpha)+\sqrt{(vp_1^*-1-\alpha)^2+4\left[\alpha(2vp_1^*-1)+\dfrac{(1-\alpha)vp_1^*d^2}{2}\right]}}{2}$，

$\lambda_3=\dfrac{-(2vp_1^*-1-\alpha)-\sqrt{(vp_1^*-1-\alpha)^2+4\left[\alpha(2vp_1^*-1)+\dfrac{(1-\alpha)vp_1^*d^2}{2}\right]}}{2}$。

$\lambda_2<1$ 等价于 $vp_1^*d^2<4vp_1^*$，对于 $d\in[0,1]$ 显然成立；$\lambda_3>-1$ 则等价于 $4(1+\alpha)vp_1^*>(1-\alpha)d^2vp_1^*$。因此当 $4(1+\alpha)-[4(1+\alpha)+(1-\alpha)d^2]vp_1^*>0$ 时，E_2 渐近稳定。即证。

附录 2B：相关性证明

B1：p_1^* 与 d 正相关

从（7）式对 p_1^* 关于 d 求偏导，即

$$\frac{\partial p_1^*}{\partial d} = (2+d)^2[a+c-\beta(1-d)] + (4+d^2)(2\theta-1)\varepsilon + (2+d)(4-d^2)$$

结合条件（1）、$\theta \in (0,1)$、$d \in [0,1]$，可知$\frac{\partial p_1^*}{\partial d} > 2(4+d^2+4d)\varepsilon - (4+d^2)\varepsilon + (2+d)(4-d^2) > 0$，因此$p_1^*$与 d 正相关。

B2：p_2^* 与 d 正相关

当$c_2 = c_1$时，由（8）式容易获知p_{2l}^*与 d 正相关；因此只需证明p_{2h}^*与 d 正相关。对p_{2h}^*关于 d 求偏导，可得

$$\frac{\partial p_{2h}^*}{\partial d} = (2+d)^2[a+c-\beta(1-d)] + 4(2\theta-1)d\varepsilon + (2+d)(4-d^2)$$

结合条件（1）、$\theta \in (0,1)$、$d \in [0,1]$，可知$\frac{\partial p_{2h}^*}{\partial d} > 2(4+d^2+4d)\varepsilon - 4d\varepsilon + (2+d)(4-d^2) > 0$，因此$p_{2h}^*$与 d 正相关。

即证。

B3：W 与 α 正相关

$W = 4(1+\alpha) - [4(1+\alpha)+(1-\alpha)d^2]vp_1^* > 0$，因此可推出 $vp_1^* < 1$。等式左边等价于 $W = 4(1+\alpha)(1-vp_1^*) - (1-\alpha)d^2vp_1^*$，容易得到$\frac{\partial W}{\partial \alpha} > 0$。

即证。

B4：W 与 d 正相关

由（11）式对 W 关于 d 求偏导，即

$$\frac{\partial W}{\partial d} = \frac{v\left\{2(1-\alpha)d[(2+d)R+U] + T\left[R+\beta(2+d)+\frac{U}{d}\right]\right\}(4-d^2) + 2dvT[(2+d)R+U]}{(4-d^2)^2}$$

其中 $R = a+c-\beta(1-d)$，$T = 4(1+\alpha)+(1-\alpha)d^2$，$U = (2\theta-1)d\varepsilon$，由于$R \geq 2\varepsilon$，$\alpha$、$\theta \in (0,1)$，$d \in [0,1]$，容易计算出$\frac{\partial W}{\partial d} < 0$。即证。

参考文献

[1] 安纳利·萨克森宁. 地区优势：硅谷和128公路地区的文化与竞争 [M]. 曹蓬, 杨宇光, 等, 译. 上海：上海远东出版社, 1999.

[2] 保罗·克鲁格曼. 地理与贸易 [M]. 刘国晖, 译. 北京：北京大学出版社, 中国人民大学出版社, 2000.

[3] 蔡铂, 聂鸣. 社会网络对产业集群技术创新的影响 [J]. 科学学与科学技术管理, 2003 (7): 57-60.

[4] 蔡昉, 王德文, 曲玥. 中国产业升级的大国雁阵模型分析 [J]. 经济研究, 2009, 44 (9): 4-14.

[5] 蔡宁, 黄纯, 孙文文. 集群风险自组织理论建构的探索式案例研究 [J]. 中国工业经济, 2011 (7): 54-64.

[6] 蔡宁, 吴结兵. 产业集群的网络式创新能力及其集体学习机制 [J]. 科研管理, 2005, 26 (4): 22-28.

[7] 蔡猷花, 陈国宏, 向小东. 集群供应链链间技术创新博弈分析 [J]. 中国管理科学, 2010, 18 (1): 72-77.

[8] 曹丽莉. 产业集群内的供应链创新 [J]. 经济与管理研究, 2008, (10): 48-53.

[9] 陈道齐, 项高标. 中小企业集群社会网络的根植性分析 [J]. 农机市场, 2010 (2): 55-58.

[10] 陈柳钦. 产业集群的创新、合作竞争和区域品牌效应分析 [J]. 湖北经济学院学报, 2008, 6 (1): 70-71.

[11] 陈鹏. 产业集群的社会资本与技术创新研究 [D]. 厦门：厦门大学, 2007.

[12] 陈肖飞, 苗长虹, 潘少奇, 等. 轮轴式产业集群内企业网络特征及形成机理——基于2014年奇瑞汽车集群实证分析 [J]. 地理研究, 2018, 37

(2): 353-365.

[13] 陈旭, 李仕明. 产业集群内双寡头企业合作创新博弈分析 [J]. 管理学报, 2007, 4 (1): 94-99.

[14] 陈宇科, 孟卫东, 邹艳. 竞争条件下纵向合作创新企业的联盟策略 [J]. 系统工程理论与实践, 2010, 30 (5): 857-864.

[15] 陈玉平. 我国原发性产业集群成长机制及启示 [J]. 经济纵横, 2005 (4): 18-21.

[16] 程艳霞. 隐性知识传播模型及共享体系研究 [J]. 情报科学, 2009 (8): 33-35.

[17] 仇保兴. 发展小企业集群要避免的陷阱——过度竞争所致的"柠檬市场" [J]. 北京大学学报（哲社版）, 1999, 36 (1): 25-29.

[18] 仇保兴. 小企业集群研究 [M]. 上海: 复旦大学出版社, 1999.

[19] 大卫·范高德, 李建军. 创造可持续的高技术企业发展生态系统 [J]. 经济社会体制比较, 2002 (6): 81-90.

[20] 戴万亮, 路文玲, 徐可, 等. 产业集群环境下企业网络权力、知识获取与技术创新 [J]. 科技进步与对策, 2019, 36 (24): 109-117.

[21] 戴园园, 梅强. 我国高新技术企业技术创新模式选择研究——基于演化博弈的视角 [J]. 科研管理, 2013 (1): 2-10.

[22] 董慧梅, 侯卫真, 汪建苇. 复杂网络视角下的高新技术产业集群创新扩散研究——以中关村产业园为例 [J]. 科技管理研究, 2016, 36 (5): 149-154.

[23] 范剑勇. 产业集聚与地区间劳动生产率差异 [J]. 经济研究, 2006 (11): 72-81.

[24] 冯之浚, 刘燕华, 方新, 等. 创新是发展的根本动力 [J]. 科研管理, 2015, 36 (11): 1-10.

[25] 傅京燕. 中小企业集群的竞争优势及其决定因素 [J]. 中外经济与管理, 2003, 25 (3): 29-34.

[26] 葛泽慧, 胡奇英. 上下游企业间的研发协作与产销竞争共存研究 [J]. 管理科学学报, 2010, 13 (4): 12-22.

[27] 耿建泽. 地域根植性对企业集群发展的影响 [J]. 安徽农业大学学报, 2007, 16 (1): 19-21.

[28] 龚敏,张婵. 从战略联盟到企业生态群:企业合作竞争的形态演进研究[J]. 科技与管理,2003(4):42-46.

[29] 韩莹,陈国宏. 政府监管与隐形契约共同作用下集群企业创新合作的演化博弈研究[J]. 中国管理科学,2019,27(11):88-95.

[30] 何郁冰. 产学研协同创新的理论模式[J]. 科学学研究,2012,30(2):165-174.

[31] 胡红安,马千里. 自组织理论视角下的产业集群风险[J]. 中国国情国力,2007(11):37-39.

[32] 胡荣,夏洪山. 航空公司动态价格竞争复杂性及混沌控制——基于不同竞争战略与不同理性的分析[J]. 系统工程理论与实践,2013,33(1):151-158.

[33] 胡亭亭. 产业集群培育与提升产业竞争力研究[D]. 安徽:安徽大学,2005.

[34] 胡晓鹏. 从分工到模块化:经济系统演进的思考[J]. 中国工业经济,2004,198(9):5-11.

[35] 黄纯. 基于焦点企业的集群风险传导与扩散研究:自组织行为的视角[D]. 浙江大学,2012.

[35] 黄志启. 高科技产业集群中知识溢出效应的模型与实证分析[J]. 科研管理,2013,34(1):154-162.

[37] 霍苗,李凯,李世杰. 根植性、路径依赖性与产业集群发展[J]. 科学学与科学技术管理,2011,32(11):105-110.

[38] 江青虎,余红剑,杨菊萍. 核链网互动对产业集群升级的影响[J]. 科研管理,2018,39(12):64-71.

[39] 姜会飞,温德永,廖树华,等. 运用混沌理论预测粮食产量[J]. 中国农业大学学报,2006(1):47-52.

[40] 鞠晓峰,张帅. 小企业集群化发展模式的理论分析及其启示[J]. 数量经济技术经济研究,2001(6):93-97.

[41] 康世瀛. 产业集群与供应链形成发展的基础推动力——信任[J]. 科技进步与对策,2005(1):146-148.

[42] 孔庆山,张芹,杨蕙馨,等. 企业集群产品质量监管演化与仿真研究[J]. 中国管理科学,2020,28(7):174-183.

[43] 雷如桥, 陈继祥. 集群网络研究: 一个社会网络理论的视角 [J]. 经济问题探索, 2004 (12): 130-131.

[44] 黎继子. 集群式供应链及其管理研究 [D]. 武汉: 华中农业大学, 2006.

[45] 李娟. 我国对外贸易摩擦预警机制优化研究 [J]. 管理世界, 2014 (3): 170-171.

[46] 李君华, 彭玉兰. 产业集群的制度分析 [J]. 中国软科学, 2003, 9: 127-131.

[47] 李琳. 多维邻近性与产业集群创新 [M]. 北京: 北京大学出版社, 2014.

[48] 李敏, 杨建梅, 欧瑞秋. 中小企业集群的横向合作与技术创新激励研究 [J]. 科学学与科学技术管理, 2007 (7): 64-68.

[49] 李明惠. 生命周期视域下大企业集群自主创新模式选择 [J]. 科技进步与对策, 2018, 35 (8): 92-99.

[50] 李新安. 产业集群合作创新自增强机制的博弈分析 [J]. 经济经纬, 2005 (3): 53-56.

[51] 李亚军, 陈柳钦. 产业集群的创新特征及其创新效应分析 [J]. 北方经济, 2007 (1): 40-42.

[52] 李亦亮. 企业集群发展的框架分析 [M]. 北京: 中国经济出版社, 2006.

[53] 李亦亮. 企业群分工结构演进的特殊功能及其条件分析 [J]. 特区经济, 2006 (8): 334-335.

[54] 李勇, 郑垂勇. 企业生态位与竞争战略 [J]. 当代财经, 2007 (1): 51-56.

[55] 李宇, 唐蕾. 众乐乐还是独乐乐? "有核" 集群的双向技术溢出与集群创新绩效: 组织间依赖的调节作用 [J]. 南开管理评论, 2020 (2): 39-50.

[56] 李哲敏, 许世卫, 崔利国, 等. 基于动态混沌神经网络的预测研究——以马铃薯时间序列价格为例 [J]. 系统工程理论与实践, 2015, 35 (8): 2083-2091.

[57] 刘春玲, 孙林夫, 黎继子. 多级集群式供应链跨链库存合作及鲁棒

优化算法 [J]. 控制理论与应用, 2009 (9): 1048-1050.

[58] 刘莉, 钟德强, 刘辉, 等. 异质产品 Bertrand 寡头竞争企业分散授权横向兼并效应分析 [J]. 系统工程, 2008, 26 (2): 41-46.

[59] 刘丽. 基于产业集群方向的工业园区发展研究和政府作用探讨 [D]. 杭州: 浙江大学, 2011.

[60] 刘满凤, 唐厚兴. 区域创新系统内隐性知识共享困境的博弈分析 [J]. 科技管理研究, 2009 (6): 179-182.

[61] 刘伟, 张子健, 张婉君. 纵向合作中的共同 R&D 投资机制研究 [J]. 管理工程学报, 2009, 23 (1): 19-22.

[62] 刘晓燕, 阮平南. 基于生态位理论的战略联盟稳定性研究 [J]. 北京工业大学学报, 2007, 7 (2): 29-32.

[63] 刘杨, 王海芸. 基于企业技术创新效率的主导产业选择研究——以北京为例 [J]. 科学学研究, 2017, 35 (1): 139-145

[64] 刘志红. 产业集群与区域创新体系 [J]. 理论参考, 2006 (9): 1.

[65] 龙剑军, 赵骅. 集群溢出对双寡头 Bertrand 竞争价格均衡的影响分析 [J]. 科研管理, 2015, 36 (2): 145-151.

[66] 卢亚丽. 主从型 Bertrand 价格博弈模型及其动力学分析 [J]. 系统工程, 2012, 30 (2): 91-94.

[67] 鲁开垠. 产业集群社会网络的根植性与核心能力研究 [J]. 广东社会科学, 2006 (2): 41-46.

[68] 罗剑锋. 基于演化博弈理论的企业间合作违约惩罚机制 [J]. 系统工程, 2012, 30 (1): 27-31.

[69] 骆建栋. 产业集群合作创新网络的结构和运行机制研究 [D]. 长沙: 湖南大学, 2009.

[70] Narayanan V K. 技术战略与创新——竞争优势的源泉 [M]. 程源, 高建, 杨湘玉, 译. 北京: 电子工业出版社, 2002.

[71] 马歇尔. 经济学原理 (上下) [M]. 朱志泰, 陈良璧, 译. 北京: 商务印书馆, 1997.

[72] 马永红, 刘海礁, 柳清. 产业集群协同创新知识共享策略的微分博弈研究 [J]. 运筹与管理, 2020, 29 (9): 82-88.

[73] 迈克尔·波特. 国家竞争优势 [M]. 李明轩, 邱如美, 译. 北京:

华夏出版社，2002.

[74] 迈克尔·波特. 竞争优势 [M]. 陈小悦, 译. 北京: 华夏出版社, 1997.

[75] 麦克尔·波特. 竞争论 [M]. 高登等, 李明轩, 译. 北京: 中信出版社, 2003.

[76] 牛海鹏, 艾凤义. 上下游投资、下游研发的收益分配和成本分担的机制 [J]. 数量经济技术经济研究, 2004 (7): 109-114.

[77] 祁红梅, 庞世俊, 王慧东. 基于合作的主动知识外溢策略研究 [J]. 科学管理研究, 2004, 22 (4): 70-73+85.

[78] 丘海雄, 于永慧. 嵌入性与根植性：产业集群研究中两个概念的辨析 [J]. 广东社会科学, 2007 (1): 175-181.

[79] 荣增. 共生理论及其在我国区域协调发展中的运用 [J]. 工业技术经济, 2006, 25 (3): 19-21.

[80] 芮明杰, 刘明宇, 任江波. 论产业链整合 [M]. 上海: 复旦大学出版社, 2006.

[81] 宋春子. 全球价值链分工对国际贸易摩擦的影响研究 [D]. 沈阳: 辽宁大学, 2014.

[82] 孙冰, 周大铭. 国外创新网络核心企业研究现状评介与未来展望 [J]. 外国经济与管理, 2011, 33 (8): 17-24.

[83] 孙亚忠, 郭建平. 国外传统产业集群高端化对我国的启示 [J]. 科技进步与对策, 2007 (6): 63-66.

[84] 孙振雷, 刘家俊. 自组织扩散机理：产业集群风险演化研究的新视角 [J]. 内蒙古社会科学, 2014, 35 (3): 101-105.

[85] 谭德庆, 刘光中. 不完全信息多维 Bertrand 模型及其分析 [J]. 中国管理科学, 2004, 2 (1): 85-88.

[86] 唐晓华, 王丹. 集群企业合作隐性契约的博弈分析 [J]. 中国工业经济, 2005 (9): 19-25.

[87] 田宇涵. 中美贸易摩擦背景下全球价值链上下游博弈研究 [J]. 辽宁大学学报（哲学社会科学版）, 2020, 48 (6): 47-59.

[88] 田中伟. 企业集群技术创新合作机制研究 [J]. 科技管理研究, 2003 (6): 33-35.

[89] 汪忠, 黄瑞华. 合作创新的知识产权风险与防范研究 [J]. 科学学研究, 2005, 23 (6): 419－424.

[90] 王发明, 宋雅静. 缄默知识在创意产业集群网络中的共享与转移研究 [J]. 软科学, 2013, 27 (5): 4－9.

[91] 王凤莲, 赵骅. 技术创新对集群双寡头 Bertrand 竞争均衡的影响分析 [J]. 管理工程学报, 2018, 32 (1): 66－70.

[92] 王缉慈. 创新的空间——企业集群与区域发展 [M]. 北京: 北京大学出版社, 2001.

[93] 王节祥, 蔡宁, 盛亚. 龙头企业跨界创业、双平台架构与产业集群生态升级——基于江苏宜兴"环境医院"模式的案例研究 [J]. 中国工业经济, 2018 (2): 157－175.

[94] 王娟茹. 基于知识共享的企业合作创新研究 [J]. 科技进步与对策, 2009, 26 (15): 135－137.

[95] 王珺. 企业簇群的创新过程研究 [J]. 管理世界, 2002 (10): 102－110.

[96] 王丽丽, 陈国宏. 供应链式产业集群技术创新博弈分析 [J]. 中国管理科学, 2016, 24 (1): 151－158.

[97] 王山, 张慧慧, 李义良, 等. 众创背景下企业集群创新的案例研究——以荣事达集团为例 [J]. 管理学报, 2019, 16 (5): 712－720.

[98] 王伟光, 冯荣凯, 尹博. 产业创新网络中核心企业控制力能够促进知识溢出吗? [J]. 管理世界, 2015 (6): 99－109.

[99] 王璇, 符卓, 符瑛, 等. 集群式供应链竞合博弈研究 [J]. 物流工程与管理, 2009, (2): 51－54.

[100] 韦伯. 工业区位论 [M]. 李刚剑, 等, 译. 北京: 商务印书馆, 1997.

[101] 韦倩. 强互惠理论研究评述 [J]. 经济学动态, 2010 (6): 106－111.

[102] 魏江, 申军. 产业集体学习模式和演进路径研究 [J]. 研究与发展管理, 2003, 15 (2): 44－48.

[103] 魏江, 申军. 传统产业集群创新系统的结构和运行模式——以温州低压电器业集群为例 [J]. 科学学与科学技术管理, 2003 (1): 14－17.

[104] 魏江. 小企业集群创新网络的知识溢出效应分析 [J]. 科研管理, 2003, 24 (4): 54-60.

[105] 魏兴民. 知识产权视角下嵌入全球价值链的纺织产业集群治理 [J]. 科技管理研究, 2014 (7): 181-184.

[106] 吴德进, 产业集群的组织性质: 属性与内涵 [J]. 中国工业经济, 2004 (7): 14-20.

[107] 吴思华. 产业网络与产业经理机制之探讨 [C]. 台北: 第一届产业管理研讨会, 1992.

[108] 伍琴, 张汉江, 李巍. 整合供应链管理推进产业集群化的优势与对策分析 [J]. 系统工程, 2005, 23 (4): 75-78.

[109] 夏若江, 吴宇茜, 谢威炜. 基于共性技术的产业集群合作创新机制研究——佛山产业集群合作创新平台的建设及其启示 [J]. 科技管理研究, 2007 (6): 205-207.

[110] 向希尧, 朱伟民. 产业集群中社会资本的作用研究 [J]. 工业技术经济, 2006, 25 (6): 4-7.

[111] 项国鹏, 斜帅令. 核心企业主导型众创空间的构成、机制与策略——以腾讯众创空间为例 [J]. 科技管理研究, 2019, 39 (17): 1-6.

[112] 项后军, 裘斌斌, 周宇. 核心企业视角下不同集群演化过程的比较研究 [J]. 科学学研究, 2015, 33 (2): 225-233.

[113] 肖条军, 盛昭瀚, 程书萍. 纵向型企业集团 R&D 及其经济增长的博弈分析 [J]. 管理科学学报, 2002, 5 (4): 1-6.

[114] 谢洪明, 王现彪, 吴溯, 等. 集群、网络与IJVs的创新研究 [J]. 科研管理, 2008, 29 (6): 23-29.

[115] 谢申祥, 蔡熙乾. 中间品生产企业的谈判势力与出口政策 [J]. 世界经济, 2018, 41 (3): 80-100.

[116] 谢识予. 经济博弈论 [M]. 上海: 复旦大学出版社, 2002: 59-64.

[117] 徐倩倩, 纂振法. 基于产业集群视角的知识共享模型分析 [J]. 华东经济管理, 2009, 23 (6): 80-82.

[118] 徐颖, 张少杰. 高新技术产业集群发展动因及模式 [J]. 经济纵横, 2004 (8): 7-9.

[119] 徐元，于洪平. 新形势下实施外贸知识产权战略的思路与对策 [J]. 中国软科学，2014（5）：11-22.

[120] 闫华飞，胡蓓. 产业集群内创业知识溢出机理研究：创业者的视角 [J]. 科技管理研究，2014（1）：159-166.

[121] 杨广青，蒋录全，王浣尘，等. Bertrand 竞争下融资策略与产品差异化策略的博弈分析 [J]. 中国管理科学，2006，14（4）：88-94.

[122] 杨小凯. 不完全信息与有限理性的差别 [J]. 开放时代，2002（3）：76-81.

[123] 杨洵. 企业集群的生成及其技术创新能力培育研究 [D]. 西安：西北大学，2006.

[124] 杨一帆. 产业集群的根植性与集群发展关系研究 [D]. 沈阳：东北大学，2010.

[125] 杨宗良. 温州低压电器产业集群的发展过程研究 [D]. 杭州：浙江工业大学，2013.

[126] 姚洪兴，盛昭瀚. 经济混沌模型中一种改进的反馈控制方法 [J]. 系统工程学报，2002，17（6）：507-511.

[127] 姚先国，朱海就. 产业区"灵活化专业"的两种不同模式比较——兼论"特制交易"观点 [J]. 中国工业经济，2002，171（6）：45-49.

[128] 易经章，胡振华，朱豫玉. 基于企业竞争合作行为的产业集群创新机制模型构建 [J]. 统计与决策，2010（3）：186-188.

[129] 易余胤，盛昭瀚，肖条军. 不同行为规则下的 Cournot 竞争的演化博弈分析 [J]. 中国管理科学，2004，12（3）：125-129.

[130] 易余胤，盛昭瀚，肖条军. 具溢出效应的有限理性双寡头博弈的动态演化 [J]. 系统工程学报，2004，19（3）：245-250.

[131] 易余胤，肖条军，盛昭瀚. 合作研发中机会主义行为的演化博弈分析 [J]. 管理科学学报，2005，8（4）：80-86.

[132] 于斌斌，余雷. 基于演化博弈的集群企业创新模式选择研究 [J]. 科研管理，2015，36（4）：30-38.

[133] 袁振邦，张群群. 贸易摩擦和新冠肺炎疫情双重冲击下全球价值链重构趋势与中国对策 [J]. 当代财经，2021（4）：102-111.

[134] 曾江洪,崔晓云.基于演化博弈模型的企业集团母子公司治理研究 [J].中国管理科学,2015 (2):148-153.

[135] 张传蓉.中国区域分工结构演进及其相关因素分析 [D].杭州:浙江大学,2008.

[136] 张洪潮,何任.非对称企业合作创新的进化博弈模型分析 [J].中国管理科学,2010,18 (6):63-170.

[137] 张冀新,王怡晖.创新型产业集群中的战略性新兴产业技术效率 [J].科学学研究,2019,37 (8):1385-1393.

[138] 张明龙,冯新勤.企业集群技术创新优势 [J].科技管理研究,2006 (5):61-63.

[139] 张生太,李涛,段兴民.组织内部缄默知识传播模型研究 [J].科研管理,2008,25 (4):21-25.

[140] 赵德余,顾海英,刘晨.双寡头垄断市场的价格竞争与产品差异化策略——一个博弈论模型及其扩展 [J].管理科学学报,2006,9 (5):1-7.

[141] 赵骅,丁丽英.技术溢出对企业集群技术创新能力的影响分析 [J].中国管理科学,2009,17 (1):176-182.

[142] 赵骅,李江,魏宏竹.产业集群共性技术创新模式:企业贡献的视角 [J].科研管理,2015,36 (6):53-59.

[143] 郑耀群.产业集群发展的制度因素研究 [D].西安:西北大学,2009.

[144] 周兵,蒲勇健.产业集群的增长经济学解释 [J].中国软科学,2003 (5):119-121.

[145] 朱国军,孙军.智能制造核心企业的形成机理——创新生态圈与互联网融合视域下双案例研究 [J/OL].当代经济管理,2021 (2):1-14.

[146] 朱海就,陆立军,袁安府.从企业网络看产业集群竞争力差异的原因:浙江和意大利企业集群的比较 [J].软科学,2004,18 (1):53-56.

[147] 朱涛.产业集群内企业之间合作创新的理论分析 [J].经济经纬,2007 (3):88-90.

[148] 朱燕君.基于集群网络式供应链协调机制研究 [J].情报杂志,2004,6:59-61.

[149] 朱有为,张向阳.价值链模块化、国际分工与制造业升级[J].国际贸易问题,2005(9):98-103.

[150] 邹艳,杨乃定,韦铁,等.组织学习对企业合作创新知识转移的影响研究:协调机制的中介作用[J].科学学与科学技术管理,2009,30(1):96-100.

[151] Agiza H N, Elsadany A A. Chaotic dynamics in nonlinear duopoly game with heterogeneous players [J]. Applied Mathematics & Computation, 2004, 149 (3): 843-860.

[152] Agiza H N. On the Analysis of Stability, Bifurcation, Chaos and Chaos Control of Kopel Map [J]. Chaos Solitons & Fractals, 1999, 10: 1909-1916.

[153] Albino V, Carbonara N, Giannoccaro I. Innovation in industrial districts: An agent-based simulation model [J]. International Journal of Product Economics, 2006, 10 (4): 30-45.

[154] Alexander R D. The Biology of Moral Systems [M]. New York: Aldine de Gruyter, 1987.

[155] Algazin G I, Algazina D G. Collective behavior in the Stackelberg model under incomplete information [J]. Automation and Remote Control 2017, 78: 1619-1630.

[156] Amer Y A. Resonance and vibration control of two-degree-of-freedom nonlinear electromechanical system with harmonic excitation [J]. Nonlinear Dynamics, 2015, 81 (4): 2003-2019.

[157] Arita T, Fujita M, Kameyama Y. Regional Cooperation of Small and Medium Firms in Japanese Industrial Clusters [C]. Discussion Paper, 2004: 133-140.

[158] Askar S S, Alnowibet K. Nonlinear oligopolistic game with isoelastic demand function: Rationality and local monopolistic approximation [J]. Chaos Solitons & Fractals, 2016, 84: 15-22.

[159] Askar S S, Simos T. Tripoly Stackelberg game model: One leader versus two followers [J]. Applied Mathematics & Computation, 2018, 328: 301-311.

[160] Atallah G. Defecting from R&D cooperation [J]. Australian Economic Papers, 2006, (3): 204-226.

[161] Atallah G. Information Sharing and The Stability of Cooperation in Research Joint Ventures [J]. Economics of Innovation and New Technology, 2003, 12 (6): 531 – 554.

[162] Axelrod R. The evolution of cooperation [M]. New York: Basic Books, 1984.

[163] Bai M, Gao Y. Chaos Control on a Duopoly Game with Homogeneous Strategy [J]. Discrete Dynamics in Nature and Society, 2016.

[164] Banerjee S, Lin P. Downstream R&D raising rivals costs, and input price contracts [J]. International Journal of Industrial Organization, 2003, 21 (1): 79 – 96.

[165] Banerjee S, Lin P. Vertical research joint ventures [J]. International Journal of Industrial Organization, 2001, 19 (2): 285 – 302.

[166] Barnett W., Chen P.. Deterministic chaos and fractal attractors as tools for nonparametric dynamical econometric inference: with an application to the divisia monetary aggregates [J]. Mathematical and Computer Modelling, 1988, 10 (4): 275 – 296.

[167] Basole A. Informality and Flexible Specialization: Apprenticeships and Knowledge Spillovers in an Indian Silk Weaving Cluster [J]. Development and Change, 2016, 47 (1): 157 – 187.

[168] Baumol W J, Quandt R E. Rules of Thumb and optimally imperfect decisions [J]. Am Econom Rev, 1964, 54 (2): 23 – 46.

[169] Becattini G, Benko G, Dunford M. Industrial change and regional development: the transformation of new industrial spaces [M]. London, Belhaven Press, 1991.

[170] Bendor J, Swistak P. The Evolution of Norms [J]. American Journal of Sociology, 2001, 106 (6): 1493 – 1545

[171] Bengtsson M, Sölvell Ö. Climate of competition, clusters and innovative performance [J]. Scandinavian Journal of Management, 2004, (2): 25 – 244.

[172] Berger U. Learning to cooperate via indirect reciprocity [J]. Games and Economic Behavior. 2011, 72 (1) 30 – 37.

[173] Bertrand J. Th'eorie Math'ematique de la Richesse Sociale [J]. Jour-

nal des Savants, 1883, 68: 303 - 317.

[174] Bischi G I, Lamantia F. A dynamic model of oligopoly with R&D externalities along networks: Part I [J]. Mathematics and Computers in Simulation 2012, 84: 51 - 65.

[175] Bischi G I, Lamantia F. A dynamic model of oligopoly with R&D externalities along networks. Part II [J]. Mathematics and Computers in Simulation, 2012, 84: 66 - 82.

[176] Bischi G I, Naimzada A, Sbragia L. Oligopoly games with Local Monopolistic Approximation [J]. Journal of Economic Behavior & Organization, 2007, 62 (3): 371 - 388.

[177] Bischi G I, Lamantia F. Nonlinear duopoly games with positive cost externalities due to spillover effects [J]. Chaos, Solitons &Fractals, 2002, 13 (4): 805 - 822.

[178] Bolton G E, Ockenfels A. ERC: A Theory of Equity, Reciprocity and Competition [J]. American Economic Review, 2000, 100 (20): 166 - 193.

[179] Bowles S, Gintis H. The evolution of strong reciprocity: cooperation in heterogeneous populations [J]. Theoretical Population Biology, 2004, 65 (1): 17 - 28.

[180] Boyd R, Gintis H, Bowles S, Richerson P J. The evolution of altruistic punishment [J]. Proceedings of the National Academy of Sciences of the United States of America, 2003, 100 (6): 3531 - 3531.

[181] Brahim B M, Zaccour G, Fouad B A. Strategic investments in R&D and efficiency in the presence of free riders [J]. RAIRO-Operations Research, 2016, 50 (3): 611 - 625.

[182] Brandt H, Hauert C, Sigmund K. Punishment and reputation in spatial public goods games [J]. Proceedings of the Royal Society of London Series B: Biological Sciences, 2003, 270 (1519): 1099 - 1104.

[183] Brandt H, Sigmund K. The logic of reprobation: Assessment and action rules for indirect reciprocation [J]. Theor. Biol. 2004, 231 (4): 475 - 486.

[184] Bruce M, Leverick F, Littler D. Success factors for collaborative product development: a study of suppliers of information and communication technology

[J]. R&D Management, 1995, 25 (1): 33-44.

[185] Bruno Cassiman, Reinhilde Veugelers. R&D Cooperation and Spillovers: Some Empirical Evidence from Belgium [J]. The American Economic Review, 2002, 92 (4): 1169-1184.

[186] Brussels E C, Powler H W. The Concise Oxford Dictionary [Z]. London: Book Club Association, 1979.

[187] Camagni R. Local milieu, uncertainty and innovation networks: towards a new dynamic theory of economic space [C]. Innovation networks: Spatial perspectives, 1991.

[188] Capello R. Spatial transfer of knowledge in high technology milieu: learning versus Collective learning process [J]. Regional Studies, 1998, 33 (4): 353-365.

[189] Carrincazeaux C, Lung Y, Rallet A. Proximity and localisation of corporate R&D activities [J]. Research Policy, 2001, 30 (5): 777-789.

[190] Casanueva C, Castro I, Galan J L. Informational networks and innovation in mature industrial clusters [J]. Journal of Business Research, 2013, 66 (5): 603-613.

[191] Chalub F, Santos F C, Pacheco J M. The evolution of norms [J]. Journal of Theoretical Biology, 2006, 241 (2): 233-240.

[192] Chandrashekar D, Subrahmanya M H B. Exploring the factors of cluster linkages that influence innovation performance of firms in a cluster [J]. Economics of Innovation and New Technology, 2019, 28 (1): 1-22.

[193] Che X G, Yang Y B. Patent Protection with a cooperative R&D option [J]. Economics Letters, 2012, 116 (3): 469-471.

[194] Chen Y, Shi H, Ma J, Shi V. The Spatial Spillover Effect in Hi-Tech Industries: Empirical Evidence from China [J]. Sustainability, 2020, 12 (4): 1-16.

[195] Chesbrough H. Open innovation: The new imperative for creating and profiting from technology [M]. Boston: Harvard Business School Press, 2003.

[196] Chien M K, Shih L H. Relationship between Management Practice and Organization Performance under European union directives such as ROHS, a case

study on the Electrical and Electronics industry in Taiwan [J]. African journal of Environmental Science and Technology, 2007, 1 (3): 37-48.

[197] Chyi Y L, Lai Y M, Liu W H. Knowledge spillovers and firm performance in the high-technology industrial cluster [J]. Research Policy, 2012, 41 (3): 556-564.

[198] Cournot A. A. Researches Into The Mathematical Principles of the Theory of Wealth [J]. Journal of Political Economy, 1838, 4 (1): 283-292.

[199] D'Aspremont C, Jacquemin A. Cooperative and Noncooperative R & D in Duopoly with Spillovers [J]. American Economic Review, 1988, 78: 1133-1137.

[200] Ding J, Qiang M, Yao H. Dynamics and adaptive control of a Duopoly advertising model based on heterogeneous expectations [J]. Nonlinear Dynamics, 2012, 67 (1): 129-138.

[201] Ding Z, Li Q, Jiang S, Wang X. Dynamics in a Cournot investment game with heterogeneous players [J]. Applied Mathematics & Computation, 2015, 256: 939-950.

[202] Drucker P F. Post-Capitalist Society [M]. New York: HarperCollins Publishers, 1994.

[203] Du J G, Huang T, Sheng Z. Analysis of decision-making in economic chaos control [J]. Nonlinear Analysis Real World Applications, 2009, 10 (4): 2493-2501.

[204] Dyer L M, Ross C A. Customer communication and the small ethnic firm [J]. Journal of Developmental Entrepreneurship, 2003, 8 (1): 19-40.

[205] Elabbasy E M, Agiza H N, Elsadany A A. Analysis of nonlinear triopoly game with heterogeneous players [J]. Computers & Mathematics with Applications, 2009, 57 (3): 488-499.

[206] Elsadany A A, Agiza H N, Elabbasy E M. Complex dynamics and chaos control of heterogeneous quadropoly game-Science Direct [J]. Applied Mathematics & Computation, 2013, 219 (24): 11110-11118.

[207] Elsadany A A, Awad A M. Dynamical analysis and chaos control in a heterogeneous Kopel duopoly game [J]. Indian Journal of Pure and Applied Mathematics, 2016, 47 (4): 617-639.

[208] Elsadany A A. A dynamic Cournot duopoly model with different strategies [J]. Journal of the Egyptian Mathematical Society, 2015 (23), 56-61.

[209] Fehr E, Fischbacher U. The nature of human altruism [J]. Nature, 2003, 425 (6960): 785-791.

[210] Fehr E, Gächter S. Altruistic punishment in humans [J]. Nature, 2002, 415 (6868): 137-140.

[211] Fehr E, Gächter S. Cooperation and punishment in public goods experiments [J]. American Economic Review, 2000, 90 (4): 980-994.

[212] Fehr E, Schmidt K M. A Theory of Fairness, Competition and Cooperation [J]. Quarterly Journal of Economics, 1999, 114 (3): 817-868.

[213] Fowler J H. Altruistic punishment and the origin of cooperation [J]. Social Science Electronic Publishing, 2005, 102 (19): 7047-7049.

[214] Freeman, C. Networks of Innovators: A Synthesis of Research Issues [J]. Research Policy, 1991, 20 (5): 499-514.

[215] Fudenberg D, Maskin E. The folk theorem in repeated games with discounting or with incomplete information [J]. Econometrica, 1986, 54 (3): 533-554.

[216] Garafoli G. New firm formation and local development: the Italian experience [J]. Entrepreneurship and Regional Developemnt, 1992, 4 (2): 101-125.

[217] Geoffrey G. Bell. Clusters, networks, and firm innovativeness [J]. Strategic Management Journal, 2005, 26 (3): 287-295.

[218] Gilboa I, MatsuiA. Social stability and equilibrium [J]. Econometrica, 1991, 59 (3): 859-867.

[219] Gintis H. Strong Reciprocity and Human Sociality [J]. Journal of Theoretical Biology, 2000, 206 (2): 169-179.

[220] Giuliani E. The structure of cluster knowledge networks uneven, not pervasive and collective. Druid Working Paper, 2005: 5-11.

[221] Granovetter M. Eeonomic Action and Social Structure: The Problem of Embeddedness [J]. American Journal of Sociology, 1985, 91 (3): 51-481.

[222] Gürerk O, Irlenbusch B, Rockenbach B. The competitive advantage of

sanctioning institutions [J]. Science, 2006, 312 (5770): 108 - 111.

[223] Hamilton W D. The evolution of altruistic behavior [J]. American Naturalist, 1963, 97 (896): 354 - 356.

[224] Hamilton W D. The Genetical evolution of social behavior [J]. Journal of Theoretical Biology, 1964, 7 (1): 1 - 52.

[225] Hardin G. The tragedy of the commons [J]. Science, 1968, 162 (3859): 1243 - 1248.

[226] Henry J. Farrell M A. The Political Economy of Trust: Exploring Cooperation Between Mechanical Engineering Firms in Emilia-Romagna and Baden-Wurttemberg [D]. Washington DC: Georgetown University, 2000: 312 - 340.

[227] Hill K. Altruistic cooperation during foraging by the ache, and the evolved human predisposition to cooperate [J]. Human Nature, 2002, 13 (1): 105 - 128.

[228] Hiroyuki Okamuro, Masatoshi Kato, Yuji Honjo. Determinants of R&D cooperation in Japanese start-ups [J]. Research Policy, 2011, 40 (5): 728 - 738.

[229] Hoffmann V E, Lopes G, Medeiros J J. Knowledge transfer among the small businesses of a Brazilian cluster [J]. Journal of Business Research, 2014, 67 (5): 856 - 864.

[230] Hołyst J A, Urbanowicz K. Chaos control in economical model by time-delayed feedback method [J]. Phys. A: Stat. Mech. Appl., 2000, 287 (3): 587 - 598.

[231] Horvath M, Schivardi F, Woywode M. On industry life-cycles: Delay, entry, and shakeout in beer brewing [J]. International Journal of Industrial Organization, 2001, 19 (7): 1023 - 1052.

[232] Hubert S. Collective efficiency: Growth path for small-scale industry [J]. Journal of Development Studies, 1995, (4): 15 - 29.

[233] Humphrey J, Schmitz H. How Does insertion in global value chains affect upgrading in industrial clusters [J]. Regional Studies, 2002, 36 (9): 1017 - 1027.

[234] Iammarino S, McCann P. The structure and evolution of industrial clusters: Transactions, technology and knowledge spillovers [J]. Research Policy,

2006, 35 (7): 1018 - 1036.

[235] Ishii A. Cooperative R&D between vertically related firms with spillovers [J]. International Journal of Industrial Organization, 2004, 22 (9): 1213 - 1235.

[236] Jan C G, CC Chan, Teng C H. The effect of clusters on the development of the software industry in Dalian, China [J]. Technology in Society, 2012, 34 (2): 163 - 173.

[237] Jason O S, Walter W P. Knowledge Networks as Channels and Conduits: The Effects of Spillovers in the Boston Biotechnology Community [J]. Organization Science, 2004, 15 (1): 5 - 21.

[238] Just W. Limits of time-delayed feedback control [J]. Phys Lett A, 1999 (254): 158 - 164.

[239] Kaas L. Stabilizing chaos in a dynamic macroeconomic model [J]. Journal of Economic Behavior & Organization, 1998, 33: 313 - 332.

[240] Kandori M. Social norms and community enforcement [J]. The Review of Economic Studies, 1992, 59 (1): 63 - 80.

[241] Kaplan H, Hill K, Lancaster J, Hurtado A M. A theory of human life history evolution: Diet, intelligence, and longevity [J]. Evolutionary Anthropology, 2000, 9 (4): 156 - 185.

[242] Katsoulacos Y D. Endogenous spillovers and the performance of research joint ventures [J]. Journal of Industrial Economics, 1998, 46 (3): 333 - 357.

[243] Knorringa P. Agra: an old cluster facing the new competition [J]. World Development, 1999, 27 (9): 1587 - 1604.

[244] Kopel M. Simple and complex adjustment dynamics in Cournot duopoly models [J]. Chaos, Solitons & Fractals, 1996, 7 (12): 2031 - 2048.

[245] Lazerson M, Lorenzoni G. The firms that feed industrial districts: A return to the Italian source [J]. Industrial and Corporate Change, 1999, 8: 235 - 266.

[246] Li T, Ma J. The complex dynamics of R&D competition models of three oligarchs with heterogeneous players [J]. Nonlinear Dynamics, 2013, 74: 45 - 54.

[247] Long J, Huang H. A Dynamic Stackelberg-Cournot Duopoly Model with Heterogeneous Strategies through One-Way Spillovers [J]. Discrete Dynamics in Nature and Society, 2020.

[248] Luo X S, Chen G R, Wang B H, Fang J Q, Zou Y L, Quan H J. Control of period-doubling bifurcation and chaos in a discrete nonlinear system by the feedback of states and parameter adjustment [J]. Acta. Phys. Sin., 2003, 52 (4): 790 - 794.

[249] Luo X S, Chen G R, Wang B H, Fang J Q. Hybrid control of period-doubling bifurcation and chaos in discrete nonlinear dynamical systems [J]. Chaos Solitons & Fractals, 2003, 18: 775 - 783.

[250] Luthra S, Kumar V, Kumar S, Haleem A. Barriers to implement green supply chain management in automobile industry using interpretive structural modeling technique: An Indian perspective [J]. Journal of Industrial Engineering and Management, 2011, 14 (2): 231 - 257.

[251] Maolla, S.. R&D Joint Ventures and Tacit Product Market Collusion [J]. European Journal of Political Economy, 1995, 11 (4): 733 - 741.

[252] Marinao N, Pilar Q. Absorptive capacity, technological opportunity, knowledge spillovers and innovation effect [J]. Technovation, 2005, 25 (10): 1141 - 1157.

[253] Markusen A. Sticky places in slippery space: a typology of industrial districts [J]. Economic Geography, 1996, 72 (3): 293 - 313.

[254] Marshall A. Principles of Economics [M]. London, MacMillan, 1920.

[255] Mccormick Dorothy. Small enterprise in Nairobi: Golden opportunity or dead end [D]. The Johns Hopkins University, 1998.

[256] Michael Fritsch, Grit Franke. Innovation, regional knowledge spillovers and R&D cooperation [J]. Research Policy, 2004, 33 (2): 245 - 255.

[257] Milinski M, Semmann D, Krambeck H J. Reputation helps solve the tragedy of the commons [J]. Nature, 2002, 415 (6870): 424 - 426.

[258] Muszynska-Kurnik M, Zizka D. The Development of Health Centres due to the Cooperation in Clusters in Poland [J]. 2019, 2 (1): 82 - 89

[259] Naimzada A, Sbragia L. Oligopoly games with nonlinear demand and cost functions: two boundedly rational adjustmentprocesses [J]. Chaos Solit. Fract., 2006, 29 (3): 707 - 722.

[260] Nakamaru M, Iwasa Y. The coevolution of altruism and punishment: the

role of selfish punishers [J]. Journal of Theoretical Biology, 2006, 240 (3): 475 – 488.

[261] Nakamaru M, Iwasa Y. The evolution of altruism by costly punishment in the lattice structured population: score-dependent viability versus score-dependent fertility [J]. Evolutionary Ecology Research, 2005, 7 (6): 853 –870.

[262] Navidi H, Bidgoli M M. An all-unit quantity discount model under a Cournot competition with incomplete information [J]. International Journal of Management Science & Engineering Management, 2011, 6 (5): 393 –400.

[263] Nohara H. Competition versus Cooperation and Construction of New Professional Space in a French Cluster [J]. Bulletin de la Société Franco-Japonaise de Gestion, 2019, 36: 1 –17.

[264] Nowak M A, Sigmund K. Evolution of indirect reciprocity by image scoring [J]. Nature, 1998, 393 (6685): 573 –577.

[265] Nowak M A. Five Rules for the Evolution of Cooperation [J]. Science, 2006 (314): 1560 –1563.

[266] Nowak M A, Sigmund K. Evolution of indirect reciprocity [J]. Nature, 2005, 437 (7063): 1291 –1298.

[267] Ohtsuki H, Iwasa Y. How should we define goodness? – Reputation dynamics in indirect reciprocity [J]. Theor Biol, 2004, 231 (1): 107 –120.

[268] Ohtsuki H, Iwasa Y. The leading eight: social norms that can maintain cooperation by indirect reciprocity [J]. Theor Biol, 2006, 239 (4): 435 –444.

[269] Ohtsuki H. Reactive strategies in indirect reciprocity [J]. Theor. Biol. 2004, 227 (3): 299 –314.

[270] Olausson D, Magnusson T. Lakemond N. Preserving the link between R&D and manufacturing: Exploring challenges related to vertical integration and product/process newness [J]. Journal of Purchasing and Supply Management, 2009, 15 (2): 79 –88.

[271] Ott E, Grebogi C, Yorke J A. Controlling chaos [J]. Phy Rev Lett, 1990, 64 (11): 1196 –1199.

[272] Ottati G D. The remarkable resilience of the industrial districts of Tuscany [J]. International Institute for Labour Studies, 1996.

[273] Padmore T., Gibson H. A framework for Industrial cluster Analysis in Regions [J]. Research Policy, 1998, 26 (6): 625 - 641.

[274] Panchanathan K, Boyd R. A tale of two defectors: The importance of standing for evolution of indirect reciprocity [J]. Journal of Theoretical Biology, 2003, 224 (1): 115 - 126.

[275] Peng Y, Lu Q, Xiao Y. A dynamic Stackelberg duopoly model with different strategies [J]. Chaos, Solitons & Fractals, 2016, 85: 128 - 134.

[276] Peng Y, Lu Q, Xiao Y, Wu X. Complex dynamics analysis for a remanufacturing duopoly model with nonlinear cost [J]. Physica A: Statistical Mechanics and its Applications, 2019, 514: 658 - 670.

[277] Piore M J, Sabel C F. The Second Industrial Divide: Possibilities for Prosperity [M]. New York: Basic Books, 1984.

[278] Polanyi K. The Great Transformation: The Political and Economic Origins of Our Time [M]. Boston: Beacon Press, 1944.

[279] Porter M. Competitive advantage of nations [M]. New York: The Free Press, 1998.

[280] Powell O S W. Knowledge Networks as Channels and Conduits: The Effects of Spillovers in the Boston Biotechnology Community [J]. Organization Science, 2004, 15 (1): 5 - 21.

[281] Propris L D. Innovation and inter-firm cooperation: the case of the west Midlands [J]. Economic Innovation of New Technology, 2000 (9): 421 - 446.

[282] Pu X, Ma J. Complex Dynamics and Chaos Control in Nonlinear Four-Oligopolist Game with Different Expectations [J]. International Journal of Bifurcation & Chaos, 2013, 23 (3), 1350053.

[283] Purwaningrum F, Evers H D, Yaniasih. Knowledge Flow in the academia-Industry Collaboration or Supply Chain Linkage? Case Study of the Automotive Industries in the Jababeka Cluster [J]. Procedia-Social and Behavioral Sciences, 2012, 52: 62 - 71.

[284] Puu T, Elsadany A A, Ahmed E. On bertrand duopoly game with differentiated goods [J]. Applied Mathematics & Computation, 2015, 251: 169 - 179.

[285] Puu T. Chaos in duopoly pricing [J]. Chaos, Solitons & Fractals, 1991, 1 (6): 573-581.

[286] Rabellotti R, Schmitz H. The internal heterogeneity of industrial districts in Italy, Brazil and Mexico [J]. Regional Studies, 1999, 33 (2): 97-108.

[287] Rabellotti R. Recovery of a Mexican cluster: devaluation bonanza or collective efficiency [J]. World Development, 1999, 9 (27): 1571-1585.

[288] Rabin M. A Perspective on Psychology and Economics [J]. European Economic Review, 2002, 46 (4-5): 657-685.

[289] Rahmatov M A, Rakhimov F X, Zaripov B Z, Kudratov T U, Dusmuxamedova M H, Niyazmetov B A, Joroqulov S S. Cotton-Textile Cluster as a Knowledge Base for Education, Science and Manufacturing Innovational Cooperation [J]. International Journal of Agriculture and Forestry, 2018, 8 (3): 124-128.

[290] Richardson G B. The organization of industry [J]. Economic Journal, 1972, 82 (327): 883-896.

[291] Rockenbach B, Milinski M. The efficient interaction of indirect reciprocity and costly punishment [J]. Nature, 2006, 444 (7120): 718-723.

[292] Rothschild C G. The Evolution of Reciprocity in Sizable Human Groups [J]. Journal of Theoretical Biology, 2009, 257 (4): 609-617.

[293] Sachs J L, Mueller U G, Wilcox T P, Bull J J. The evolution of cooperation [J]. Quarterly Review of Biology, 2004, 79 (2): 135-160.

[294] Schmitz H. Does local co-operation matter evidence from industrial clusters in south asia and latin America [J]. Oxford Development Studies, 2000, 28 (3): 786-815.

[295] Segal U, Sobel J. Tit for Tat: Foundations of Preferences for Reciprocity in Strategic Settings [J]. Journal of economic theory, 2007, 136 (1): 197-216.

[296] Simon H A. A Mechanism for Social Selection and Successful Altruism [J]. Science, 1990, 250 (4988): 1665-1668.

[297] Smith J M. Evolutionary genetics [M]. Oxford: Oxford University Press, 1998.

[298] Smith, J. R. Maynard. The Logic of Animal Conflict [J]. Nature, 1973, 246 (5427): 15-18.

[299] Storper M. The resurgence of regional economies, ten years later: the region as a nexus of untraded interdependencies [J]. European Urban and Regional Studies, 1995, 2 (3): 191 – 221.

[300] Sugden R. The economics of rights, co – operation and welfare [M]. New York: Palgrave Macmillan Press, 2004.

[301] Talylor P D, Jonker L B. Evolutionarily Stable Strategies and Game Dynamics [J]. Mathematical Bioscience, 1978. 40: 145 – 156.

[302] Tewari M. Successful adjustment in Indian industry: the case of ludhiana's woolen knitwear cluster [J]. World Development, 1999, 27 (9): 1651 – 1671.

[303] Tian Y, Govindan K, Zhu Q. A system dynamics model based on evolutionary game theory for green supply chain management diffusion among Chinese manufacturers [J]. Journal of Cleaner Production, 2014. 80 (7): 96 – 105.

[304] Trivers R L. Social Evolution [M]. Menlo Park, California: Benjamin Cummings, 1985.

[305] Trivers R L. The evolution of reciprocal altruism [J]. The Quarterly Review of Biology, 1971, 46 (1): 35 – 57.

[306] Tsai D F. An intelligent adaptive system for the optimal variable selections of R&D and quality supply chains [J]. Expert Systems with Applications, 2006, 31 (4): 808 – 825.

[307] Tsai D H A. Knowledge Spillovers and High-technology Clustering: Evidence from Taiwan's Hsinchu Science – Based Industrial Park [J]. Contemporary Economic Policy, 2005, 23 (1): 116 – 128.

[308] Tu H, Wang X. Complex dynamics and control of a dynamic R&D Bertrand triopoly game model with bounded rational rule [J]. Nonlinear Dynamics, 2017, 88: 703 – 714.

[309] Uzor. Small and Medium Scale Enterprises Cluster Development in South-Eastern Region of Nigernia [M]. Osmund Osinaehi, IWIM, 2004.

[310] Uzzi B. Social structure and competition in interfirm net-work: The paradox of embeddedness [J]. Administrative Science Quarterly, 1997, 42 (1): 1 – 35.

[311] Visser E J. A comparison of clustered and dispersed firms in the small-

scale clothing industry of Lima [J]. World Development, 1999, 27 (9): 1553 - 1570.

[312] Wang C, Rodan S, Fruin M, Xu X. Knowledge Networks, Collaboration Networks, and Exploratory Innovation [J]. Academy of Management Journal, 2014, 57 (2): 484 -514.

[313] Wei J, Liu L R, Xie X M. Diffusion of technical innovation based on industry - university - institute cooperation in industrial clusters [J]. The Journal of China Universities of Posts and Telecommunications, 2010, 17 (2): 45 -50.

[314] Williamson O E. Transaction Cost Economics: The Governance of Contractual Relations [J]. Journal of Law and Economics, 1979, 22 (2): 233 -261.

[315] Williamson O. E. The Economic Institutions of Capitalism: Firms, Markets, Relational Contracting [M]. New York, Free Press, 1985.

[316] Wilson E O. Sociobiology. Cambridge [M]. Massachusetts: Harvard University Press, 1975.

[317] Wynne - Edwards V C. Animal dispersion in relation to social behavior [M]. New York: Hafner Publishing Company, 1962.

[318] Xiang X, Cao B. Multidimensional Game of Cournot-Bertrand Model with Incomplete Information and Its Analysis [J]. Procedia Engineering, 2012, 29: 895 -902.

[319] Xin B, Chen T. On a master-slave Bertrand game model [J]. Economic Modelling, 2011, 28 (4): 1864 -1870.

[320] Yi Q G, Zeng X J. Complex dynamics and chaos control of duopoly Bertrand model in Chinese air-conditioning market [J]. Chaos Solitons & Fractals, 2015, 76: 231 -237.

[321] Yu W, Yu Y. The stability of Bayesian Nash equilibrium of dynamic Cournot duopoly model with asymmetric information [J]. Communications in Nonlinear Science & Numerical Simulation, 2018, 63: 101 -116.

[322] Zhang D. A network economic model for supply chain versus supply chain competition [J]. Omega, 2006, 34: 283 -295.

[323] Zhang J, Da Q, Wang Y. The dynamics of Bertrand model with bound-

ed rationality [J]. Chaos, Solitons & Fractals, 2009, 39 (5): 2048 – 2055.

[324] Zhao L. Dynamic analysis and chaos control of Bertrand triopoly based on differentiated products and heterogeneous expectations [J]. Discrete Dynamics in Nature and Society, 2020: 1 – 17.

[325] Zhou J, Zhou W, Chu T, Chang Y, Huang M. Bifurcation, intermittent chaos and multi-stability in a two-stage Cournot game with R&D spillover and product differentiation [J]. Applied Mathematics and Computation, 2019, 341: 358 – 378.